TITEL

Das Schmarotzer-Prinzip

Wie deutsche Automobilhersteller ihre Zulieferer ausbeuten

40 unsaubere Tricks und Strategien

Bauer, Volker: Das Schmarotzer-Prinzip – Wie deutsche Automobilhersteller ihre Zulieferer ausbeuten

Erste Auflage, Ebersdorf, Oktober 2010

Die in dem Buch vorgetellten Fallbeispiele sind so verändert worden, dass das Wiedererkennen der betroffenen Unternehmen und Personen nicht möglich ist.

Herstellung:
1-2-Buch.de, Marc Albrecht
Glinder Str. 2
27432 Ebersdorf

Ein Titeldatensatz für diese Publikation ist bei der Deutschen Nationalbibliothek erhältlich.

ISBN 978-3-940445-84-1

Für meine Familie, die über Jahrzehnte hinweg meine schlechte Laune nach Aktionen gewisser Kunden ertragen musste.

Inhalt

Vorwort

Die Automobilindustrie ist von enormer Bedeutung für Deutschland. Direkt und indirekt hängt jeder siebte deutsche Arbeitsplatz vom Auto ab. Die deutsche Automobilindustrie ist innovativ und kompetitiv, sie ist ein Aushängeschild für das Land. Jeden Tag bekommen wir Neuigkeiten aus dieser Branche präsentiert.

Die Automobilindustrie ist aber auch eine abgeschlossene Welt, in der tagtäglich erstaunliche Dinge passieren. Sie hat eine „dunkle Seite", über die nur gelegentlich Einzelheiten an die Öffentlichkeit gelangen, ohne dass der Gesamtzusammenhang deutlich wird. Dabei geht es um das Verhältnis der Automobilhersteller zu ihren wichtigsten Geschäftspartnern, den Zulieferern.

Dieses Buch ist keine wissenschaftliche Arbeit. Es enthält keine grafisch anspruchsvollen Darstellungen komplexer Modelle und keine Strategien, die Auswege und Lösungen versprechen. Ich persönlich konnte in dieser Art von Literatur nie etwas Brauchbares finden, außer der Hoffnung, die von den klangvollen Titeln geweckt wird. Auch werde ich in diesem Buch nicht ausgiebig die verfehlten Strategien der deutschen Autohersteller beschreiben, damit sind schon genug Bücher gefüllt.

Ich habe dieses Buch auf der Basis meiner langjährigen Erfahrungen in Unternehmen der Automobilzulieferer-Industrie geschrieben. Bei meiner Zusammenarbeit mit gewissen Kunden aus dieser Branche und durch Informationsaustauch mit Kollegen anderer Zulieferunternehmen habe ich deren unsaubere Methoden bestens kennengelernt. Diese Taktiken, Methoden und Strategien möchte ich beschreiben.

Die unsauberen Methoden gewisser – nicht aller! – Automobilhersteller gegenüber ihren Zulieferern haben weitreichende Folgen. Der enorme Preisdruck, der auf den Lieferanten lastet, fördert zum Beispiel die Korruption. Darum soll es in diesem Buch jedoch nicht gehen, es würde den Rahmen sprengen. Ich werde daher nur Methoden beschreiben, die der Einkauf einiger ganz bestimmter Hersteller generell und regelmäßig einsetzt und die bei den entsprechenden Unternehmen als ganz normale Geschäftspraxis gelten.

Bei der Beschreibung dieser Methoden und Verhaltensweisen konzentriere ich mich auf die aus Lieferantensicht schlechtesten, weil unfairsten Hersteller. Fast alle Autobauer wenden fragwürdige Methoden an, manche tun das aber nur sehr eingeschränkt. Gewisse Hersteller praktizieren allerdings sämtliche der von mir beschriebenen Methoden, Strategien und Techniken; und sie erfinden ständig neue dazu.

Diese Kunden kann man als „sehr innovativ" beschreiben. Sie haben die Zulieferer als Einnahme- und Subventionsquellen entdeckt und ein perfektes Inkassosystem aufgebaut. Um die Methoden dieser Hersteller geht es in diesem Buch. Das sollte man beachten, denn es ist nicht meine Absicht, alle Automobilhersteller über einen Kamm zu scheren.

Toyota hat durch das nach ihm benannte Produktionssystem (TPS) und seine gesamte Unternehmenskultur weltweiten Ruhm erlangt.[1] Alle namhaften Firmen in der Automobilindustrie haben das TPS kopiert; die dazugehörige Unternehmenskultur der Eliminierung von Verschwendung und der kontinuierlichen Verbesserung allerdings nicht.

Die in diesem Buch beschriebenen Autobauer haben eine eigene Unternehmenskultur entwickelt, diese aber nie als solche propagiert. Sie wird stetig weiterverbreitet und zumindest in Teilen von anderen Herstellern kopiert. Sie funktioniert nach dem „Schmarotzer-Prinzip". Es funktioniert und bringt Resultate; nicht für die gesamte Lieferkette, aber für den gewissen Autobauer. Die Methoden des Prinzips sind auf die Zulieferer ausgerichtet.

Die Erfinder des Schmarotzer-Prinzips und ihre Erben sprechen zum Beispiel von „partnerschaftlich-vertrauensvoller Zusammenarbeit mit dem Zulieferer". Jeder Lieferant weiß, was sie damit eigentlich meinen. In den folgenden Kapiteln werde ich solche Hersteller als die „gewissen" Autobauer bezeichnen.

Bemerkenswert ist in diesem Zusammenhang allerdings auch das Verhalten der Zulieferer: Getrieben vom Streben nach großen Fertigungsstückzahlen und vor allem nach Wachstum, tappen sie wieder und wieder in die gleichen Fallen gewisser Hersteller: Sie bekämpfen

---

[1] Das **Toyota Produktionssystem** (TPS) ist ein von Toyota entwickeltes Produktionsverfahren für die Serienproduktion, das durch die kontinuierliche Verbesserung der organisatorischen Abläufe eine Massenproduktion mit hoher Qualität erreicht. Ziel ist die Produktion im Kundentakt mit möglichst geringer Verschwendung von Ressourcen jeglicher Art: Es wird nur das produziert, was gerade verbraucht wurde. Dafür sind u. a. hoch qualifizierte Mitarbeiter nötig, die als zentraler Faktor im Produktionsprozess gelten.

sich gegenseitig, zerstören die Marktpreise und machen immer neue Zugeständnisse an ihre Kunden.

Sie belügen sich selbst, rechnen Projekte mit schlechten Kunden schön und ignorieren die Risiken – immer im Glauben, dass die Zukunft besser wird.

Der einzelne Zulieferer sieht sich besser aufgestellt als die Konkurrenz, also wird diese irgendwann den Kampf um die Projekte der Hersteller aufgeben müssen. Diese Hoffnung herrscht schon sehr lange. Auch rechnen die Lieferanten damit, dass eine Besserung der wirtschaftlichen Lage des Herstellers auch für ihre Situation nachlassenden Preisdruck bedeutet. Dies ist ebenfalls eine Theorie, die sich bisher nicht bewahrheitet hat.

Was ich in diesem Buch beschreibe, bezieht sich auf den durchschnittlichen Zulieferer, also auf einen Modul- oder Komponentenlieferanten. Für die 30–50 weltweit operierenden Mega-Lieferanten, die als Systemanbieter auftreten, gelten aufgrund ihrer Marktmacht teilweise andere Regeln.

Teil I des Buches beschreibt die Hauptakteure: die „gewissen" Automobilhersteller und die Zulieferunternehmen. Teil II widmet sich der besonderen Situation in der Automobilindustrie. Das ist erforderlich, um einigermaßen zu verstehen, warum die nachfolgend beschriebenen Methoden gewisser Hersteller in dieser Branche so erstaunlich gut funktionieren können. Teil III beschreibt die Techniken und Strategien, die gewisse Autobauer in der Zusammenarbeit mit ihren Zulieferern anwenden.

Um diese zu verdeutlichen, schildert Teil IV ein typisches Projekt eines Zulieferers mit einem Hersteller. Hier werden einige der in Teil III geschilderten Methoden in den chronologischen Zusammenhang eines alltäglichen Projekts in der Autobranche gestellt.

Auch wenn ich mir keine Illusionen mache, dass meine Enthüllungen irgendwelche Konsequenzen für die Geschäftspraxis gewisser Hersteller haben, hoffe ich doch, wenigstens den Mitarbeitern von Zulieferunternehmen Denkanstöße geben zu können. Ich habe mich entschieden, die Namen der von mir beschriebenen gewissen Automobilhersteller nicht explizit zu nennen – man mag mich feige nennen, aber meine Erfahrungen in der Automobilbranche haben mich gelehrt, immer mit dem Schlimmsten zu rechnen.

Teil I

Die Akteure

1. DIE AUTOBAUER – GUTE UND SCHLECHTE KUNDEN

Autobauer sind im 21. Jahrhundert eine bedrohte Spezies – es gibt immer weniger von ihnen. Während es 1970 noch 37 unabhängige Automobilhersteller gab, sind heute weltweit gerade noch fünfzehn bedeutende Gruppen übrig.[2] So etwas bezeichnet man als Oligopol.

Auf dem Markt gibt es Volumen- und Premiumhersteller, wobei die Grenzen inzwischen zunehmend verblassen: Volumenhersteller dringen in die Premiumklasse ein, weil sie sich dort bessere Renditen erhoffen; Premiumhersteller besetzen die unteren Fahrzeugklassen, um mehr Volumen, also höhere Produktionsstückzahlen zu gewinnen. Dadurch erhoffen sie sich entsprechende Kostenvorteile, vor allem in Produktion, Entwicklung und Einkauf.

Was das Produkt „Auto“ anbelangt, dominiert bei den deutschen Herstellern die Technik und damit die Entwicklung. Innovation wird groß geschrieben und breit gestreut verfolgt. Man will überall dabei sein und keinen Trend verpassen. Nicht immer wird das, was dabei herauskommt, vom Käufer als nützlich wahrgenommen. Französische und japanische Hersteller streben dagegen vor allem eine effiziente Fertigung an, was ihnen auch gelingt. In der Entwicklung konzentrieren sich diese Hersteller auf kundenrelevante Innovationen und heben sie gezielt hervor. Ein Beispiel dafür ist die Hybridtechnik einiger japanischer Hersteller.

---

[2] Dies sind BMW, Daimler, Fiat, Ford, GM, Honda, PSA Peugeot Citroën, Renault/Nissan, Rover, Toyota, Volkswagen, Hyundai/Kia, Chrysler (Fiat ist beteiligt), Mazda und Mitsubishi.

Die amerikanischen Autobauer schließlich verfolgen einfache bis mittelmäßige Anforderungen bezüglich des technischen Niveaus und sind vollständig auf die Kosten fixiert.

Die Automobilhersteller führen einen verbissenen Kampf um Marktanteile. Wachsen wollen sie alle, sei es durch die Erschließung neuer geografischer Märkte oder durch die Bearbeitung neuer Fahrzeugsegmente. Sie überbieten sich gegenseitig mit Modelloffensiven in immer kürzeren Innovationszyklen. Das heißt, die Zeitspanne zwischen einer Idee und ihrer Umsetzung in einem neuen Fahrzeugprojekt wird immer kleiner. In der Branche herrscht der unbestrittene Glaube an den Zwang zum Wachstum, hierzu werden keine Alternativen gesehen. Man geht davon aus, dass nur große Hersteller unabhängig bleiben und überleben können.

Gemeinsam ist fast allen Herstellern, dass sie immer mehr Leistungsumfang auf ihre Zulieferer verlagern. Die zugekaufte Fremdleistung bei den Autobauern dürfte heute zwischen 60 und 75 Prozent liegen. Gerade bei den deutschen Herstellern gab es in den letzten Jahren massive Anstrengungen im Outsourcing; dabei werden vorher selbst erbrachte Leistungen außer Haus gegeben. Die japanischen Hersteller und speziell Toyota sind diesem Trend dagegen nicht gefolgt; sie behalten wesentliche Kompetenzen im eigenen Unternehmen. Zudem sind sie auch noch enger und langfristiger mit ihren Zulieferern verbunden.

Es gibt im Marketing ein Schaubild von einem Koordinatensystem, dessen eine Achse für den Aufwand steht, der nötig ist, um einen Kunden zufriedenzustellen. Auf der anderen Achse wird abgetragen, wie gut der Kunde dafür bezahlt. Das Ergebnis kann man in vier Quadranten oder Gruppen einteilen:

Gruppe I sind Kunden, die nur mit viel Aufwand zufriedenzustellen sind, aber dafür auch überdurchschnittlich gut bezahlen. Gruppe II sind Kunden, die weniger Aufwand erfordern, aber auch wenig dafür bezahlen; das ist auch in Ordnung. In Gruppe III sammeln sich Kunden, die wenig Aufwand erfordern und gut dafür bezahlen; solche Kunden gibt es vielleicht bei den Gebrüdern Grimm, aber ganz bestimmt nicht in der Automobilindustrie, außer vielleicht in einer kleinen Nische.

Schließlich ist da noch Gruppe IV: die Kunden, die schlecht bezahlen, aber gleichzeitig viel Aufwand bei der „Andienung" erfordern. In den letzten Jahren bewegen sich immer mehr Autobauer auf dem Markt in Richtung dieser Gruppe. Vor allem die Gruppe-I-Hersteller, die viel verlangen, fragten sich irgendwann zu Recht, warum sie für den Mehraufwand eigentlich bezahlen sollten – die Gründungsmitglieder von Gruppe IV machten ja vor, dass es auch anders geht.

Der Aufwand für verschiedene Kunden muss allerdings noch genauer definiert werden. Es gibt Kunden, die technische und technologische Spitzenlösungen erwarten. Der dazu nötige hohe Aufwand trägt dazu bei, technologisch hochwertige Produkte zu entwickeln. Dabei bleibt immer zu hoffen, dass der Hersteller dem Autokäufer den Wert seines Produkts wirklich vermitteln und weiterberechnen kann. Daneben gibt es andere Autobauer, die ebenfalls hochwertige Lösungen verlangen. Zusätzlich verursachen sie aber hohen Aufwand beim Zulieferer, der keinen Mehrwert schafft. Die Zusammenarbeit mit gewissen Herstellern kann mitunter nur als chaotisch bezeichnet werden. Einen Eindruck davon soll Teil IV dieses Buches vermitteln.

Eine solche Verschwendung von Ressourcen ist bei Herstellern wie Toyota undenkbar. Hier wird seit langem gemeinsam mit den Zulieferern an der Beseitigung und Vermeidung von Verschwendung (japanisch: „muda“) gearbeitet. Das ermöglicht es Toyota, seinen Zulieferern durchweg höhere Preise für die Komponenten zu bezahlen und trotzdem wettbewerbsfähig zu bleiben – normalerweise macht das Unternehmen hervorragenden Gewinn. Das Krisenjahr 2008 hat Toyota allerdings erstmals in seiner Geschichte Verluste eingebracht. Gründe waren der Zusammenbruch des US-amerikanischen Marktes und die gestiegenen Rohstoffpreise, die Toyota seinen Zulieferern kompensiert – im Gegensatz zu den in diesem Buch beschriebenen Herstellern, die alles tun, um ihren Lieferanten dies zu verweigern.

So glühend ich, wie die Mehrzahl meiner Kollegen bei den Zulieferern, den Toyota-Weg bewundere, sehe ich mich doch gezwungen, der „dunklen Seite der Macht“ widerwillig meinen Respekt zu zollen. Gewisse Autobauer haben nämlich durchaus Erfolg mit ihrem eigenen Weg, der in eine ganz andere Richtung geht: Sie verschieben die Verschwendung auf den Zulieferer, bezahlen diesen dazu noch extrem schlecht und das Ganze funktioniert schon seit vielen Jahren sehr gut. Warum sollte man das ändern?

Welcher Hersteller übt nun den größten Preisdruck auf die Zulieferer aus? Dazu werden periodisch Erhebungen durchgeführt.[3] Am stärksten drücken demnach VW, Ford und GM, gefolgt von Daimler, im Mittelfeld liegen Renault, Fiat, PSA, Honda und BMW. Am wenigsten Druck auf seine Zulieferer übt Toyota aus.

Die Krise bei Toyota lässt gewisse andere Autobauer triumphieren – man ertappt sich bei dem Gedanken, ob deren Schmarotzer-Prinzip nicht doch das geeignetere Modell zur Absicherung des eigenen Erfolgs ist.

---

[3] Hersteller mit dem höchsten Preisdruck auf die Zulieferer; „Ausgebremst", Helmut Becker, 2007, Econ, S. 80.

2. Die Automobil-Zulieferer

Die Zulieferer der Automobilindustrie sind eine heterogene Gruppe. Ihre Größe reicht vom kleinen Familienunternehmen bis zum Weltkonzern mit zweistelligen Milliardenumsätzen. Sie beliefern die Autohersteller entweder unmittelbar als direkte Zulieferer (der englische Fachbegriff ist „Tier 1“) oder indirekt als nachfolgende Lieferanten, die den direkten Zulieferer beliefern. Das gesamte System kann man sich als Pyramide vorstellen, an deren Basis die Rohstoffproduzenten liegen und an deren Spitze der Automobilhersteller steht. Tier 3 liefert an Tier 2, dieser beliefert Tier 1 und der beliefert wiederum den Autobauer.

Nach ihrem Geschäftsmodell lassen sich die Zulieferer grob in sechs Kategorien einteilen, obwohl einzelne Lieferanten durchaus auch in mehreren Kategorien agieren.

Systemintegratoren

Als System wird in der Autobranche zum Beispiel das Fahrwerk des Autos bezeichnet. Ein Anbieter solcher ganzen Systeme ist die deutsche Firma Continental. Das Unternehmen entwickelt und produziert elektronische und hydraulische Brems-, Stabilitäts- und Fahrwerkregelsysteme sowie elektronische Luftfedersysteme und ist Spezialist für die Fahrwerkelektronik. Aus all diesen Bestandteilen setzt Continental das System des Fahrwerks zusammen und liefert es an den Automobilhersteller.

Neben den Komponenten, die er selbst entwickelt und herstellt, integriert und koordiniert der Systemintegrator die Arbeit seiner zahlreichen Vorlieferanten. Diese können Teile- oder Modullieferanten sein, aber auch Ingenieurdienstleistungen anbieten. Sie übernehmen Arbeiten, die früher der Autohersteller selbst erledigte.

Von Mega-Lieferanten wie Continental gibt es nur eine Handvoll auf dem Markt. Sie wachsen stetig und bauen so ihre Machtposition bei den Autobauern weiter aus, weil sie große Lieferumfänge selbständig entwickeln, integrieren und dem Autobauer quasi schlüsselfertig anbieten können. Ohne diese Lieferanten könnte kein Hersteller ein Fahrzeug entwickeln und produzieren.

Trotz ihrer großen Macht stehen auch die Mega-Lieferanten den Herstellern teilweise ohnmächtig gegenüber, denn während die Autobauer zwischen mehreren Zulieferern wählen können, ist es der Anspruch des Mega-Lieferanten, alle Autobauer auf dem Markt zu beliefern. Außerdem produzieren diese Zulieferer auch viele Komponenten, die nicht ins Systemgeschäft gehören. Hier sind sie dann nicht viel besser gestellt als „gewöhnliche“ Lieferanten.

Modul- und Systemspezialisten

Das Cockpit im Fahrzeug ist ein Beispiel für ein Modul. Es besteht unter anderem aus Komponenten wie der Lenksäule, den Instrumenten, dem Handschuhkasten, den Airbags, dem Navigationssystem, dem Blinkerhebel und der Klimaanlage. Ein solches Modul wird in unmittelbarer Nähe des belieferten Automobilherstellers oder direkt in seinem Werk montiert.

Die Firma SAS Automotive (ein Joint Venture zwischen dem französischen Zulieferer Faurecia und der Continental AG) ist ein Anbieter für solche Module.

Die Modulspezialisten liefern individuelle Kundenlösungen für ihren Bereich. Darin sind sie Spezialisten. Sie integrieren außerdem Komponenten in das Modul, die sie von ihren Vorlieferanten beziehen. Sie können daher als Tier 1 oder auch als Tier 2 – als Lieferanten eines Systemintegrators operieren. Auch hier gibt es, je nach Modul, meist nur wenige Anbieter auf dem Markt. Trotzdem liegen sie aufgrund der geringeren Komplexität ihres Lieferumfangs oft schon gefährlich weit im Commodity[4]-Bereich, das heißt, diese Lieferanten sind leichter austauschbar.

Modullieferanten befinden sich in der typischen Sandwich-Position, eingeklemmt zwischen dem Autobauer und ihren eigenen Vorlieferanten. Ihre Macht ist nicht so groß, dass sie ihrem Kunden auf Augenhöhe gegenübertreten könnten, auf der anderen Seite ist ihre Position gegenüber ihren eigenen Lieferanten auch nicht die stärkste. So bekommen sie den kommerziellen Druck von beiden Seiten ab: in Form von Forderungen nach Preisreduzierungen vom Kunden und als Forderungen nach höheren Preisen von den Vorlieferanten. Dieser Zustand ist nicht gerade gewinnfördernd, was man auch daran sieht, dass diese großen Lieferanten in der Regel weniger verdienen als kleinere Zulieferer.

[4] Bezeichnung für ein standardisiertes Teil, siehe auch Kapitel 20.

Komponentenspezialisten

Ein Beispiel für eine Komponente in der Automobilindustrie ist ein Turbolader. Bekannte Lieferanten dafür sind das kalifornische Unternehmen Garrett und die deutsche KKK AG.

Die Komponentenspezialisten stellen technologisch anspruchsvolle Fahrzeugkomponenten in hoher Stückzahl her. Ihre Produkte verlangen viel Know-how in der Entwicklung und Fertigung. Vermarktet werden die Komponenten teilweise direkt beim Autobauer, es besteht also ein direkter Kontakt zwischen Hersteller und Lieferant. Komponentenspezialisten liefern dennoch meist als Tier 2 an einen Modulspezialisten oder einen Systemintegrator und nicht direkt an einen Autobauer.

Nischenanbieter

Ein Beispiel für einen Nischenanbieter ist die MITEC Automotive AG aus Eisenach, die Massenausgleichssysteme individuell für Motoren herstellt.

Nischenanbieter entwickeln in ihrem kleinen Marktsegment individuelle Kundenlösungen. Spezielles Know-how, besondere Technologien und viel Flexibilität sind dafür erforderlich. Die Tatsache, dass sie in einer Nische agieren, also verhältnismäßig wenig Umsatz beim Autobauer machen, bietet ihnen ein wenig Schutz vor den unsauberen Aktionen der Autohersteller, aber eben nur ein wenig.

Volumenanbieter

Das deutsche Unternehmen Edscha ist ein Volumenanbieter für Türscharniere. Dass sich diese Firma seit 2009 in der Insolvenz befindet, zeigt die Schwierigkeiten dieses Geschäftsmodells auf, obwohl sicher noch andere Faktoren bei den wirtschaftlichen Problemen der Firma eine Rolle spielten.

Volumenanbieter fertigen hohe Volumen von Standardteilen (sogenannte „Commodities") an. Diese Zulieferer versuchen, durch Wachstum und Zukäufe ihr Produktionsvolumen zu maximieren. Das Geschäft mit Standardteilen läuft hauptsächlich über den Preis. Die liefernden Firmen sind daher sehr einfach gegen andere auszutauschen. Genauso eine Situation wünscht sich der Einkauf eines Autobauers. Globale Präsenz ist ebenfalls sehr wichtig für diese Art von Unternehmen, die Kunden drängen darauf, um alle ihre Werke zeitnah aus lokaler Produktion versorgen zu können.

Rohstofflieferanten

Schließlich gibt es noch die großen Rohstofflieferanten. Sie liefern Stahl, Aluminium und Kunststoffe an ihre Kunden. Dabei haben sie den großen Vorteil, sich nicht ausschließlich auf die Automobilindustrie konzentrieren zu müssen. Von daher sind sie auf den ersten Blick weniger abhängig von den Herstellern und damit weniger erpressbar. Allerdings haben diese Unternehmen oft Zweige, die exklusiv für die Automobilindustrie tätig sind. Dann bieten sie Produkte basierend auf ihrer Rohstoffkompetenz an, zum Beispiel spezielle Aluminiumbleche.

So heterogen die hier aufgeführten Zulieferergruppen auch sind, sie alle haben einige Gemeinsamkeiten. So konzentrieren sich die meisten ganz überwiegend auf die Automobilindustrie. Sie versuchen außerdem alle, immer mehr Volumen und Umsatz zu erreichen, denn Wachstum und Kapazitätsauslastung werden in dieser Branche als absolute Prioritäten angesehen.

Auf dieser Prämisse bauen die entsprechenden Strategien von Unternehmensberatern auf, um einen Zulieferer erfolgreich zu machen. Es sind immer die gleichen Ideen, sie gelten scheinbar für alle Zulieferunternehmen, ob klein oder groß, ob Tier 1 oder Tier 2. Sie alle sagen im Grunde dasselbe: Der Zulieferer soll sich zum Kostenführer, zum Technologieführer, zum Nischenspezialisten oder zum System- bzw. Modullieferanten entwickeln.

Alle Strategien haben gemeinsam, dass sie große Investitionen erfordern; Mittel, die erst einmal wieder amortisiert werden müssen. Da alle Lieferanten einer gleichen Baugruppe die gleiche Strategie verfolgen, wird nach diesen kostspieligen Anstrengungen auch die Zahl der genauso agierenden Konkurrenten nicht wesentlich geringer geworden sein.

Lieferanten bekämpfen sich gegenseitig. Sie attackieren zum Beispiel die laufenden Projekte ihrer Konkurrenten; und das, obwohl sie wissen, dass sie von den Herstellern oft nur benutzt werden, um die Preise der aktuellen Lieferanten zu drücken. Aber die kleinste Hoffnung genügt vielen, um sie für solche Aktionen zu begeistern.

Man kann die Zulieferer auch nach ihrem kommerziellen Verhalten unterscheiden. Es gibt die gutmütigen, die stets ihre Kundenorientierung und ihre Partnerschaft zum Hersteller betonen. Sie meinen das teilweise sogar zu ernst. Sicher haben sie damit auch bei einigen wenigen Autobauern Erfolg, aber nicht bei den hier beschriebenen. Auf der anderen Seite stehen die kommerziell knallharten Zulieferer, die dem Kunden seine Grenzen bei den geforderten „Savings", also den Teilepreisreduktionen, aufzeigen. So etwas muss man sich natürlich leisten können. Also muss solch ein Zulieferer mächtig sein, weil der Hersteller ihn braucht oder weil er vom Preis her sehr konkurrenzfähig ist.

Die zentrale Frage ist immer, wie es den Zulieferern finanziell geht, denn die Hersteller zitieren gern Statistiken, die ihnen ihre Abteilungen für Öffentlichkeitsarbeit sorgfältig und mundgerecht zusammenstellen.[5] Diese Statistiken besagen in der Regel, dass der Autobauer weniger verdient als seine Lieferanten. Damit wehrt sich der Einkauf des Autobauers gegen die bösen Stimmen, die ihm die Ausbeutung seiner Lieferanten vorwerfen.

Zunächst einmal wäre es nicht ungerecht, wenn der Zulieferer tatsächlich mehr verdienen würde als der Hersteller, denn er macht ja den Großteil der Arbeit und übernimmt immer mehr Risiken. Die scheinbar gute Entwicklung der Zulieferer-Margen in der Vergangenheit in dieser Statistik resultiert wahrscheinlich auch daraus, dass viele Zulieferer in dieser Zeit ihre Produktion nach Osteuropa verlagerten.

---

[5] Bei der Interpretation der Daten der Industrie Kredit Bank (IKB) ist Vorsicht angebracht. Es gehen ja nur kreditwürdige und wirtschaftlich stabile Zulieferer, also Kunden der Bank, in die Statistik ein. Auch ist die Kundenstruktur eines Zulieferers zu durchleuchten; dominieren die hier beschriebenen Autobauer, sieht es höchstwahrscheinlich schlechter aus.

Das brachte eine Erleichterung bei den Lohnkosten, die einen Anteil von immerhin 15 bis 25 Prozent der Gesamtkosten ausmachen.

Inzwischen hat sich die Situation aber erheblich verschlechtert. Laut einer Studie von Roland Berger, einem ja in der Autoindustrie allgemein anerkannten Beratungsunternehmen,[6] wird die durchschnittliche Rendite eines Zulieferers in den nächsten drei bis vier Jahren nicht über 3 bis 3,5 Prozent EBIT[7]-Margen steigen; und wegen der geringen Margen und der hohen Überkapazitäten wird kaum ein Investor bereit sein, in diese Industrie zu investieren. Deswegen läuft die Konsolidierung aktuell nur sehr schleppend, die Zahl der Insolvenzen dagegen nimmt zu.

---

[6] „Angezogene Handbremse – Die Konsolidierung der Zulieferer kommt nicht in Gang", Roland Berger, München/Stuttgart, Januar 2010.

[7] EBIT = Earnings before Interests and Taxes = Gewinn vor Zinsen und Steuern.

TEIL II

DIE VORAUSSETZUNGEN

Damit gewisse Autobauer sich so gegenüber ihren Zulieferern verhalten können, wie ich es später beschreiben werde, müssen vier Voraussetzungen vorhanden sein: die totale Abhängigkeit des Zulieferers vom Hersteller, die Überkapazitäten und das unhinterfragte Mantra vom Wachstum, der Ausschluss der Öffentlichkeit und eine passive staatliche Aufsicht. Die Hersteller sind daran, dass diese Voraussetzungen erfüllt sind, nicht unschuldig und tun alles dafür, dass diese Zustände erhalten bleiben.

1. Der Zulieferer in totaler Abhängigkeit

Bevor ich zur Autoindustrie kam, arbeitete ich einige Jahre lang bei einer Firma die an viele verarbeitende Industrien lieferte. Die Produkte waren einfach, aber für jeden Kunden spezifisch.

Wir hatten wie jeden Monat eine LKW-Ladung nach den Anforderungen eines Kunden produziert. Dieser teilte uns plötzlich mit, dass er die Ware nicht zum vereinbarten Preis abnehmen wolle. Er verlangte zehn Prozent Rabatt und behauptete, einer unserer Konkurrenten würde billiger anbieten. Ich war wütend, denn wir konnten das speziell gefertigte Material kaum mehr anderweitig verkaufen. Mein Chef nahm die Sache locker; wir schickten den LKW trotzdem und der Kunde bekam seine zehn Prozent Ermäßigung. Er war so zufrieden, dass er auch weiterhin bei uns bestellte.

Am Tag der nächsten Lieferung teilten wir ihm mit, dass wir seine Ware nicht gefertigt hätten und dies auch nicht vorhätten. Der Kunde war entsetzt und verzweifelt, es würde ihn mindestens zwei Wochen kosten, Ersatz zu beschaffen. Wir malten uns aus, wie seine Abnehmer ihn jetzt regelrecht auseinandernahmen. Dieser Kunde war weg und keiner in der Firma weinte ihm eine Träne nach. Die Firma war und ist übrigens sehr profitabel.

Das Verhalten des Kunden war damals für mich sehr überraschend und ungewöhnlich – in der Automobilindustrie ist es, wie ich lernen musste, ganz normal. Das Verhalten meiner Firma, also des Zulieferers, schien mir damals logisch und gerechtfertigt – in der Automobilindustrie ist so etwas überhaupt nicht vorstellbar. Der Zulieferer in der Autobranche hat nicht genügend Alternativen, um sich ein solches Verhalten erlauben zu können. Der Markt als Treffpunkt gegenseitiger Abhängigkeiten zwischen Kunden und Zulieferern existiert in dieser Branche nicht mehr.

Ich möchte diese Sonderposition der Autobranche mit einem weiteren Beispiel aus der gleichen Firma verdeutlichen. Seit einem Monat standen wir in regem Fax-Verkehr mit einem potenziellen Neukunden. Das war ungewöhnlich, so lange dauerte die Auftragsanbahnung bei unseren einfachen Produkten sonst nie. Immer wieder holte der Kunde neue Angebote mit neuen Mengen und technischen Definitionen ein. Dann forderte er mehrmals Preisreduktionen. Als wieder eine Anfrage hereinkam, hatte mein Chef genug. Ich sollte den Kunden informieren, dass wir keine Kapazitäten mehr für seine Anfragen hätten. Das tat ich gern. Der Kunde meldete sich daraufhin noch am gleichen Tag telefonisch und wollte den Auftrag auf der Basis unseres letzten Angebots platzieren.

Dieses letzte Angebot war schon ein besonderes Zugeständnis in Bezug auf den Preis gewesen, auch weil wir gerade in einem Sommerloch bei den Aufträgen gesteckt hatten. Das war nun vorbei, unsere Auftragsbücher waren wieder voll. Ich hielt Rücksprache mit meinem Vorgesetzten, er meinte nur: „Das machen wir nicht, solche Kunden bringen nur Ärger." Der Kunde versuchte mich zu überreden, als ich ihn davon informierte. Es wäre doch alles ein Missverständnis gewesen und man würde sich sicher noch einig werden. Wir blieben jedoch guten Gewissens bei unserem Nein, denn er war zu weit gegangen.

Das Verhalten dieses Kunden, so neu es für uns war, ist wieder ganz normal für die Automobilindustrie. Der Lieferant wiederum kann sich in dieser Branche nicht so wie meine damalige Firma verhalten. Ein Auto-Zulieferer wird sich aus solchen Verhandlungen niemals zurückziehen und sein Angebot widerrufen. Er kann es sich schlichtweg nicht erlauben. Dem Autobauer sind wiederum aufgrund der totalen Abhängigkeit des Lieferanten kaum Grenzen für seine Forderungen gesetzt.

Es gab eine Zeit, in der die Automobilindustrie ein attraktiver Kunde für Lieferanten war. Zulieferer gierten nach den zwar wenigen, aber dafür großvolumigen Aufträgen über lange Laufzeiten, meist waren das fünf Jahre. Firmen wuchsen damals schnell, ein einziger Auftrag konnte eine Verdopplung des Umsatzes bedeuten. Dafür verlangten die wenigen Kunden eine intensive Betreuung.

Mit der Zeit verlagerten die Autobauer immer mehr Arbeit zu den Lieferanten. Da diese u. a. aufgrund ihrer Spezialisierung effizienter arbeiteten als sie selbst, bedeutete das für die Hersteller eine Ersparnis. Die Lieferanten übernahmen die Umfänge und bauten dafür spezifisches Know-how, neue Fabriken und Betriebsmittel auf.

Die Autobauer expandierten global, vor allem um neue Wachstumsmärkte zu erschließen, und verlangten das auch von ihren Zulieferern. Diese errichteten daraufhin Werke in Kundennähe, die es wiederum zu füllen galt. So erkauften sich die Zulieferer ihr schnelles Wachstum auf der Basis ihrer bestehenden Kundenbeziehungen mit einer erhöhten Spezialisierung. Eine Wachstumspolitik durch Diversifikation und Öffnung neuer Märkte betrieb dagegen kaum ein Lieferant. Das wäre auch schwierig gewesen, denn der Ausbau der Leistungen für die Autobauer verschlang alle Mittel. Wahlmöglichkeiten gab es keine. Es hieß, entweder mitzumachen und sich zum Entwicklungs-, Modul- oder Systemlieferanten zu entwickeln oder der Konkurrenz das Feld zu überlassen.

Heute ist die Mehrzahl der Zulieferer den Autobauern vollkommen ausgeliefert. Ihre Abhängigkeit vergrößert sich sogar noch weiter, denn die Zahl der unabhängigen Autobauer nimmt stetig ab. Es sind gerade noch fünfzehn bedeutende Gruppen übriggeblieben und die Tendenz ist weiter fallend, denn die Autobauer suchen immer nach Konkurrenten, die sie teilweise oder ganz aufkaufen können.

Die Alternativen für die Zulieferer werden zusätzlich durch Kooperationen der Autobauer untereinander weiter reduziert. Mehrere Hersteller versuchen dabei, Plattformen, die Entwicklung ganzer Fahrzeuge, Module und Gleichteile zu teilen. Wo der Lieferant vorher zwei isolierte Kunden mit zwei verschiedenen Preisniveaus hatte, sitzt er jetzt einem Team aus zwei Kunden gegenüber, die ein Preisniveau verlangen – und es ist nicht das höhere.

Die Automobilhersteller mögen es, wenn ein Zulieferer von ihrer Industrie vollständig abhängig ist. In ihren Lieferantenlisten (den sogenannten „bidder lists“) stehen fast ausschließlich solche Firmen. Ihre Spezialisierung macht die Handlungen der Zulieferer für ihre Kunden berechenbar. Ein erfahrener Automobilzulieferer ist außerdem von Vorteil, weil er die „speziellen Spielregeln“ dieser Branche kennt und akzeptiert.

Ein für mehrere Industrien tätiger Zulieferer ist dagegen prinzipiell gefährlich. Es ist den Herstellern durchaus bekannt, dass die Margen für technische Produkte außerhalb der Autoindustrie höher sind. Bei einem diversifizierten Unternehmen stehen Sparten, die Verluste oder wenig Gewinn einfahren, immer im Rampenlicht. Irgendwann ist dann Schluss mit der Geduld und der Sparte „Automotive“. Man merkt auch als Zulieferer, dass die Zusammenarbeit eine ganz andere ist, wenn man mit Lieferanten zusammenarbeitet, die verschiedene Industrien beliefern.

In meiner Tätigkeit für einen Zulieferer konnte ich das selbst bei einem unserer Lieferanten, einem Fabrikanten für Stanzteile, erleben. Für den war die Automobilindustrie nur eine Nebensache. Wir vermissten bei der Zusammenarbeit mit ihm immer die für diese Industrie so typische bedingungslose Hingabe an uns als „König Kunde“. Wir waren ihm nur gut genug, wenn wir komplizierte Werkzeuge bestellten und entsprechend gut dafür bezahlten.

Das Gleiche galt für die Fertigung: Er wollte nur die anspruchsvollsten Teile fertigen, da wir dafür gut bezahlten, weil wir keinen anderen Zulieferer fanden. Wenn wir aufgrund des Preisdrucks vom Endkunden, dem Autobauer, bei diesem Lieferanten eine Reduktion auf seine Teile haben wollten, bot er uns regelmäßig an, wir könnten uns ja die Werkzeuge bei ihm abholen und die Teile selbst produzieren. Fragten wir eine Fertigung von Standardteilen bei ihm an, so machte er uns zwar ein Angebot, wollte aber auch gar nicht weiter über den Preis verhandeln. Standardteile für die Autoindustrie brachten ihm einfach nicht genug Gewinn.

So sehr wir uns über die Sturheit dieses Lieferanten auch aufregten, insgeheim beneideten wir ihn darum, dass er nicht wie wir von der Automobilindustrie abhängig war.

„Bloß nicht nur für uns arbeiten, sonst geht ihr pleite!“, riet mir einmal ein hochrangiger Einkaufsmanager eines gewissen Autobauers unter vier Augen. Ein Automobilhersteller findet es gut, wenn sein Zulieferer nicht ausschließlich von ihm abhängig ist (aber ein wichtiger Kunde möchte er schon sein). Das gilt besonders für diejenigen Autobauer, die ihren Lieferanten so wenig bezahlen, dass es nicht zur Kostendeckung reicht. Das fehlende Geld sollen die sich bitte bei ihren anderen Kunden suchen. Das hat außerdem den schönen Nebeneffekt, dass sich die Fahrzeuge des Konkurrenten verteuern.

Dieses Prinzip hört sich verblüffend einfach an, es funktioniert aber bei gewissen Autobauern seit Jahren sehr gut. In Zeiten der Krise wird es allerdings auch für die Hersteller, die nach dem „Schmarotzer-Prinzip“ arbeiten, enger, denn die „Muttertiere“, also die anderen Autobauer, treten nun auch kräftig auf die Kostenbremse.

Ist aber ein Zulieferer hauptsächlich von einem Autobauer abhängig, so heißt das nicht, dass er deswegen, was den Preisdruck anbelangt, Gnade findet. Die Grenze zum Bankrott wird in dieser

Branche empirisch ausgelotet. Auf die Aussagen des Zulieferers kann man hier nicht bauen, denn der beschwert sich ja immer über seine Preise. Das ist ja wirklich so: Die Zulieferer jammern tatsächlich ständig, um die Gelüste der Autobauer nach weiteren Preisreduktionen zu bremsen. Leider funktioniert das in der Praxis kaum, denn die Kunden entwickelten eine Immunität dagegen und wurden gleichgültig. Große strategische Planungen, was die Abhängigkeit der Zulieferer angeht, gibt es in den Einkaufsabteilungen der gewissen Autobauer nicht. Jegliche Art von Rücksicht hört spätestens dort auf, wo es zum Preis kommt. Hauptsache, es wird billig eingekauft und das, solange es irgendwie geht.

Was unser Autobauer aber streng kontrolliert, ist seine eigene Abhängigkeit vom Zulieferer. Gewisse Autobauer haben jederzeit mindestens drei bis vier Lieferanten für alle wichtigen Komponenten aktiv in ihrem Zulieferer-Portfolio. Sie achten penibel darauf, dass kein Lieferant bei ihnen einen zu hohen Anteil bekommt. Meist liegt die Höchstgrenze bei einem Drittel. Zu wenige Lieferanten für Teile einer Produktgruppe zu haben, wäre den Herstellern doch zu gefährlich. Abhängigkeit macht eben erpressbar. Die Autobauer greifen außerdem in die Unternehmenspolitik von Zulieferern ein, zum Beispiel wenn diese es wagen, sich konsolidieren zu wollen. Dieser Prozess liegt nicht im Interesse der Hersteller, denn je mehr Lieferanten für ein Teil auf dem Markt sind, desto besser lassen sich diese im Preiswettbewerb gegeneinander ausspielen. Daher drohen sie unter Umständen mit Auftragsentzug oder -vorenthalt, um hier einen Riegel vorzuschieben.

Die Automobilbranche ist, wie wir bereits gesehen haben, ein Oligopol. Das gilt auch für die Nachfrageseite, also die Marktmacht der Autobauer als Abnehmer von Komponenten. Ein Einkäufer in der Automobilindustrie kann seine Forderungen weiter treiben als sein Kollege in der „normalen" Welt. Dieser bekommt von seinen

Lieferanten schon mal gesagt, er könne ja auch woanders kaufen, wenn er zu unverschämt wird. Der Markt reguliert hier das Niveau des Zumutbaren.

In der Automobilindustrie gibt es keinen regulierenden Markt mehr. Die meisten der nachfolgend geschilderten unsauberen Praktiken funktionieren deshalb nur vor dem Hintergrund der totalen Abhängigkeit der Lieferanten. Außerhalb der Automobilindustrie wären diese Methoden nicht so effektiv oder würden sogar überhaupt nicht funktionieren.

Was die Abhängigkeit der Autobauer von den Lieferanten betrifft, haben die Hersteller dabei immer noch mehr Wahlmöglichkeiten als umgekehrt. Wenn eine wirkliche Abhängigkeit in dieser Richtung besteht, dann besteht sie nur temporär oder in Bezug auf eine verschwindend kleine Anzahl von Lieferanten. Das sind meist die mit Systemkompetenz, also der Fähigkeit, komplexe Systeme zu entwickeln und zu produzieren. Allerdings hilft diesen Mega-Lieferanten ihre Macht hauptsächlich beim Systemgeschäft. Bei allem, was sie sonst noch liefern, also Standardkomponenten, gelten annähernd die gleichen Regeln wie für andere Zulieferer. Den einzelnen Komponenten-Einkaufer, der für einen Autobauer einkauft, interessiert es wenig, dass der Mega-Lieferant auch viele andere Komponenten und Systeme an sein Unternehmen liefert. Das fällt ja nicht in seine Zuständigkeit.

Der normale Zulieferer steckt in dieser Falle der Abhängigkeit ohne Ausweg fest. Gewisse Autobauer nutzen die Abhängigkeit ihrer Zulieferer besonders intensiv aus. Den Zulieferern fällt es schwer, von diesen Herstellern abzulassen, denn sie locken mit großen Produktionsstückzahlen. Trotzdem sollten Zulieferer jede Chance nutzen, auf eine breitere Kundenbasis hinzuarbeiten. Die Unterschiede zwischen den Verhaltensweisen der Einkaufsabteilungen verschiedener Hersteller sind immer noch bedeutend.

Gewisse Autobauer sind einfach nicht dazu geeignet, um auf ihnen eine Geschäftsgrundlage aufzubauen. Sie können allenfalls zur Beimischung dienen, um freie Kapazitäten besser auszulasten. Der normale Investor steckt ja auch nicht sein ganzes Geld in risikoreiche Aktien aus „exotischen" Ländern, sondern mischt nur einige von ihnen dazu.

Inzwischen verstärkt sich auch bei den Zulieferern die Einsicht, dass sie sich aus der totalen Abhängigkeit von der Autoindustrie befreien müssen. Die wenigen, die es sich jetzt noch leisten können, expandieren in andere Bereiche. Einige versuchen, ihre Produkte und ihr Know-how an andere Industrien zu verkaufen. Die Übrigen warten einfach weiter auf das Sterben der Konkurrenten. Sie warten schon seit vielen Jahren und werden bei Ausschreibungen sogar von längst tot geglaubten Wettbewerbern[8] attackiert.

Wer sich im Lauf der Lektüre also fragt und wundert, warum Zulieferer sich all die geschilderten Methoden, Strategien und Tricks gewisser Autobauer gefallen lassen, der muss sich eines vergegenwärtigen: Es gibt wenige bis gar keine Alternativen für einen Automobilzulieferer, seine Produkte anderweitig zu verkaufen. Das gilt sowohl für den Zulieferer als ganzes Unternehmen als natürlich auch für einzelne Projekte mit gewissen Autobauern, denn Kompo-

---

[8] Dies sind zum Beispiel Konkurrenten, die Gläubigerschutz nach Chapter 11 genießen. Hierbei handelt es sich um einen Teil des US-amerikanischen Insolvenzrechts. Ein Unternehmen, das nach Chapter 11 Insolvenz beantragt, wird nicht vollständig liquidiert, sondern strebt eine Reorganisierung und Restrukturierung seiner Schulden und Kontrakte sowie seines Kapitals und anderer finanzieller Verpflichtungen an. Während der Dauer der Insolvenz dürfen Gläubiger nicht versuchen, ihre Forderungen geltend zu machen. Bei dieser Regelung versucht ein Unternehmen, weiterhin geschäftstätig zu bleiben und sich dadurch aus der Insolvenz „zu retten".

nenten werden individuell für jeden Kunden hergestellt. Der Zuliefe-rer hat also viel Geld in Anlagen investiert, die oft nur ein einziges Produkt für einen einzigen Kunden fertigen können. Das macht erpressbar.

2. ÜBERKAPAZITÄTEN UND WACHSTUMSSTREBEN

Der Autozulieferer, für den ich tätig bin – die Teile GmbH – nimmt an der Ausschreibung eines Projekts der Auto AG teil. Das Target, also der gewünschte Preis des Kunden, ist laut unserer Kalkulation nicht zu erreichen. Jedenfalls nicht so, dass wir unserem Ziel in Bezug auf den Deckungsbeitrag,[9] nahe kommen würden. Gewinn ist bei diesem Kunden sowieso nicht drin. Beim Material ist nichts mehr herauszuholen. Wir haben uns schon weit vorgewagt und bedeutende Kostenreduktionen bei Rohmaterialien und Komponenten, die wir bei Vorlieferanten einkaufen, angenommen. Der SOP, also der Beginn der Produktion, war erst in zwei Jahren, und wir gingen davon aus das bis dahin diese Positionen billiger sein werden.

Der zweitgrößte Kostenblock in der Kalkulation sind die Fertigungskosten. Von Beginn der Akquisition an spielte man mit dem Gedanken, in Osteuropa zu produzieren. Aber irgendwie haben wir versucht, diese Möglichkeit zu verdrängen, denn alle wissen, dass wir in diesem Fall harte personelle Einschnitte in unserem deutschen Hauptwerk vornehmen müssen. Das wird nicht nur hart für die betroffenen Arbeiter, sondern auch für die Firma wegen der damit verbundenen Kosten – von der emotionalen Seite ganz zu schweigen.

Nun ist es soweit, die Argumente für das Werk im Osten sind erdrückend. Dort wird schon seit drei Jahren für die osteuropäischen Autobauer gefer-

[9] Der Deckungsbeitrag ist die Differenz zwischen dem Verkaufspreis und den variablen Kosten; dies sind stückzahlabhängige Kosten zum Beispiel für Material, Arbeitslöhne, Ausschuss, Energie etc. Daraus folgt, dass der Deckungsbeitrag der Teil des Preises ist, der zur Deckung der Fixkosten beiträgt.

tigt. Die Qualität ist gut und das bei Lohnkosten, die nur bei einem Viertel unserer Kosten in Westeuropa liegen. Wir können aber nicht nur bei den Lohnkosten sparen, wir brauchen auch keine so extrem teuren automatisierten Fertigungsanlagen, weil es sich bei den niedrigen Lohnkosten rechnet, mehr Handarbeit einzusetzen.

Geld für die Betriebsmittel erhalten wir ja nicht in bar vom Kunden, sondern es wird über Jahre hinweg über den Teilepreis zurückerstattet. In der Summe könnten wir durch die Standortverlagerung nach Osten unsere Kosten um über sechs Prozent senken und das, obwohl die Logistikkosten für den Transport der Komponenten und des fertigen Produkts steigen werden. Das komplette Modul, also die aus Komponenten fertig montierte Baugruppe, würde ja von unserem Werk im Osten an das Werk der Auto AG in Westeuropa geliefert werden.

Sechs Prozent sind wahnsinnig viel – es besteht ein gewaltiger Unterschied, ob man einen Auftrag mit einem kalkulatorischen Verlust von vier Prozent oder einem von zehn Prozent holt. Wir wissen außerdem, dass wir noch weiter mit dem Preis heruntergehen müssen, um eine Chance auf diesen Auftrag zu haben; wahrscheinlich so weit, dass es gar keine andere Alternative geben wird, als in Osteuropa zu fertigen.

Wir haben das Projekt der Auto AG ja noch nicht einmal gewonnen und alle Entscheidungsträger bei uns wissen, dass es nur eine Frage der Zeit ist: Der Kostendruck wird so hoch, dass nur noch eine Fertigung im Osten übrigbleibt. Irgendwann werden wir diesen Schritt sowieso gehen müssen und jetzt ist es soweit, denn wir brauchen die geringeren Kosten für unsere nächste Verhandlungsrunde mit der Auto AG.

Der systematische Umzug der Zulieferer-Industrie nach Osteuropa läuft auf vollen Touren. Der Grund hierfür sind neben der größeren Kundennähe vor allem die niedrigeren Lohnkosten. Vieles, was in Osteuropa produziert wird, geht wieder an die Autobauer nach Westeuropa zurück. Es ist klar, dass nach dem Wegzug der Produktion ungenutzte Fabriken und Arbeitskräfte an den alten Standorten in Westeuropa zurückbleiben. So etwas sind dann streng genommen keine Überkapazitäten mehr, sondern endgültig verlorene Kapazitäten, denn sie werden aus (Lohn-) Kostengründen niemals mehr genutzt werden. Was aber oft versäumt oder verzögert wird, ist, diese Kapazitäten konsequent stillzulegen.

Und dann gibt es die Überkapazitäten bei den Zulieferern, die vor allem während der großen Outsourcing-Welle in den 90er Jahren aufgebaut wurden, als die Hersteller Komponenten und auch Entwicklungsleistungen in großem Umfang auf die Zulieferer verlagerten. Die Kapazitäten stecken seitdem in Form von Fixkosten nicht nur in den Fabriken und Anlagen, sondern auch im qualifizierten Personal in den Forschungs- und Entwicklungsabteilungen der Lieferanten. Die Autobauer haben auf diese Weise große Kapazitäten bei den Zulieferern aufbauen lassen, aber auch die haben die Zukunft zu rosig gesehen. Bei den Kapazitäten ist man gern einmal großzügig; Anlagen mit doppelter Kapazität kosten ja nicht das Doppelte, sondern nur ca. 60 Prozent mehr. Also plant man gleich mehr Kapazitäten ein, als notwendig ist, um für weiteres Wachstum gerüstet zu sein.

Seit drei Jahren liefern wir unsere Module an die Fahrzeug AG. Es handelt sich um einen großen Auftrag mit hohen Stückzahlen. Auf Drängen des Kunden haben wir eine Produktionsstätte in der Nähe eines seiner Werke aufgebaut, denn er wollte Logistikkosten für Transport und Lagerhaltung sparen. Wir setzen auf eine dauerhafte Zusammenarbeit auch über die jetzige Fahrzeuggeneration hinaus. Kommerziell ist es schwierig für uns, immer wieder müssen wir das Projekt durch Preisreduktionen neu gewinnen. Oft erfolgt eine neue Ausschreibung unseres Projekts, an der jedes Mal unsere gesamte Konkurrenz teilnimmt.

Dieses Mal ist es anders: Die Fahrzeug AG teilt uns mit, sie wolle die Module wieder selbst fertigen. Man braucht die Arbeit, um die eigene Belegschaft auszulasten. Durch einen allgemeinen Einbruch des Marktes reicht die Fahrzeugmontage dazu nicht mehr aus. Die Fertigungstiefe muss erhöht werden, der Hersteller muss also wieder selbst Komponenten produzieren. Dagegen können wir wenig machen, auch weitere Preisreduzierungen würden hier nicht helfen. Natürlich stellen wir alle getätigten Investitionen für die Errichtung des neuen Standorts zusammen, um Schadenersatz vom Kunden zu verlangen. Unsere Erfahrung sagt uns allerdings, dass das sinnlos ist; der Hersteller wird nichts bezahlen. Wer sich mit der Fahrzeug AG einlässt, übernimmt ein solches Risiko immer allein. Es kommt wie erwartet: Der Kunde kauft uns nur einige Fertigungseinrichtungen ab, die er für das Projekt nutzen kann. Das ist alles. Die Übergabe des Projekts an die Fahrzeug AG soll in drei Monaten abgeschlossen sein. Es wird selbstverständlich von uns erwartet, dass wir dazu jegliche erdenkliche Hilfestellung leisten.

Unser neues Werk können wir nicht mehr auslasten, auch der Maschinenpark ist überflüssig geworden. Die Belegschaft muss, wo es möglich ist, an andere Standorte verlegt werden; wo es nicht möglich ist, müssen wir sie abbauen. Das alles ist teuer und wir versuchen natürlich, es zu verhindern, indem wir uns mit „Kampfpreisen“, also niedrigen Preisen unter unseren Kosten, um andere Projekte bemühen. Dazu greifen wir auch Projekte unserer Konkurrenz, die schon in Serie laufen, an; das ist mit der Fahrzeug AG immer problemlos möglich. Am Ende hilft aber alles nichts, wir müssen den Standort schließen.

In schlechten Zeiten haben gewisse Autobauer kein Problem damit, den früher ausgelagerten Umfang kurzfristig wieder ins eigene Werk zurückzuholen, denn ihre Belegschaft können sie aus politischen Gründen nicht ohne Weiteres reduzieren. Die Zulieferer bleiben mit leeren Hallen und ungenutzten Maschinen zurück – und einer Belegschaft, die zum Problem wird.

Bei der Ausschreibung ihrer Projekte fordern die Autobauer von den Zulieferern mehr Kapazitäten als notwendig ein, um etwaige Nachfragespitzen abdecken zu können. Dieser gewünschte Puffer kann zwischen zehn und zwanzig Prozent liegen. Zusätzlich sorgen gewisse Hersteller mit Übertreibungen bei der Volumenplanung ihrer Fahrzeuge, die sie an ihre Lieferanten geben, dafür, dass die Sicherheitsreserven noch größer werden. Die Überkapazitäten sollen sicherstellen, dass der Hersteller eine tatsächlich steigende Nachfrage schnell bedienen kann und dem Lieferanten in diesem Fall keine Kapazitätserweiterung bezahlen muss.

Immer, wenn die Autobauer neue Standorte erschließen, muss der Zulieferer wohl oder übel mitkommen. Das bedeutet für ihn: neue Fabriken, neue Maschinen und neues Personal. Werke werden oft nur für einzelne Kunden gebaut und ausgestattet. Oft ist dies gar nicht anders möglich wegen der Methode der „Just in time"-Lieferung, also der Belieferung des Kunden mit genau den richtigen Varianten der Komponente zur genau richtigen Zeit, ohne Lagerbestände beim Kunden zu verursachen. Wäre der Zulieferer zu weit weg, müsste der Kunde schon Tage vorher genau wissen, was er produzieren wird, denn es gibt meist viele Varianten von einer Komponente. Das nimmt ihm Flexibilität in der Fertigung oder zwingt ihn dazu, mehr verschiedene Varianten der Komponente auf Lager zu legen. Beides will er meist unbedingt vermeiden.

Die Konsequenz dieser Überkapazitäten ist der erbitterte Kampf der Unternehmen um Auslastung. Lieferanten suchen nach Volumen, auch wenn die Einnahmen daraus nicht alle Kosten abdecken. Es geht darum zu überleben, so lange, bis es die Konkurrenz erwischt. Dazu genügt es schon, wenigstens einen Teil der Kosten zu decken, wenn dadurch die Belegschaft zu halten ist. In besseren Zeiten wird man so bereit sein, neue Projekte zu bearbeiten, die dann hoffentlich rentabel sind.

Mit dieser Strategie leben viele Zulieferer schon seit Jahren. Das mag zeitweise in Ordnung sein, solange es eine gesunde Mischung von rentablen und unprofitablen Projekten im Auftragsportfolio gibt. Die Projekte der hier beschriebenen Autobauer haben geringste Margen oder sie entwickeln sich während ihrer Laufzeit, also solange das Fahrzeug produziert wird, rasant in diese Richtung.

Die Überkapazitäten bei den Zulieferern sind ein enormer kommerzieller Vorteil für gewisse Autobauer und diese tun ihr Möglichstes, um sie zu erhalten. Die Hersteller können so jederzeit mit Angeboten rechnen, die nicht die vollen Kosten der Lieferanten decken. Leider gibt es so gut wie kein Neuprojekt, das nicht weitere Investitionen in die allgemeinen Kapazitäten (zum Beispiel Maschinen, Werkshallen etc.) des Lieferanten erforderlich machen würde; und diese müssen später wieder ausgelastet werden. Somit entsteht ein Teufelskreis.

Kapazitäten verschwinden nicht einfach vom Markt. Insolvente Lieferanten werden aufgekauft, laufen unter Gläubigerschutz oder mit Konkursverwalter weiter oder werden durch finanzielle Stützen der Autobauer künstlich am Leben gehalten. Letzteres geschieht, um Lieferungen sicherzustellen, den Wechsel zu einem teureren Zulieferer zu vermeiden und nicht zuletzt, um das Ringen des insolventen Zulieferers mit seinen Überkapazitäten für weitere Preiskämpfe nutzen zu können.

Um alles noch schlimmer zu machen, reicht es für den Zulieferer nicht einmal aus, seine vorhandenen Kapazitäten auszulasten, denn weder die Automobilhersteller noch die Zulieferer stellen jemals die Pflicht zum Wachstum in Frage. Hat er nicht alle bedeutenden Automobilhersteller im Kundenportfolio, kann der Zulieferer keine maximale Größe erreichen. Erstaunlicherweise setzt bei manchen Entscheidern in der Zulieferer-Industrie bei verlockenden Stückzahlen jegliches Vernunftdenken aus. Irgendwo sieht man immer noch gewisse Synergien im Unternehmen, die es rechtfertigen, ein Projekt zu niedrigsten Verkaufspreisen anzunehmen.

3. Die Öffentliche Meinung bleibt draussen

Was hört und liest man eigentlich in der Öffentlichkeit über die Situation der Zulieferer in der Automobilindustrie? Leider recht wenig und wenn, dann stehen die Meldungen ohne einen erklärenden Gesamtzusammenhang da. Automobilzulieferer werden von den Medien gar nicht als eine geschlossene Gruppe wahrgenommen – was sie ja auch nicht sind, wenn man sich ihre tausenden, verschiedenen und in der Regel unauffälligen Produkte ansieht. Und die Öffentlichkeit identifiziert sich zwar gern mit Autos, aber nicht mit Autoteilen, denn die sind nicht gerade sexy.

Es gibt den Verband deutscher Automobilhersteller, der Autobauer und Zulieferer vertritt. Der VDA ist damit ein gemeinsamer Stall für Wölfe und Schafe. Dort spricht man auch über das Verhältnis der Autobauer zu ihren Lieferanten. Heraus kommen dann diplomatisch verwundene Reden und Vereinbarungen zur Ethik, die das Papier nicht wert sind, auf dem sie gedruckt werden. Mehr ist zu dieser gemeinsamen Organisation nicht zu sagen, jedenfalls nicht in diesem Bereich.

Gewisse Autobauer nehmen ihre Zulieferer regelrecht aus und genießen trotzdem ein gutes Ansehen in der Öffentlichkeit. Solche Hersteller tauchen sogar regelmäßig auf den Listen der beliebtesten Unternehmen für Berufsanfänger auf. Da die Gesellschaft zunehmenden Wert auf ethisches Verhalten von Unternehmen legt, muss dies mit mangelnden Informationen erklärt werden.

Unethische und gegen die guten Sitten oder gar Gesetze verstoßende Handlungsweisen der Automobilhersteller dringen nur selten nach außen; die Angst der Zulieferer vor etwaigen Konsequenzen ist gross. In der Automobilbranche ist es ein ungeschriebenes Gesetz, dass solche Vorgänge in der „Familie" bleiben. Die wenigen Entgleisungen, die trotzdem bekannt werden, stellt man als bedauerliche Einzelfälle dar. Es ist davon auszugehen, dass die Autobauer über sehr aktive Abteilungen für Öffentlichkeitsarbeit verfügen. Diese verhindern, dass sich unangenehme Nachrichten verbreiten, und sind schnell mit Gegenargumenten zur Stelle.

Gewisse Autobauer sind sehr geschickt, wenn es darum geht, Situationen auszunutzen, die sie positiv darstellen. Gerade in Zeiten der Wirtschaftskrise gibt es dazu viele Gelegenheiten. So lesen wir gelegentlich, dass ein Autobauer einem in finanzielle Not geratenen Zulieferer beisteht. Tatsächlich verhält er sich wie ein Feuerwehrmann, der ein Gebäude anzündet, um beim Löschen als Held auftreten zu können.

Niemals lesen wir hingegen, dass ein Zulieferer durch gewisse Autobauer systematisch in den Bankrott getrieben wurde; das wird dann meist mit Missmanagement und der fehlenden strategischen Ausrichtung des verendeten Zulieferers begründet.

Das Gleiche gilt für die Meldung, dass ein Autobauer seine Zulieferer mit Zahlungen für die Entwicklungsleistungen unterstützt. Die Autobauer haben diese Barzahlungen aus Eigeninteresse abgeschafft. Wenn es jetzt wieder dazu kommt, dann geschieht es nur in Einzelfällen bei klammen Zulieferern, die sonst die erwünschte Leistung für den Autobauer nicht mehr erbringen könnten. Dieser müsste dann womöglich einen anderen – teureren – Lieferanten mit der Arbeit beauftragen. Solche „großzügigen" Maßnahmen werden sofort wieder abgestellt, wenn die Krise beim Lieferanten überwunden ist.

Auch führende Einkäufer der Autohersteller sind Meister der Manipulation, etwa wenn sie Interviews geben. So wird dem Zeitungsleser beispielsweise plausibel gemacht, dass die Zulieferer ihre Preise senken müssen, wenn sich die Marktpreise für die eingekauften Rohmaterialien verbilligen. Das ist doch in Ordnung, meint der Leser; was er nicht weiß, ist, dass die Zulieferer im Gegenzug keinen Cent Ausgleich von gewissen Autobauern bekommen, wenn die Preise für die Rohmaterialien steigen.

Möglicherweise interpretiert die Öffentlichkeit die Nachrichten, dass die Zulieferer-Industrie ihre Produktion immer stärker nach Osten verlagert, als deren Profitgier. Dass gerade mittelständische Unternehmen sich mit Händen und Füßen gegen diesen Prozess stemmen, bis sie wegen des enormen Preisdrucks keine Wahl mehr haben, ist keine Meldung wert. Stattdessen bekommen die Zulieferer, deren Komponentenpreise die Autobauer subventionieren, damit wenigstens diese ihre Arbeitsplätze in Westeuropa öffentlichkeitswirksam erhalten können, von den Medien die Rolle des Buhmanns zugeschrieben.

Mafiöses Schweigen, hervorragende Öffentlichkeits- und Lobbyarbeit der Autobauer und eine fehlende Lobby der Zulieferer sorgen dafür, dass die Gesellschaft überhaupt nicht mitbekommt, was hinter den glänzenden Fassaden der Autowerke vorgeht. Scheinbar hat auch niemand ein Interesse daran, dass das Image der deutschen Vorzeige-Industrie Kratzer bekommt.

4. Passivität der Behörden und des Gesetzgebers

Die Tagesschau meldete im Februar 2010 auf ihrer Website:

> „Autozulieferer im Visier der EU-Kommission: Verdacht auf illegale Preisabsprachen.
>
> Die EU-Kommission hat eine Kartelluntersuchung in der Autoelektrik-Branche eingeleitet. Wie die Wettbewerbsbehörde mitteilte, wurden Büros einiger Autozulieferer durchsucht. Sie stünden im Verdacht, Preise für elektrische Systeme abgesprochen zu haben. Die betroffenen Unternehmen stellten Elektroverteilsysteme für Autos her. Dabei handelt es sich um die Kabelbäume, die den Bordcomputer mit den zahlreichen relevanten Funktionen eines Fahrzeugs verbinden.
>
> Die Kartelluntersuchung werde mit einigen anderen Wettbewerbsbehörden weltweit koordiniert, teilte die Kommission weiter mit. Wie in derartigen Fällen üblich, nannte die Kommission kein Unternehmen beim Namen. Sie verwies darauf, dass die Durchsuchungen noch nicht bedeuteten, dass die Firmen tatsächlich ein Kartell gebildet haben. Dies werde weiter geprüft, die Unternehmen können zu den Vorwürfen Stellung nehmen.
>
> Wenn sich der Verdacht schließlich bestätigen sollte, drohen ihnen nach europäischem Recht Geldbußen, die bis zu zehn Prozent eines Jahresumsatzes erreichen können."

Nachrichten wie diese wecken den Eindruck, dass sich die Kartellbehörden tatsächlich auch einmal mit der Automobilindustrie befassen – allerdings nur mit der Seite der Zulieferer. Preisabsprachen und Korruption mussten fast zwangsläufig entstehen, weil die Nachfragemacht gewisser Autobauer so erdrückend ist. Die Zulieferer nutzen dieses – illegale – Ventil als letzte Möglichkeit, um dem zerstörerischen Preisdruck zu entkommen.

Der Konzentrationsprozess der Automobilhersteller ging dagegen an den Behörden vorbei. Das musste er wohl auch, denn der Gesetzgeber hat keine Voraussetzungen für Kontrollen geschaffen. Während „Angebotsmacht" genau definiert ist, sieht es bei „Nachfragemacht" schlechter aus. Somit lassen die Kartellämter problemlos weitere Fusionen der Autobauer zu. Auch der Diebstahl geistigen Eigentums durch die Anwendung von Marktmacht, Erpressung, Eingriffe in die Unternehmenspolitik der Zulieferer und sittenwidrige Knebelverträge der Hersteller werden nicht als Straftaten geahndet.

Es scheint, dass die Automobilhersteller einen „Staat im Staat" aufgebaut haben; mit eigenen Regeln, die Zulieferer viel weiter einschränken und knebeln, als es im „echten Staat" erlaubt ist. Andere Gesetze und Regeln, die für die Allgemeinheit gelten, gelten in der Automobilindustrie nicht oder nur eingeschränkt. In Bezug auf Gesetze und Verhaltensregeln spielt sich das Geschäftsleben der Automobilindustrie in einer Parallelwelt ab.

Die Politik verhält sich ruhig angesichts der Vorfälle, die sich täglich im Geschäft zwischen Autobauern und Zulieferern abspielen. Das ist in Deutschland, einem Land, wo man schon für Kleinigkeiten vor Gericht zitiert wird, schon merkwürdig. Die Verflechtung zwischen Politik und Automobilherstellern ist eng. Nicht ohne Grund wird der mächtige Lobby-Verband VDA, der sich maßgeblich für die Autobauer einsetzt, von einem ehemaligen Verkehrsminister geleitet. Mit Gerhard Schröder hatte unser Land sogar schon einmal einen echten „Autokanzler". Der Einfluss der Automobilhersteller auf die Politik ist so stark, dass es ihnen sogar gelang, die Vereinbarungen zur CO_2-Reduzierung europaweit aufzuweichen. Ganz abgesehen davon, dass die Autolobby auch das Tempolimit auf deutschen Autobahnen seit Jahren verhindert, was ja in Europa einzigartig ist.

Gewisse Autobauer rechnen fest mit den zusätzlichen Kostenreduzierungen durch die Anwendung unsauberer Methoden bei ihren Zulieferern. Ohne diese Erträge würden die Ergebnisse der Konzerne ins Negative rutschen. Die Konsequenzen, also den Wegfall von Arbeitsplätzen bei diesen Autobauern, sind in niemandes Interesse. Schon gar nicht möglich ist diese Vorstellung für Unternehmen, für deren öffentliches Image der Erhalt ihrer Beschäftigten wichtig ist.

Wer innen im eigenen Unternehmen nicht optimieren will, dem bleiben nur zwei Möglichkeiten: er steigert die Absatzzahlen, um die Mannschaft nicht reduzieren zu müssen – und er lässt sich durch seine Lieferanten subventionieren. Bei den Methoden, die gewisse Autobauer anwenden, um letzteres zu erreichen, drücken die Behörden beide Augen fest zu.

Teil III

Der Autobauer und seine Waffenkammer

oder:

Der Zulieferer und die 40 Räuber

1. UNTERNEHMENSKULTUR ALS WAFFE DER PSYCHOLOGISCHEN KRIEGSFÜHRUNG

Das Meeting der Entwicklungsteams steht an. Alle drei Wochen reist unser Team zur Fahrzeug AG, um den Stand der Entwicklung zu präsentieren. Um 9 Uhr kann die Sitzung beginnen, der Saal ist ziemlich voll geworden. Herr Schwarz, unser Ansprechpartner beim Kunden und Koordinator des „feindlichen“ Entwicklungsteams, wirft den Aktionsplan an die Wand, insgesamt haben sich fast dreißig offene Punkte angesammelt. Wir starten mit Nummer eins.

Eine Verbindung hat sich im Fahrzeugdauerlauf[10] gelockert. Bemerkenswert ist, dass diese Art der Verbindung gar nicht von meiner Firma entwickelt wurde, sondern so vom Autobauer vorgegeben war.

Das Neudesign wurde in der letzten Minute uns überlassen, einschließlich der Tests. Unser Konstrukteur hat wieder eine weitere Idee entwickelt. Schwarz meint es sei jetzt an der Zeit, dass wir endlich eine brauchbare Lösung präsentierten. Natürlich drückt er das in seiner typischen Unteroffiziersart aus: „Das kann nicht angehen, wie langsam das bei Ihnen geht, meine Herren!“ Er gibt uns drei Wochen, um einen neuen Prototyp aufzubauen und zu testen. Auf unseren Einwand, das sei zu knapp, entgegnet er ungerührt, er gebe uns drei Wochen.

Unnötigerweise bemerkt einer meiner Kollegen, dass wir das Teil schließlich so nicht konstruiert hätten. Jetzt sei es eben schwieriger, eine vernünftige Lösung zu finden, denn inzwischen ist kein Platz im Auto mehr frei, um es richtig konstruieren zu können. Ein angrenzendes Teil eines anderen Zulieferers hat den nötigen Raum erobert. Der Unteroffizier brüllt den Kollegen an, er habe die Nase voll von unproduktiven Kommentaren! Unsere Firma müsse viel mehr Dynamik zeigen, wenn wir weiterhin mit der

[10] Zur Simulation der Belastung eines Fahrzeugs werden einige Versuchsfahrzeuge über meist 100.000 km gefahren und periodisch auf eventuelle Schäden ihrer Komponenten analysiert.

Fahrzeug AG zusammenarbeiten wollen. Der Termin wird im Aktionsplan eingetragen, nächster Punkt.

Eine Funktion wurde laut Lastenheft (siehe auch Kapitel 21), also gemäß der Spezifikation, nicht erreicht – Abstellmaßnahme? Die Werte im Lastenheft sind nicht zu erreichen, wir haben einen guten Kompromiss zwischen den verschiedenen Anforderungen gefunden. „Ihr Konkurrent bekommt das im Projekt xy sehr gut hin, das Lastenheft ist voll zu erreichen“, meint der Unteroffizier. Unser Frage: „Könnten Sie uns dann sagen, wie es gehen soll?“ würgt er ab: „Das ist nicht meine Aufgabe, sie als Fachfirma haben mir die Lösung zu bringen.“ Verantwortung des Zulieferers, Termin in drei Wochen, nächster Punkt!

Nun wird eine akustische Auffälligkeit behandelt. Auf einer Abnahmefahrt hat ein Manager der Fahrzeug AG ein knarzendes Geräusch „unter ihm im Sitzbereich“ gehört, das mit unserer Komponente zu tun haben könnte. So wurde es im Fahrtenbuch festgehalten. Es sieht allerdings so aus, dass von Seiten des Unteroffiziers und seiner Mannschaft auch nicht verstanden wurde, was und wo das Problem ist. Allerdings möchte man nicht bei der Person nachfragen, die den Mangel vermerkt hat, schließlich kann man einen General nicht mit solch einer Kleinigkeit belästigen. Also sind wir aufgefordert, den Mangel nachzuweisen und Abstellmaßnahmen zu definieren.

Ich muss an die berüchtigte Suche nach der Stecknadel im Heuhaufen denken. Das betroffene Fahrzeug dürfen wir auch nicht begutachten. Der Unteroffizier bemängelt lautstark, dass auch hier keine Fortschritte zu sehen wären. Wir sollen detailliert schriftlich auflisten, was bisher unternommen wurde. Auf unsere Erklärung, dass wir mehr Informationen benötigen, um hier etwas tun zu können, wird es wieder laut und erneut wird die fehlende „Proaktivität“ unserer Firma bemängelt. Der Unteroffizier raunzt, wir hätten uns schon längst an die entsprechende Abteilung wenden sollen. Wenigstens bekommen wir einen Ansprechpartner genannt: einen Assistenten des Generals.

Die nächsten beiden Punkte sind glücklicherweise vom feindlichen Lager zu erledigen. Bei keinem sind Fortschritte zu sehen. Schwarz hätte das mit anderen Abteilungen intern klären sollen. Er erteilt uns nun die Order, das auch zu übernehmen. Wir bekommen weitere Ansprechpartner genannt. Damit haben wir zwei zusätzliche offene Punkte gewonnen, für die wir in drei Wochen geradestehen müssen. Eigentlich wollten wir Punkte abschließen.

Als nächstes geht es um Materialprüfungen: Die an den Kunden geschickten Musterteile sind nicht angekommen. Der Unteroffizier knurrt, wir würden es wohl nie in unsere Köpfe hineinbekommen: Teile sind persönlich zu übergeben! Er gibt uns eine Woche, um neue Musterteile zu beschaffen, „damit ihr es endlich kapiert".

Beim nächsten Punkt ist die Entscheidung zu treffen, in welche Richtung wir weiterentwickeln sollen. Der Unteroffizier meint, auf Basis der vorliegenden Ergebnisse sei das nicht zu entscheiden. Er befiehlt uns, zwei verschiedene Lösungsmöglichkeiten vollständig auszuarbeiten. Das bedeutet doppelte Arbeit in Konstruktion, Prototypenbau und Versuch. Dafür gibt es drei Wochen Zeit.

Nachdem alle Punkte durchgepeitscht wurden, sind wir ziemlich geschafft. In drei Wochen werden wir hier wieder zu den offenen Punkten Rede und Antwort stehen müssen. Die Hausaufgaben sind in dieser Zeit auch mit einem verstärkten Team nicht zu erledigen, das ist jetzt bereits klar.

Es ist Donnerstag, wir müssen Samstagsarbeit für zwei Leute anfordern. Unser Entwicklungsleiter befindet sich in einer schwierigen Situation: Das Projektbudget ist schon weit überschritten. Leute, die eigentlich für neue Projekte mit anderen Autobauern eingeteilt waren, müssen jetzt in unserem Projekt bleiben. Die Dringlichkeit der Überstunden klar rüberzubringen, ist nicht einfach, denn das Argument der Dringlichkeit ist im Projekt abgenutzt – alles ist dringend oder noch dringender, schon seit Beginn. Schließlich willigt er ein, denn es ist auch in seinem Interesse, dass es keinen Skandal von Kundenseite gibt. Die Fahrzeug AG, so viel wissen wir, eskaliert früher als andere Kunden. Ein Fehler oder ein verspätet abgearbeiteter Termin wird von denen grundsätzlich sofort an die höchstmögliche Hierarchieebene unserer Firma gemeldet. Von dort aus kommt es herunter zu uns. Die Folge ist, dass wir neben unserer Arbeit noch eine interne Rechtfertigung samt Präsentationen aufbauen müssen, um der Kundenreklamation entgegnen zu können. Das kostet Zeit, die wir nicht haben.

Am Freitag ist das ganze Entwicklungsteam versammelt, wir sprechen die Aufgaben detailliert durch. Natürlich zeichnet sich ab, dass diese nicht bis zur nächsten Sitzung abgearbeitet werden können. Also priorisieren wir, so gut es geht. Keinesfalls darf aber irgendein Punkt ohne jede Neuigkeit bleiben – wir wollen ja nicht den Zorn der Götter herausfordern!

Die nächsten drei Wochen rasen vorbei, wir werden fast wahnsinnig. Was die technischen Forderungen des Kunden anbelangt, stellen wir ernüchtert fest, dass wir die Regeln der Physik doch nicht besiegen können. Auch halten unsere Lieferanten ihre Termine nicht ein, die wurden ihnen ja genauso unrealistisch vorgegeben wie uns von der Fahrzeug AG. Weiterhin ist an den Wochenenden durchzuarbeiten; Laborkapazität ist freizumachen; andere Kunden sind nach hinten zu schieben.

Am Mittwochnachmittag, einen Tag vor dem Meeting bei der Fahrzeug AG, gehen wir den Aktionsplan nochmals durch. Er weist keine wirklichen Fortschritte auf. Mehr als 95 Prozent der Punkte könnten mit etwas gutem Willen des Kunden abgeschlossen werden, aber die Fahrzeug AG drängt stur auf hundertprozentige Lastenheft-Erfüllung.

Für die Punkte ohne Lösung entwickeln wir wenigstens Ansätze. Der Anspruch ist dabei nicht wirklich, eine Lösung zu finden. Wir können nicht in wenigen Stunden etwas tun, das ein ganzes Team von Experten monatelang nicht geschafft hat. Es geht einzig und allein darum, die Sitzung zu überleben und einen erneuten Anruf des Kunden bei unserer Geschäftsleitung zu verhindern. Deshalb haben wir keine andere Möglichkeit, als intern schon längst verworfene Ideen zu präsentieren.

Um 2 Uhr morgens sind wir zu keinem Gedanken mehr fähig und beschließen, schlafen zu gehen. Die Präsentationskosmetik wollen wir noch vor der Sitzung morgen früh abschließen. Wir verabreden uns deshalb um 6:30 Uhr zum gemeinsamen Frühstück.

Am Donnerstagmorgen schweigen wir uns an, als wenn es zur Schlachtbank ginge. Wir fahren los, das miese Wetter passt ausgezeichnet zu unserer Stimmung. Mein schlechtes Gewissen plagt mich, wie immer wenn es zur Fahrzeug AG geht, Angst vor der Sitzung steigt auf. Ich versuche zu analysieren, warum manche Sachen nicht zu erledigen waren.

Hätten wir die drei Wochen besser ausnützen können? Unsere Konstrukteure arbeiteten schon seit Monaten wie moderne Sklaven, täglich mindestens 12 Stunden. Einer hatte dafür die Bedingung gestellt, dass er nie wieder mit zur Fahrzeug AG müsse. Hätten wir unsere Vorlieferanten täglich besuchen sollen? Aber wer sollte das machen? Im Projekt arbeitete schon jetzt eine fast doppelt so große Mannschaft wie in vergleichbaren Projekten anderer Kunden.

Es war völlig klar, dass die Forderungen der Spezifikation nicht voll einzuhalten waren. Warum hatten wir dann überhaupt dem Lastenheft zugestimmt? Weil es die Konkurrenz auch so macht. Wir sind schließlich nicht schlechter als die Konkurrenz, sonst könnten wir uns gleich aus der Branche verabschieden. Wer nicht allem zustimmt, hat keine Chance auf einen Auftrag. Also sagen wir fast immer Ja in der Hoffnung, sich nachher auf einen gesunden Kompromiss zu einigen. So wird es immer gehandhabt, mit allen Kunden.

Ein Lastenheft gilt als „zu schwach“, wenn der Zulieferer alles einhalten kann. Die Leistungswerte und Eigenschaften werden mehr als anzupeilende Ziele verstanden. Der Entwickler beim Kunden hat einen Spielraum, um sie zu verändern. Bei gewissen Herstellern ist alles anders: Zu völligem Fehlen von Kompromissbereitschaft kommen laufend Produktänderungen hinzu. Solche Änderungen sind vorprogrammiert, auch weil die Koordination zwischen den verschiedenen Abteilungen des Autobauers nicht richtig funktioniert.

Die Unternehmenskultur eines gewissen Autobauers ist für die Anwendung unsauberer Methoden gegenüber den Zulieferern perfekt geeignet; das verschafft ihm gegenüber seiner Konkurrenz einen gewaltigen Vorteil. Geführt wird hier auf allen Ebenen mittels Furcht vor Bestrafung. Bei Meetings, auf denen Mitarbeiter oder Abteilungen dem Top-Management ihre Schwierigkeiten bei Entwicklungsprojekten präsentieren müssen, kann es um Kopf und Kragen gehen, oder wenigstens um den Job. Zur Rettung sind glaubhafte Geschichten zu erfinden. Dem Management wird nicht die Wahrheit erzählt. Da Fehler in der Unternehmenskultur verboten sind, kann man sie nicht einfach zugeben.

Bei gewissen Autobauern herrscht Krieg als Dauerzustand; jeder kämpft gegen jeden. Die rivalisierenden Abteilungen schieben sich gegenseitig die Schuld für Probleme zu. Findet eine Abteilung bei einer Probefahrt ein Problem bei einer Komponente, mit der sie gar nichts zu tun hat, meldet sie das gleich offiziell an die Qualitätssicherung. Die fordert dann bei den berüchtigten Projektsitzungen Abstellmaßnahmen ein. Der zuständige Entwickler ist gedemütigt und überlegt, wie er sich an der Abteilung, die ihn denunziert hat, rächen kann.

Mehrere Entwicklungsteams werden gleichzeitig mit derselben Aufgabe betraut. Getrieben von der Angst zu verlieren, blüht die Kultur vom fehlenden Miteinander und dem Kampf aller gegen alle.

Bei gewissen Autobauern herrscht die 20-80-Regel: Man soll ein Projekt erst übernehmen, wenn es bereits zu 20 Prozent angefangen ist; dann hat man „ein dermaßen schlechtes Projekt übernehmen müssen...!" und kann alles, was falsch läuft, auf den Vorgänger schieben. Verabschieden muss man sich aus dem Projekt, wenn es erst zu 80 Prozent vollendet ist. Beim SOP ist man dann überrascht: „Ich verstehe nicht, wie das passieren konnte – als ich das Projekt verlassen habe, lief alles noch bestens..."

Auf den Umgangston bei gewissen Autobauern ist man gut vorbereitet, wenn man „gedient" hat. Ehemalige „Zivis" oder sonstige „Drückeberger" sollten wenigstens eine autoritäre Erziehung genossen haben. Das ist nichts für zarte Seelen und harmoniebedürftige Menschen. Der raue und arrogante Umgangston wird bewusst zur Konditionierung der Zulieferer eingesetzt. Man lernt schnell, dass sich der Ton verschärft, wenn Forderungen nicht erfüllt oder gar selbst welche gestellt werden.

Für den Kontakt zum Zulieferer wird ein besonderer Typ Mensch ausgesucht: der durchsetzungsstarke Druckmacher, der dem Lieferanten einheizt und sich damit auch gern brüstet. In solchen Unternehmen kann er seine unangenehmen Charakterseiten ohne negative Konsequenzen ausleben. Dieser Typ Mensch wird bei gewissen Autobauern jahrelang herangezogen. Mit seinen Vertretern sind alle Bereiche und Ebenen besetzt, Neulinge werden in diese Kultur schnell eingereiht. Den Autobauern, die erst seit relativ kurzer Zeit ihr Verhalten gegenüber den Zulieferern änderten, fällt es sehr schwer, sich hier mit den gewissen Autobauern zu messen, denn bei ihnen selbst gibt es immer wieder Leute, die sich manchem unethischem Trick entgegenstellen.

Mitarbeiter des Lieferanten werden in speziellen Sitzungen zum Projektstatus vor einer multifunktionellen Großgruppe des Autobauers regelrecht zur Schnecke gemacht. Typische Probleme sind Termine und Lastenheft- bzw. Qualitätsvorgaben, die nicht eingehalten werden können. In solchen Veranstaltungen hat man schon erwachsene Männer zittern sehen.

Die totale Abhängigkeit der Zulieferer von einer Handvoll Kunden erlaubt es dem Autobauer, über das Maß gesellschaftlich tolerierten Verhaltens weit hinauszugehen. Konsequenzen hat so ein Verhalten nicht. Man kann ja auch nicht die Bundeswehr verlassen, wenn einen der Feldwebel zusammengestaucht hat, aber bei der Bundeswehr kann man sich zumindest noch beim Wehrbeauftragten beschweren.

Die Stimmung bei diesen Autobauern ist kalt, wenn nicht gar feindlich. Menschlich wird Distanz gehalten und oft bekommt man zu spüren, dass man als Zulieferer weniger wert ist: „Das wissen wir selbst, dazu brauchen wir keinen Zulieferer", „als Zulieferer können Sie sich solche E-Mails sparen". Das Wort Zulieferer wird in einer erniedrigenden Weise verwendet: Das ist einer, der die Arbeit macht, aber nicht dazugehört; ein Sklave eben. Es lohnt sich auch nicht, mit Gefälligkeiten eine gute Beziehung zu Mitarbeitern des Autobauers herstellen zu wollen. Hier gibt es kein Nehmen und Geben; es wird nur genommen, und das immer wieder.

Verhält sich ein Mitarbeiter des Autobauers mit Zuliefererkontakt nicht nach diesem Schema, wird er nicht lange auf seinem Posten bleiben. Ohnehin ist das Bestandteil der Firmenpolitik: Die gewissen Autobauer rotieren ihre Mitarbeiter mit Zulieferkontakt regelmäßig. Selten hat man über Jahre hinweg den gleichen Ansprechpartner, was sich natürlich bei der Kompetenz der Verantwortlichen bemerkbar macht.

Lange Wartezeiten vor Terminen sind bei gewissen Autobauern die Regel, dahinter steckt Methode. Festgelegte Termine, die der Zulieferer beantragt hatte, besonders mit dem Einkauf, werden gern einmal kurzfristig abgesagt; so kurzfristig, dass sich der Vertreter des Zulieferers auch schon auf dem Firmengelände befinden kann. Noch besser ist es, wenn die Absage nach einer vorherigen langen Wartezeit kommt. Die Absage der Termine erfolgt teilweise ohne Begründung. Da steckt Absicht dahinter, ein Mitarbeiter des Vertriebs wurde beispielsweise trotz Termin mehrmals hintereinander nicht empfangen. Der Einkaufsleiter wollte ihm damit zeigen, wie unwichtig der Mitarbeiter ihm war. Wenn er etwas brauchte, kontaktierte er den Verkäufer trotzdem, denn der war gern bereit, etwas zu geben, wenn er dadurch wieder ernst genommen würde. Dazu überzeugte er sogar seinen Vorgesetzten davon, die Forderung des Autobauers zu erfüllen. Wenn der Verkäufer aber etwas wollte, kam er wieder auf sein Abstellgleis zurück. Der Einkäufer regelte das nur mit höheren Hierarchiestufen beim Zulieferer.

Kommt es zum Termin, hat erst einmal der Autobauer das Wort, das Anliegen des Zulieferers ist nachrangig. Vor der Sitzung sammelt der Kunde belastendes Material, denn Angriff ist die beste Verteidigung. Ob Qualitätsprobleme, Schwierigkeiten bei der Produktentwicklung, nicht eingehaltene Termine oder allgemeine Unzufriedenheit mit den Preisen – er findet immer etwas.

Häufig wird damit gedroht, das Projekt an einen Konkurrenten des Lieferanten zu geben. Neue Forderungen werden gestellt. Und die Konkurrenz ist immer besser, nur mit dieser einen Firma hätte man solche Schwierigkeiten. Der massive Aufbau eines schlechten Gewissens soll den Zulieferer schon entmutigen, bevor er zu seinem eigenen Anliegen kommt.

Man hat als Lieferant schon solche schrecklichen Kundentermine erlebt, in denen es keiner mehr gewagt hat, das eigene Anliegen überhaupt noch vorzutragen. Oft bleibt dafür auch keine Zeit mehr: Der Kunde muss schnell in eine andere Sitzung und bricht vor dem vereinbarten Sitzungsende ab. Dann muss wieder ein Folgetermin erkämpft werden. Oder der Kunde stellt Bedingungen, die der Lieferant erst regeln muss, damit er überhaupt einen neuen Termin bekommt: „Bis ihr das nicht gelöst habt, brauchen wir gar nicht weiterzureden." Bis dahin ruhen die Forderungen des Lieferanten – und genau darum geht es dem Einkauf.

Hat der Autobauer ein Anliegen, stimmt er den Termin nicht mit dem Zulieferer ab. Er lädt vor und der Lieferant hat alles liegen und stehen zu lassen und anzutreten.

Nach Terminen lassen sich die Führungskräfte huldvoll zum Essen einladen, am besten unter Vorgabe des gewünschten Nobelrestaurants. Dann werden als Vertreter einige Sachbearbeiter geschickt; diese haben unter Umständen normalerweise nicht einmal Kontakt zu diesem Zulieferer.

Mitunter wird der Lieferant direkt aufgefordert, bestimmte Mitarbeiter als Ansprechpartner aus dem Projekt herauszunehmen; auch aus rein persönlichen Gründen. Die feinere Methode ist es, die unerwünschte Person einfach zu ignorieren, Termine mit ihr immer wieder abzusagen und die betreffenden Angelegenheiten direkt bei ihrem Vorgesetzten zu klären. Am Ende überlegt der Vorgesetzte, ob es nicht wirklich besser ist, den ignorierten Mitarbeiter anderweitig einzusetzen.

Eskalation ist ein anderes beliebtes Mittel, um einen unbequemen Mitarbeiter des Zulieferers zu terrorisieren. Jegliches Problem wird dann vom Autobauer gleich auf die höchstmögliche Hierarchieebene des Zulieferer-Unternehmens getragen. Das verursacht internen Druck beim Zulieferer, meist resultiert daraus reiner Aktionismus, bei dem den Forderungen des Autobauers nachgegeben wird. Außerdem konditioniert es den Mitarbeiter des Zulieferers: Er wird sein Verhalten beim nächsten Konflikt überdenken. Warum soll er gegenüber gewissen Forderungen Widerstand leisten, wenn die Firma am Ende nachgeben wird und er sich zusätzlich noch firmenintern zu rechtfertigen hat?

Die besonders gemeine Variante ist die sofortige Eskalation, ohne dass der Mitarbeiter überhaupt von einem Problem weiß. Nach einigen Aktionen dieser Art steht der Mitarbeiter als uninformiert und inkompetent da.

Gelegentlich greift der Einkauf eines Autobauers auch auf echten Terror zurück; in einem Fall rief der Einkäufer auf Anweisung seines Vorgesetzten einen Vorlieferanten (Tier 2) wiederholt zu Hause an, sogar am Wochenende, um ihn zu zwingen, seine Preise für den Tier 1 offenzulegen. Der Einkauf meinte, der Tier 1 würde beim Weiterverkauf unberechtigt viel Marge aufschlagen. Der Vorlieferant wusste nicht mehr ein noch aus, denn natürlich wurde gedroht, dass er nie ein direktes Projekt vom Autobauer erhalten würde, wenn er nicht rede.

All die geschilderten Aktionen, die paramilitärische Organisation und der eisige Umgangston haben ein Ziel: ein Angstklima beim Lieferanten zu schaffen. Der Zulieferer soll in panischer Angst seine letzten Ressourcen für den Kunden mobilisieren und sie dort abziehen, wo es weniger Druck gibt – also bei anderen Kunden.

Das funktioniert gut, und zwar umso besser, je mehr der Zulieferer sich bedingungslos der Kundenorientierung verschrieben hat und je sensibler der Mitarbeiter mit Kundenkontakt ist. Er wird in seiner

Firma wie ein Tiger für die Belange des Autobauers kämpfen. Genauso gut wird er darin sein, die eigene Firma davon zu überzeugen, dass ihre eigenen Belange für den Kunden wirklich nicht akzeptabel seien.

Das zweite Ziel des Aufbaus eines schlechten Gewissens beim Zulieferer ist es, seine Forderungen so klein wie möglich zu halten oder am besten ganz zu verhindern. Das ist einfache, aber wirkungsvolle Psychologie: Schon ein Kleinkind weiß, dass es ein schlechter Moment ist, nach einem Eis zu fragen, wenn die Eltern böse auf es sind.

In der Organisation gewisser Autobauer ist also eine grundsätzliche Bereitschaft zur Anwendung unsauberer Praktiken gegenüber dem Zulieferer vorhanden. Dort arbeiten die Mitarbeiter selbst unter enormem Druck in einer Atmosphäre, in der die Angst dominiert; der Zulieferer ist für sie ein Ventil, um sich selbst von Druck zu entlasten.

Die Mitarbeiter des gewissen Autobauers wissen, dass der Lieferant an seine Grenze zu bringen ist. Das gilt für Forderungen des Autobauers und das Abbiegen von Forderungen des Zulieferers. Die Ersparnis, die dabei herauskommt, wird im Unternehmen dringend benötigt, um eine Verlustsituation zu verhindern. Zwischen gewissen Autobauern und ihren Zulieferern herrscht Krieg, der mit allen Mitteln geführt wird – auch, aber nicht nur auf der psychologischen Ebene.

Ein ehemaliger Einkaufsleiter eines gewissen Autobauers wies seine Mitarbeiter an, sie müssten bereit sein, indirekt und unter Druck sogar direkt zu lügen. Diese Tradition pflegt man. Der Einkäufer des Autobauers kennt nur eine Wahrheit: Die Preise sind immer zu hoch und der Konkurrent des Zulieferers ist immer besser. In der

Angebotsphase bekommt der Zulieferer das oft zu hören. Der Einkauf vergleicht außerdem oft unterschiedliche Angebote, zum Beispiel eine Basisvariante des einen Zulieferers mit der höherwertigen Variante eines anderen Zulieferers. Dann braucht der Einkauf nicht einmal „richtig“ zu lügen.

Aber Lügen ist nicht alles, was die Organisation einem Einkäufer abverlangt. Er muss auch bereit sein, sich am Geld des Zulieferers zu vergreifen und ihn zu erpressen. Das kann der gewisse Autobauer guten Gewissens von seinen Mitarbeitern verlangen, denn so etwas wird strafrechtlich nicht geahndet. Einige Beispiele für solche Taten zeigen die folgenden Kapitel. Manche Organisationen der Unterwelt dürften mit Neid auf die Automobilindustrie blicken.

2. Bedingungsloser Einsatz von Zwang und Macht

Macht bezeichnet nach einem weit verbreiteten Verständnis die Fähigkeit von Individuen und Gruppen, auf das Verhalten und Denken sozialer Gruppen oder Personen – im eigenen Sinn und Interesse – einzuwirken. Ohne die Ausübung von Macht funktioniert kaum eine der in diesem Buch beschriebenen Methoden. Es ist jedoch sehr verschieden, wie die verschiedenen Autobauer ihre Macht einsetzen.

Die Autobauer bekommen ihre Macht daher, weil sie den vollkommen abhängigen Zulieferern ihre Aufträge verweigern können; je mehr sie davon zu vergeben haben, desto mehr Macht haben sie. Eine Grundregel in der Automobilindustrie besagt, dass derjenige mit den höchsten Stückzahlen auch die größte Macht besitzt – und damit das größte Potenzial, Zwang auszuüben.

Deshalb sind gewisse Autobauer ständig bestrebt, durch Zukauf und Kooperationen das von ihnen kontrollierte Volumen und damit ihre Macht weiter auszubauen. Die Mächtigsten sind sie auch deshalb, weil es bei ihnen nicht nur um das Vorenthalten von Belohnungen durch Neuprojekte geht, sondern auch um das Wegnehmen laufender Aufträge. Das gehört bei ihnen zum Tagesgeschäft.

Macht im engeren Sinne, also durch Zwang, ist die Ausübung von negativen Einflüssen gegen den Willen des anderen. Das kann sich im Berufsleben auf die Möglichkeit einer Degradierung oder Entlassung beziehen oder auf das Zurückhalten von Belohnungen. Der Gehorsam des Machtlosen, also des Abhängigen, wird durch seinen Wunsch nach Belohnungen oder die Angst vor deren Verweigerung erreicht. Zwang wird mit Hilfe von Drohungen ausgeübt. Jeder Zulieferer hat bei gewissen Autobauern schon hören müssen, er werde das Projekt oder den Kunden verlieren, wenn er sich nicht wie gewünscht verhalte.

Seine Macht setzt der Autobauer außerdem ein, um neue Spielregeln bei der Zusammenarbeit mit seinen Zulieferern durchzusetzen. Dazu gehören zum Beispiel die „speziellen Verträge“ (siehe Kapitel 4). Die Ausübung von Macht geht sogar so weit, dass der Autobauer aktiv in die Unternehmenspolitik des Zulieferers eingreift. So kann er zum Beispiel sein Veto einlegen, wenn sein Lieferant mit einem anderen Zulieferer fusionieren will. Ignoriert der Lieferant so einen Einspruch, folgt der Auftragsvorenthalt oder -entzug.

Die von gewissen Autobauern auf der Nachfrageseite ausgeübte Macht ist enorm. Durch regelmäßige Demonstrationen macht der Autobauer den Zulieferern klar, wer das Sagen hat. Das bloße Vorhandensein von Macht allein reicht nicht aus; es muss vielmehr jedem Zulieferer klar sein, dass der Autobauer sie auch ohne Skrupel zur Durchsetzung seiner Forderungen anwenden wird.

3. VERGELTUNG UND ERZIEHERISCHE MAßNAHMEN

Am Morgen kommt die Nachricht aus dem Werk an die Verkaufsabteilung. Die Kundenabrufe, also die Bestellungen der Auto AG für das Projekt „Funcar", sind auf null gesetzt worden. Nur noch sechs Wochen dürfen wir liefern. Das ist die Rache dafür, dass wir vor zwei Monaten einen Lieferstopp angedroht hatten. Dazu waren wir gezwungen, denn der Verkaufspreis der Komponente deckte gerade noch die variablen Kosten, also im Wesentlichen Material und den Lohn der Arbeiter. Nach hohen Preissteigerungen beim Rohmaterial hatten wir mehr als ein halbes Jahr lang versucht, mit der Auto AG einen Kompromiss auszuhandeln und waren dabei auf Granit gestoßen. Natürlich stand in unserem Angebot, dass wir in solchen Situationen eine Preisanpassung verlangen würden. Bei den geringen Margen in der Autoindustrie und den jährlichen, fest vereinbarten hohen Preisreduktionen ist das fester Bestandteil jedes Angebots. Steigen die Rohstoffkosten, rutscht ein Projekt sonst sofort in die roten Zahlen, und da bliebe es wohlmöglich ein paar Jahre. Auf der anderen Seite fordert und bekommt die Auto AG natürlich auch eine Preisreduktion, sollten die Rohstoffe billiger werden.

Wir informierten damals schließlich den Einkauf der Auto AG, dass wir nicht mehr zu dem aktuellen Preis weiterliefern könnten. Endlich war der Autobauer bereit, über die Angelegenheit zu diskutieren. Nach zähen Verhandlungen gestand man uns die Hälfte unserer Forderung zu, aber die Auto AG hatte seitdem hinter unserem Rücken daran gearbeitet, uns im „Funcar"-Projekt zu ersetzen. Vor zwei Jahren waren wir als Zweitlieferant in das Projekt hineingekommen. Der erste Lieferant, die Komfortsitz

AG, war kommerziell nicht gefügig genug gewesen. Das Unternehmen konnte seine Preise bei anziehenden Rohstoffkosten nicht über Jahre hinweg immer weiter senken. Irgendwann hatte sich die Komfortsitz AG gegen weitere Reduktionen gewehrt, woraufhin uns die Auto AG 50 Prozent der Sitze des „Funcar"-Projekts angeboten hatte.

Nun stehen wir da – mit einer neuen Halle, neuen Fertigungseinrichtungen und Werkzeugen, welche die Auto AG uns nur zum Teil bezahlt hat, aber ohne das dazugehörige Projekt. Die Auto AG hat der Komfortsitz AG wieder das komplette Projekt angeboten. Die Kapazität dazu hatte die Komfortsitz AG als ehemaliger Alleinlieferant der „Funcar"-Sitze sowieso, die Firma braucht nur ein paar Wochen, um neue Arbeiter einzuarbeiten.

Bereits im Vorfeld gab es Drohungen der Auto AG, man würde uns hinauswerfen, wenn wir es wagten, einen Lieferstopp zu erwägen. Da wir vor zwei Monaten meinten, wir hätten nichts mehr zu verlieren, hatten wir die Drohungen ignoriert. Jetzt ist es soweit: Es kommt nicht einmal eine offizielle Mitteilung, dass wir das Projekt verloren hätten, wir bekommen es einfach über die Logistik und die Abrufzahlen im Logistiksystem mit. Auf Nachfrage bestätigt der zuständige Einkäufer bei der Auto AG, dass wir draußen sind.

Intern beginnt bei uns die Rechnerei. Wir wollen wissen, was es bedeutet, das Projekt „Funcar" abzuschreiben, einschließlich der Entlassungskosten für die betroffenen Arbeiter. Das Ergebnis ist ein Desaster, die Abbruchkosten würden das Ergebnis der ganzen Firma im laufenden Geschäftsjahr erheblich verschlechtern. Das will unsere Geschäftsführung verhindern und schickt unseren Vertriebsleiter zur Auto AG. Er bietet reumütig an, zum alten Preis weiterzuliefern. Der Einkauf der Auto AG lehnt ab: Das hätten wir uns besser früher überlegt, meint der Einkaufsleiter. Wir bleiben draußen.

Wir wissen, dass die Marge der Komfortsitz AG auch schlecht aussieht. Daran sind wir mitschuldig, denn wir beide haben uns von der Auto AG immer wieder gegeneinander ausspielen lassen. Die Preisspirale zog uns beide mit hinunter, zur Freude des Einkaufs der Auto AG, der uns immer wieder aufeinanderhetzte, indem er behauptete, der jeweils andere hätte seinen Preis gesenkt und man erwarte nun das Gleiche vom zweiten Lieferanten.

Es ist also klar, dass auch die Komfortsitz AG früher oder später eine Anpassung ihrer Preise durchsetzen muss. Es ist auch klar, dass sie jetzt, mit dem von uns übernommenen Anteil, einen noch geringeren Preis von der Auto AG bekommt. Höhere Stückzahl – niedrigerer Preis, an diesem Gesetz kommt niemand vorbei. Dazu verteuern sich die Rohstoffe weiter. Wir entscheiden uns, zu warten und noch nichts vom „Funcar"-Projekt abzubrechen, also die Fertigungs-Einrichtungen nicht zu demontieren. Zum Glück starten wir gerade ein kleineres Projekt von einem anderen Autobauer , so dass wir einen Teil der Arbeiter unterbringen können.

Es dauert mehr als ein halbes Jahr, in dem wir immer wieder beim Einkauf anklopfen und darum betteln, etwas vom Projekt zurückzubekommen. Die ganze Angelegenheit schadet ja auch unserem Ruf: Andere Autobauer könnten denken, wir wären nicht wettbewerbsfähig. Schließlich bekommen wir das Projekt von der Auto AG zurück – aber mit einem kleineren Lieferanteil als zuvor. Natürlich müssen wir uns im Gegenzug beim Preis großzügig zeigen.

Was setzt ein Zulieferer einem Autobauer entgegen, dessen Preisdrück-Aktionen unerträglich werden? Die einzigen Möglichkeiten für den Zulieferer, um sich in extremen Situationen zu wehren, sind, die Lieferungen einzustellen oder wenigstens für „logistische Schwierigkeiten" zu sorgen. Das heißt, die Lieferungen kommen dann manchmal sehr spät beim Autobauer an oder enthalten weniger als die zugesagte Stückzahl. Es soll Zulieferer gegeben haben, die ihr eigenes Werk sabotiert haben, um nicht mehr unter den Herstellungskosten liefern zu müssen.

Bis ein Autozulieferer die Möglichkeit eines Lieferstopps überhaupt erwägt, muss schon einiges passiert sein; etwa die unilaterale Änderung, also ohne beiderseitiges Einverständnis, des Preises von Seiten des Autobauers oder die Verschleppung von dringend benötigten ausstehenden Zahlungen bzw. Preisanpassungen.

Schon die Androhung, die Lieferungen einzustellen, wendet ein Zulieferer gegenüber den Autobauern extrem selten und äußerst ungern an.

Auch hier fesseln gewisse Autobauer dem Zulieferer beide Hände. Linienstopps werden mit hohen Strafzahlungen und konsequenter Vergeltung geahndet. Die noch harmloseste Vergeltungsmaßnahme ist die Sperrung des Zulieferers für Neuprojekte (englisch als „business hold“ bezeichnet). Er darf also nicht mehr an Ausschreibungen des Kunden teilnehmen. Diese Situation kann man oft nicht einfach aussitzen; der Zulieferer muss sich aus der Sperre freikaufen, zum Beispiel durch Preisreduktionen bei bereits laufenden Projekten.

Auch die Übertragung des betroffenen oder sogar aller laufenden Projekte des Zulieferers auf einen Konkurrenten ist möglich. Solche Maßnahmen können zeitlich limitiert sein – oder auch nicht. Auch kann ein Projekt weggenommen werden, das gar nicht der Stein des Anstoßes war. Der gewisse Hersteller nimmt einfach das Projekt weg, das er bei einem anderen Lieferanten schnell und am besten billiger bekommt.

Die gleichen Vergeltungsmaßnahmen werden angewendet, wenn der Zulieferer ein für ihn unrentables Projekt aufgeben will. Das heißt, er kündigt rechtzeitig und bietet normalerweise sogar noch Hilfe dabei an, das Projekt auf einen Konkurrenten zu übertragen. Wenn er damit überhaupt durchkommt, bleibt die Vergeltung gewiss nicht aus: Auch in diesem Fall wird der Zulieferer bei weiteren Ausschreibungen ignoriert, schließlich hat er sich als „nicht konkurrenzfähig“ geoutet.

Auch erzieherische Maßnahmen drohen. Es ist gewissen Autobauern wichtig, ihren Zulieferern das korrekte Verständnis der Dinge zu vermitteln. Die Mitarbeiter des Zulieferers erhalten zudem hilfreiche Tipps zur Persönlichkeitsentwicklung. Das Instrumentarium der erzieherischen Maßnahmen besteht ebenfalls aus Auftragsentzug oder -verweigerung.

Eine Variante ist es, den Zulieferer bei einer Neuvergabe eines Projekts erst einmal nicht zu berücksichtigen, auch wenn er der Beste ist, das genau weiß und deshalb fest mit dem Auftrag gerechnet hat. Dies ist ein Warnschuss; der Autobauer lässt den Zulieferer zappeln und um die Position des Zweitlieferanten kämpfen. Dabei wird über Monate ein Höchstmaß an Demut erwartet. Der Zulieferer muss sich dafür entschuldigen, dass er sich in der Vergangenheit so wenig partnerschaftlich verhalten hat. Das ist keine angenehme Zeit für die Mitarbeiter des Lieferanten.

Alle Forderungen, die in der Vergangenheit nicht erfüllt wurden, bekommt der Zulieferer nun erneut vorgelegt und hat ihnen nachzugeben; er muss sogar noch etwas drauflegen, eben als gerechte Strafe. Parallel gibt es Belehrungen zu partnerschaftlichem Verhalten und strenge Aufforderungen, sich zukünftig klüger zu verhalten. Wir konnten diese Pilgerfahrten an den Ort der Erleuchtung über einige Monate miterleben. Das vertreibt unreine Gedanken wie den, dass ein Zulieferer auch Geld verdienen sollte.

Meist wendet der Kunde aber Vergeltungsmaßnahmen im Laufe seiner Preisdrück-Aktionen an. Dabei ist keinerlei Aktion des Lieferanten vorausgegangen; es reicht, wenn er dem Kunden keine Preisreduktion gegeben hat. Die Methode beginnt immer mit einer Erpressung: entweder Preisreduzierung oder Vergeltung, der Zulieferer hat die Wahl. Ist die Erpressung erfolgreich und der Preis wird reduziert, ist alles gut – bis zur nächsten Runde. Bleibt der Zulieferer stur, muss der Autobauer sich am Lieferanten rächen.

Schließlich beobachten die anderen Zulieferer den Fall, es würde sich herumsprechen, wenn der Hersteller nachgibt, und eventuelle Nachahmer finden. Daher darf es keinen Lieferanten geben, der sich nicht erpressen lässt und damit ungestraft davonkommt.

Die Vergeltung für die Weigerung folgt so schnell wie möglich. Das spricht sich herum; die direkte Konkurrenz des bestraften Zulieferers erfährt es zwangsläufig, denn sie darf jetzt Teile oder Volumen der abgestraften Firma übernehmen, und die Mitarbeiter der geschassten Firma geben es an die Zulieferergemeinde weiter. Denen tut es echt gut, einmal zu zeigen, dass sie Rückgrat bewiesen haben. Sie fühlen sich wie edle Freiheitskämpfer, die an der Übermacht des Gegners gescheitert sind.

Die anderen Zulieferer fühlen sich allerdings dadurch in ihrer demütigen Haltung bestätigt: Es ist eben sinnlos, sich mit der Macht anzulegen. Die revolutionären Gedanken in der Zulieferergemeinde verschwinden und der Friede kehrt wieder ein. Die Drohkulisse der Vergeltung bietet auch eine effektive Rückendeckung für die immer dreisteren Forderungen und Handlungen gewisser Autobauer. Sie bleibt meist eine Abschreckungsmaßnahme, kann aber jederzeit aktiv eingesetzt werden und sei es nur, um ein Exempel zu statuieren.

Vergeltung ist für gewisse Autobauer ein Muss. Sie dient der Erziehung der betroffenen Lieferanten und der Abschreckung der übrigen. Niemals, wirklich niemals darf nach außen dringen, dass es ein Zulieferer geschafft hat, durch Druckmittel wie Lieferstopps eine Preiserhöhung durchzusetzen. So etwas würde schnell Schule machen, denn es gibt genug massiv unterdrückten Bedarf bezüglich Preisanpassungen im Zulieferer-Portfolio gewisser Autobauer.

Das Instrument der Vergeltung benutzen keineswegs alle Autobauer auf die gleiche Art und Weise; gewisse Hersteller verwenden es häufiger und systematischer als andere. Dies kommt natürlich daher, dass sie aufgrund ihres unfairen Verhaltens mehr Verzweiflungstaten ihrer Lieferanten provozieren. Ein Autobauer, der seine Vergeltungslegende aktiv pflegt, baut eine wirksame Abschreckungsbarriere gegenüber Forderungen von Lieferanten auf.

Das führt dazu, dass Zulieferer versuchen, solche Kunden bereits aus purer Angst nicht zu verärgern. Das nötige Geld zum Ausgleich der Verlustquelle wird bei den „guten" Kunden gesucht. Ethisch korrektes Verhalten wird somit bestraft und die „dunkle Seite der Macht" siegt. Wiederum ist es kein Wunder, dass immer mehr vormals faire Autobauer sich dem Schmarotzer-Prinzip zuwenden.

Ein Zulieferer, der überleben will, wird bei gewissen Autobauern wenigstens zeitweise ganz sicher in extreme Situationen kommen, wo er massiv für seine Rechte kämpfen muss, auch durch Lieferstopps oder deren Androhung. Repressalien sind also gar nicht zu vermeiden. Lieferanten, die immer nachgeben, werden auf Dauer kaum erfolgreich sein. Das Instrumentarium der unsauberen Tricks wird stetig weiterentwickelt und zuerst dort angewendet, wo wenig Gegenwehr zu erwarten ist; wer nicht ständig kämpft, verliert also auch. Da gewisse Hersteller extreme Opportunisten sind, werden sie nach einer Racheaktion über kurz oder lang sowieso wieder zur Zusammenarbeit mit dem verschmähten Zulieferer bereit sein – wenn dessen Preis stimmt.

4. Die speziellen Verträge

„Wieso kann uns die Wagen AG eigentlich nach zwei Jahren einfach ein Projekt wegnehmen, wenn wir alles darauf ausgelegt und bezahlt hatten, um volle fünf Jahre lang zu liefern?“ Das fragte ich mich recht naiv, als es zum ersten Mal passierte. Da musste es doch klare Verträge geben! Irgendetwas musste man doch sicher auch den Banken vorlegen, wenn man Kredite für die Investition in ein Neuprojekt bekommen wollte? Und es musste Regelungen dazu geben, wie man die getätigten Investitionen, die man ja über den Teilepreis nach und nach vom Kunden zurückbekommen sollte, jetzt ohne Lieferungen erhalten sollte?

Auf solche Fragen folgte bald die Erkenntnis: Verbindlich an den Verträgen mit gewissen Autobauern ist nur ihre Unverbindlichkeit. Vertragsbruch kommt durchaus vor; allerdings sind die Verträge schon von vornherein zum Vorteil des Autobauers ausgelegt, der es damit gar nicht nötig hat, sie zu brechen. Im Grunde sind Verträge in der Automobilbranche aufgrund der totalen Abhängigkeit der Zulieferer von den Autobauern nur für die Lieferanten verbindlich.

Es beginnt mit einem Vertrag, den ein Autobauer mit dem Zulieferer zur Konzeptentwicklung abschließt. Der Zulieferer bringt viel Vorleistung: er bietet Innovationen, die er an den Autobauer abtreten muss, verpflichtet sich zur Geheimhaltung und liefert umfassende Informationen über seine Kostenstruktur. Seine Arbeit, also das Konzept, wird nicht bezahlt. Der Autobauer verpflichtet sich ebenfalls zur Geheimhaltung, obwohl unklar ist, wem gegenüber, denn neue Ideen, so vermutet man jedenfalls in der Zulieferergemeinde, geben die Autobauer an die konkurrierenden Lieferanten weiter. Erfindungen, die während der Arbeit am Konzept gemacht werden, gehören ihm zur exklusiven Nutzung. Außerdem stellt der Autobauer die Möglichkeit in Aussicht, dass der Lieferant eventuell auch den Serienauftrag bekommt – die Betonung liegt auf der Möglichkeit, denn der Konkurrenz im Projekt wird ja dasselbe in Aussicht gestellt.

Es gibt auch Verträge zur Haftung des Zulieferers für sein Konzept. Die muss er unterschreiben, wenn er bei der Ausschreibung dabei sein möchte. Rückrufaktionen können immense Kosten verursachen, die oft nur unzureichend durch entsprechende Versicherungen des Zulieferers abgedeckt sind. Ein solcher Haftungsvertrag ist ein Blankoscheck, da der Lieferant das Geschehen nur bedingt beeinflussen kann: Manchmal wirft der Kunde während der Entwicklung das ursprüngliche Konzept um oder verlangt grundlegende Änderungen. Der Zulieferer kann die Anforderungen an das von ihm zu liefernde Teil auch nicht vorab im Gesamtfahrzeug beurteilen, da er die realen Anforderungen und die Schnittstellen zu anderen Teilen nicht kennt.

Die Risikosumme steigt mit der Bündelung gleichartiger Volumen im Rahmen einer Plattform-, Gleichteil- oder Modulstrategie. Die Entwicklungszyklen verkürzen sich und die ständige Forderung nach Änderungen – bis in die laufende Serie hinein! – trägt ihren Teil dazu bei, die Schadenseintrittswahrscheinlichkeit zu erhöhen. Der Autobauer setzt das Teil, mitunter auch ohne Wissen des Zulieferers, irgendwo in der Welt als COP[11] ein. Außerdem übernimmt der Konzeptentwickler nicht nur die Verantwortung für seine Entwicklung, sondern auch noch die für seine Vorlieferanten; sogar für solche, die ihm der Kunde zwingend vorgegeben hat.

---

[11] COP = Carry over Part = Übernahmeteil; ein Teil, das bereits existiert, wird für einen neuen Anwendungsfall, zum Beispiel ein neues Fahrzeug, übernommen.

Ein Lieferant wird zwar auch ohne ausdrücklichen Vertrag zur Haftung herangezogen; aber bei gewissen Autobauern enthält ein solcher Vertrag eben noch gewisse Extras.

Eine weitere offizielle Regelung sind die „Allgemeinen Einkaufsbedingungen“ des Autobauers. Diese basierten für deutsche Hersteller ursprünglich auf Empfehlungen des VDA. Inzwischen sind diese Empfehlungen nur noch eine leere Hülle. Die wirklichen Bedingungen werden durch zahlreiche Zusatzdokumente definiert. Dazu gehören Lastenhefte, Qualitätsvereinbarungen, die Normen VDA 6.1 und ISO/TS 16949, technische Normen, Werksnormen, sonstige Anfrageunterlagen und diverse VDA-Publikationen mit Hinweisen auf weitere Schriften – alles in allem ein unüberschaubarer Dschungel. Jeder Zulieferer hat die Gültigkeit dieser Bibliothek von vornherein anzuerkennen, sonst muss er bei einer Ausschreibung leider draußen bleiben.

Dann gibt es den „Nomination Letter“, das ist ein Rahmenvertrag, der die Meilensteine des Projekts, die Investition in Werkzeuge, die Teilepreise, Preise für Prototypen usw. enthält. Wer allerdings in solchen Verträgen verbindliche Aussagen zu Volumen und Laufzeiten sucht, der findet – nichts. Der Autobauer nutzt den „Nomination Letter“, um damit Kapazitäten für das entsprechende Bauteil beim Lieferanten aufzubauen und zu reservieren. Ob er diese nutzen wird, wie lange, mit welchem Lieferanteil und unter welchen Bedingungen, ist eine ganz andere Frage; er gibt keine Garantie. Wohlgemerkt ist es trotzdem üblich, dass der Zulieferer einen Großteil der Investitionen auf den Teilepreis umlegt und damit darauf angewiesen ist, den Kunden bis zum Ende des Projekts zu beliefern.

Selbst die Werkzeugkosten im „Nomination Letter“ sind für den Kunden nicht verbindlich. Gewisse Autobauer nehmen diese Kosten zur Kenntnis und schicken irgendwann, wenn das Projekt beim Lieferanten schon in der Entwicklung ist, Werkzeugexperten zwecks Überprüfung der Kosten vorbei. Was dabei herauskommt, lässt sich natürlich nicht vorher sagen. Dass ein „Nomination Letter“ wirklich das reflektiert, was der Zulieferer angeboten hat, habe ich noch nie erlebt. Immer schleichen sich an irgendeiner Stelle des Dokuments Differenzen ein; merkwürdig, dass diese „Fehler“ regelmäßig den Autobauer begünstigen?

Das Schlimmste ist allerdings, dass bei gewissen Autobauern die Gleitklauseln zur Preisanpassung wegen Veränderungen der Rohstoffpreise fehlen. Im Produkt des Zulieferers ist eine Vielzahl an Rohstoffen verarbeitet, deren Preise er nicht kontrollieren kann. Rohstoffe werden am Weltmarkt gehandelt und können stark im Preis schwanken. So etwas kann ein Zulieferer unmöglich abfangen, dazu sind seine Margen zu niedrig und die Laufzeit der Projekte ist zu lang. Dazu soll er seinem Kunden noch jährliche Preisreduktionen geben.

Dass ein Ausgleich unabdingbar ist, steht in jedem Angebot eines Zulieferers, aber es findet keinen Einzug in den Vertrag, den gewisse Autobauer aufsetzen. Auf diesen Vertrag folgt dann eine Stellungnahme des Zulieferers, worin er nochmals betont, dass der Ausgleich von Rohstoffschwankungen notwendig sei. Selbstverständlich gilt das in beide Richtungen, d. h. bei fallenden Rohstoffpreisen bietet der Zulieferer eine entsprechende Preisreduktion an. Der Autobauer antwortet auf solche Stellungnahmen prinzipiell nicht und so verschiebt man die Diskussion über eine Preisanpassung wohl oder übel auf den Zeitpunkt, zu dem es entsprechenden Handlungsbedarf gibt – und es wird eine lange Diskussion werden.

Juristen könnten sich viele Jahre mit den Verträgen zwischen Autobauern und Zulieferern beschäftigen: Sind sie nun schon für sich als sittenwidrig zu bezeichnen oder werden sie es erst im Kontext der totalen Abhängigkeit der Lieferanten?, ist eine beliebte Frage. Es werden auch Seminare zur optimalen Vertragsgestaltung für den Zulieferer angeboten. Die sind für diesen aber nicht relevant, denn so gut wie keiner (außer den ganz mächtigen Zulieferern) kann mit seinen Kunden noch irgendetwas verhandeln. Die Verträge der Autobauer sind so zu akzeptieren, wie sie sind; das, was der Zulieferer in seine Angebote hineinschreibt, hat nur akademischen Wert.

Es fehlt in der Branche eklatant an Möglichkeiten, Streitfälle durch eine neutrale Instanz klären zu lassen. Was auch immer zwischen Zulieferer und Kunde vorfällt, ein Prozess ist für den Lieferanten der Automobilindustrie keine Option. Es ist für Zulieferer einfach unvorstellbar, einen Kunden vor Gericht zu bringen. Zulieferer, die doch einen solchen Schritt wagen, können nicht mehr mit Aufträgen rechnen. Durch ihre Kontakte untereinander könnten Autobauer einen renitenten Zulieferer sogar in existenzbedrohende Schwierigkeiten bringen, so dass er sich ganz aus der Branche verabschieden muss.

Um es auf den Punkt zu bringen: Als Zulieferer kann man Verträge vergessen. Entweder sie benachteiligen ihn oder es gibt sie nicht oder sie gelten nicht. Den Autobauer interessieren sie sowieso nicht. Aber man darf ja träumen: Vielleicht werden die Verträge der Autobauer irgendwann für sittenwidrig erklärt oder die Zulieferer ziehen geschlossen vor Gericht...

5. Die Amortisationsfalle

Seit einem Jahr versucht der Vertrieb, unser Geld hereinzuholen. Die Wagen AG hat das Projekt ein Jahr vor dem geplanten Ende abgebrochen. Die Kosten für das Fahrzeug waren einfach zu hoch und es muss deshalb schnellstens ein billigerer Nachfolger her. Unser Teil wurde durch eine Komponente unseres Konkurrenten, der Komfortsitz AG, ersetzt. Das Nachfolgeprojekt bekommen wir also auch nicht. Jedenfalls sind unsere Investitionen noch nicht amortisiert, es fehlen noch 20 Prozent. Alle unsere Investitionen werden vom Kunden über den Teilepreis gezahlt. Keine Teilelieferungen mehr – kein Geld mehr, so einfach ist das. Es geht um einen Millionenbetrag.

Der Einkauf der Wagen AG hat bisher erfolgreich auf Zeit gespielt. Besser gesagt, erkannte er die Situation nie als sein Problem an. So etwas müsse man eben als Zulieferer innerhalb einer partnerschaftlichen Zusammenarbeit tragen! Irgendwie glaubt niemand bei uns mehr daran, das Geld wiederzusehen. Allerdings gibt es auch noch kein wichtiges Neuprojekt, das es dem Kunden ermöglicht hätte, die Forderung wegzuverhandeln.

Dann bekommen wir die Chance auf einen Neuauftrag von der Wagen AG. Nachdem wir schon das beste Angebot vorgelegt haben, verlangt der Einkauf, dass wir auch unsere lächerliche Forderung endlich fallen lassen. Die würde er sowieso nicht bezahlen, aber er will einfach nicht mehr damit belästigt werden. Einen Auftrag nicht zu bekommen wegen einer nicht anerkannten Forderung, die sowieso keine Chance hat, jemals beglichen zu werden – das können wir nicht riskieren. Also verzichten wir darauf. Das war schon immer so; niemals hat jemand aus solch einer Situation noch eine Abstandszahlung der Wagen AG bekommen können.

Der Automobilhersteller will den Zulieferer so wenig wie möglich in bar auszahlen. Die Tendenz geht deshalb in die Richtung der vollen Amortisation der Projektausgaben durch den Teilepreis. Aus einer Summe von fünf Millionen Euro werden also 2,50 Euro pro Teil bei fünf Jahren Laufzeit und 400.000 Stück pro Jahr, ohne Finanzierungskosten gerechnet. Zurzeit ist es üblich, dass der Autobauer wenigstens die Werkzeuge, die ausschließlich dazu dienen, sein spezifisches Produkt zu fertigen, teilweise oder ganz bezahlt – aber dies geschieht immer später als erwartet. Bezahlt der Hersteller die Werkzeuge in bar, gehören sie nach der Zahlung ihm und er kann sie, wenn er will, auch einem anderen Zulieferer zur Fertigung seiner Komponente zur Verfügung stellen.

Entwicklungskosten und Betriebsmittel legt der Lieferant auf den Teilepreis um. Auch die Kosten für die Prototypen werden meist so behandelt. Das ist nicht gut, denn der Zulieferer hat höhere Finanzierungskosten als der Autobauer, welcher normalerweise eine bessere Bonität genießt und entsprechend von den Banken bevorzugt behandelt wird. Der Zulieferer geht in Vorleistung und bekommt sein Geld erst nach Jahren allmählich zurück; manchmal allerdings nicht komplett, wenn das gefertigte Volumen kleiner als geplant ist. Oft sind auch Werksgelände und Hallen mit allen möglichen Ausstattungen neu für ein Projekt zu beschaffen. Das alles muss der Lieferant Monate oder sogar über ein Jahr vor dem Produktionsstart (auf englisch „Start of Production“, also SOP) vorlegen. Schon die Vorserien (siehe Teil IV) sollen ja aus funktionsfähigen Serieneinrichtungen kommen, mit denen sich schon große Stückzahlen fertigen lassen.

Erst ab SOP wird die Investition über den Teilepreis amortisiert. Normalerweise schreibt der Zulieferer spezifische Investitionen über fünf Jahre ab. Spezifisch ist dabei alles, was nur zur Herstellung für ein bestimmtes Kundenprojekt dient. Das erste Jahr nach dem SOP bringt meist weniger Volumen als ein volles Jahr, das gleiche gilt für das Jahr in dem die Produktion ausläuft. Also sind es in Wirklichkeit sechs bis sieben Jahre, bis der Zulieferer seine Investition zurückbekommt. Bedenkt man, dass er bereits lange vor dem SOP investiert hat, so kommen leicht einmal Finanzierungskosten von 25 Prozent zusammen. So etwas passt kaum in die Angebotskalkulation, wenn der Zulieferer einen Auftrag gewinnen will.

Das Risiko in Form der zugrunde gelegten Volumen liegt beim Zulieferer: Kommen weniger als geplant zusammen, läuft er der fehlenden Amortisation hinterher, die in der Praxis so gut wie unmöglich beim Kunden einzutreiben ist. Liegen die Volumen dagegen über Plan, verlangt der Kunde sofort eine Preisreduktion.

Durch Amortisieren ist nie etwas zu gewinnen, obwohl sich Zulieferer so etwas manchmal schönrechnen. Sie meinen dann, über die Laufzeit mehr Geld einsammeln zu können als bei einer sofortigen Zahlung. Aber das ist reine Spekulation. Ist die erforderliche Stückzahl nämlich gefertigt, soll der Amortisationsbetrag sofort aus dem Preis herausgenommen werden. Das ist auch völlig korrekt. Ein Zulieferer sollte daher nicht darauf hoffen, dass der Kunde das vergisst. Oder aber der Preis ist durch wiederholtes Nachverhandeln irgendwann so niedrig, dass gar kein Geld mehr für die Tilgung der Investitionen übrig bleibt. Natürlich kann es auch geschehen, dass der Zulieferer das Projekt ganz oder ein Teilvolumen davon weggenommen bekommt; auch dann bleibt die Investition ungedeckt. Bis zum Ende der Projektlaufzeit kann – und wird! – bei Zulieferern gewisser Autobauer der Traum von der erfolgreichen Amortisation seiner getätigten Investitionen platzen.

Der Falle der Amortisation entgeht kein Zulieferer, der mitspielen will. Nur die mächtigsten und innovativsten Lieferanten schaffen es, für Vorleistungen wie Entwicklung in bar bezahlt zu werden; oder es sind Lieferanten, denen es so schlecht geht, dass ihnen der Autobauer lieber unter die Arme greift, als einen teureren Lieferanten auswählen zu müssen. Wahrscheinlich werden aufgrund der schwierigen finanziellen Situation einiger Zulieferer Autobauer wieder verstärkt in bar zahlen müssen, wenigstens vorübergehend. Dies betrifft aber zuerst Kunden, die weniger Volumen zu bieten haben. Die Hersteller mit den hohen Volumen belästigt ein Zulieferer mit solchen Forderungen gar nicht gern.

Dahinter steckt, dass es sich der Zulieferer wegen seines ständigen Strebens nach Wachstum und Größe nicht leisten möchte, die Volumenhersteller zu verlieren. Auch herrscht die Meinung, dass man Innovationen bei den hohen Volumen dieser Autobauer schneller wieder über den Teilepreis hereinholen kann. Da gewisse Autobauer aber sehr schlecht für Komponenten bezahlen und durchgängig und immer wieder Preisdrück-Aktionen durchführen, ist der Erfolg dieser Strategie zweifelhaft. Die große Mehrheit der Zulieferer muss ihre Investitionen so gering wie möglich halten und alles mitnehmen, was in bar zu kassieren ist. Das gilt für Investitionen, die nachträglich anfallen, etwa für Produktänderungen und Kapazitätserweiterungen.

6. Ausstiegsbarrieren für den Zulieferer erhöhen

Jetzt haben wir gerade mehrere Millionen Euro in das Projekt investiert, es läuft noch nicht einmal ein Jahr und schon hat die Mobil AG eine weltweite Ausschreibung durchgeführt. Dabei hat der Einkauf angeblich einen billigeren Lieferanten gefunden. Jetzt sollen wir um sieben Prozent mit unserem Preis heruntergehen, wenn wir nicht dem Konkurrenten das Feld überlassen wollen. Der geforderte Preis ist extrem niedrig. Das Projekt würde sofort eine kommerzielle Ruine werden.

Das Problem sind die Kosten, die mit der Aufgabe des Projekts verbunden sind: Die würden natürlich bei uns bleiben. Von der Mobil AG ist nicht zu erwarten, dass sie dafür aufkommen wird; sie gibt uns ja immerhin die Chance, im Projekt zu bleiben. So sieht der Kunde das generell und immer.

> Abschreibungen im Millionenbereich können wir uns nicht leisten, schon gar nicht in diesem Jahr. Dazu würden Kosten für den Abbau der Belegschaft kommen. Also gibt es nur die Möglichkeit, sich mit der Mobil AG zu einigen. Das Ziel ist es, wenigstens die variablen Kosten wie Material, Energie und Arbeitslohn abzudecken. Wenn noch ein Teil der projektspezifischen Abschreibungen für Entwicklung und Fertigungseinrichtungen abzudecken ist, wäre das ein Erfolg.

Gewisse Autobauer verfolgen nicht nur das Ziel, Finanzierungskosten und Risiken auf den Zulieferer zu verlagern, sie wollen gleichzeitig die Austrittsbarrieren[12] für ihn erhöhen. Man stelle sich einmal vor, der Kunde hätte alle Ausgaben des Zulieferers für Werkzeuge, Entwicklung und Betriebsmittel bezahlt. Wie einfach wäre es für den Lieferanten, bei zu weit getriebener Preisreduzierung das Projekt zurückzugeben! Viele Erpressungen das Autobauers würden ins Leere laufen! Dabei ignorieren wir einmal die Tatsache, dass der Kunde meistens noch andere Methoden hat, den Lieferanten zur Fortsetzung der Lieferungen zu zwingen; dazu später mehr.

Dadurch, dass der Zulieferer aber seine Investitionen auf den Preis umlegen muss, wird jeder Cent, der noch zur Tilgung beiträgt, der totalen Kapitulation vorgezogen. Man mag sich die Niederlage nicht eingestehen; so, wie man auch schlechte Aktien jahrelang im Portfolio behält. Der Autobauer weiß von diesem Dilemma und bemüht sich, den Zulieferer zur größtmöglichen Investition zu veranlassen, welche dieser über den Komponentenpreis amortisieren muss.

---

[12] Austrittsbarrieren sind hier die versunkenen Kosten („sunk costs“): Aufgrund der hohen bereits geleisteten Investition (Kapitalbindung), die nicht in eine andere Verwendungsart überführt werden kann, ist ein Marktaustritt nur mit erheblichen Verlusten (der bereits geleisteten Investition) möglich.

Hilfsmittel, um die Investitionen des Lieferanten in die Höhe zu treiben, sind zum Beispiel übertriebene Volumenprognosen, die einen Aufbau von zu großen Kapazitäten nach sich ziehen. Ein Produktionstest zur Abnahme der Betriebsmittel des Zulieferers prüft streng die vorgegebenen Stückzahlen. Liegt der Zulieferer dabei nicht im Kapazitätsziel des Kunden, muss er umgehend einen Aktionsplan zur Beseitigung des Engpasses vorlegen und nachbessern. Das geschieht lange vor dem SOP. Für hohe (durch den Teilepreis zu amortisierende) Entwicklungskosten sorgt die Technik des Kunden schon ganz ohne den Hintergedanken an Austrittsbarrieren, die Ingenieure dort können gar nicht anders.

Auch verschleppen gewisse Autobauer Verhandlungen über von ihnen verursachte Produktänderungen, solange es geht; jeder Tag mehr im Projekt macht den Ausstieg für den Lieferanten schwieriger, denn er investiert ja laufend weiteres Geld in die Entwicklung. Kommt es endlich zu Verhandlungen und der Kunde will die Änderungen nicht oder nur unzureichend vergüten, ist es zu spät, um noch das Handtuch zu werfen, aber so etwas würde bei besagten Kunden ohnehin einem Selbstmord des Zulieferers gleichkommen.

Eine weitere Möglichkeit zur Erhöhung der Investitionen des Zulieferers sind Anforderungen der Qualitätsabteilung des Kunden an die Betriebsmittel: Hier wird ein möglichst hoher Automatisierungsgrad der Prüfanlagen gefordert.

Die Forderung nach der Fertigung an mehreren Standorten des Autobauers treibt die Ausstiegsbarriere ganz entscheidend in die Höhe. Oft errichtet ein Zulieferer ein neues Werk nur für einen einzigen Kunden. Dabei kann die Fertigung an anderen Standorten, in anderen Ländern oder auch im Zuliefererpark des Kunden stattfinden. Das verlangt der Autobauer natürlich auch, um Logistikkosten oder Wechselkursrisiken zu senken.

Ein Lieferant sollte übrigens nie glauben, dass es irgendeinen Schutz bietet, im Werk des Kunden oder in einem Lieferantenpark in der Nähe zu fertigen. Da ist man schneller wieder draußen, als man denkt, wenn es gewisse Autobauer so wollen. Für den Zulieferer erhöht sich vielmehr der Druck, im Projekt zu verbleiben und Nachfolgeaufträge zu bekommen. Beides geht nur über weiter fallende Preise.

Die Ausstiegsbarrieren sind ein bedeutender Grund, warum ein Zulieferer auch bei geringsten Margen weiterliefert und neue Projekte annimmt. Solange noch etwas zur Amortisation der getätigten Investitionen mit dem Verkaufspreis getilgt werden kann, bleibt der Zulieferer dabei. Gewisse Autobauer bemühen sich daher unermüdlich, beim Lieferanten höchstmöglichste Investitionen auszulösen, die über den Teilepreis zu amortisieren sind.

7. KOSTENOFFENLEGUNG UND VERGLEICHE

KREATIV GENUTZT

Wir nehmen an einer Ausschreibung eines neuen Projekts der Auto AG teil. Die Konkurrenz ist sehr hart. Der Lieferant, der die heutige Serie beliefert, tut alles, um auch den Nachfolger zu bekommen. Wir brauchen den Auftrag dringend. Es ist die letzte große Ausschreibung im laufenden Jahr, mit der wir eine kommende Auslastungslücke in zweieinhalb Jahren schließen könnten. Nach langem und hartem Kampf bekommen wir das Projekt schließlich zu einem sehr niedrigen Preis. Die Freude darüber ist begrenzt: Im besten Fall schaffen wir die Kostendeckung (ohne Gewinn), wahrscheinlicher ist allerdings, dass wir nur die variablen Kosten und die Tilgung für die Investitionen decken können.

Nachdem der Einkauf der Auto AG das Neuprojekt unter Dach und Fach hat, wendet er sich wieder unseren laufenden Serienprojekten zu. Dazu stehen ihm unsere Kostenoffenlegungen der Projekte zur Verfügung. Um das neue Projekt zu gewinnen, hatten wir einen Preis gemacht, der unter dem der laufenden Projekte beim gleichen Kunden lag. Dazu ist das neue Projekt technisch auch noch aufwändiger. Der Autobauer verlangt nun eine Erklärung, warum die Serienprojekte so teuer wären. Natürlich argumentieren wir, dass wir beim Neuprojekt eine Ausnahme gemacht hätten, da wir sonst einen Standort aufgeben müssten. Hätten wir das Projekt nicht bekommen, wären Entlassungen unvermeidbar gewesen.

Die Auto AG interessiert das nicht. Sie droht damit, uns das Neuprojekt wieder wegzunehmen. Wir sollen mit einer Kostenoffenlegung darstellen, dass wir damit keinen Verlust machen. Wir lösen das Problem, indem wir die Kosten zu optimistisch darstellen. Der Einkauf presst nun die alten Projekte quasi in das neue Kostenschema. Das Resultat ist eine Forderung von zehn Prozent Preisnachlass auf ein wichtiges laufendes Serienprojekt. Gedroht wird gleich mit dem Entzug beider Projekte, sollten wir dieser Forderung nicht nachkommen. Wir haben keine Wahl: Sofort geben wir fünf Prozent Preisreduktion, weitere fünf Prozent sind später fällig.

Das Vergleichen von Preisen ist an sich nicht illegal oder sittenwidrig. Verbunden mit der anschließenden Methoden der Machtausübung des Autobauers, bekommt es aber eine neue Dimension. Am Anfang steht die Forderung des Kunden, die Lieferanten sollten ihre Kalkulationen offenlegen (das nennt man „open book policy“). Das ist die Voraussetzung, um überhaupt an einer Ausschreibung teilnehmen zu dürfen. Der Autobauer begründet dies damit, er müsse bewerten, ob ein Lieferant den angebotenen Preis auch halten kann und später nicht nachfordern muss. Auch meint er, dem Zulieferer bei einigen Positionen in der Kalkulation „helfen“ zu können; zum Beispiel, wenn er in der Kalkulation sieht, dass die Firma mehr für Rohmaterialien zahlt als er selbst (siehe Kapitel 26).

Preise und Kosten werden mit dem „Klassenbesten“-Ansatz (englisch: „best in class“) verglichen. Gewisse Autobauer erheben also den Anspruch, immer mit dem besten Lieferanten für das jeweilige

Teil zusammenarbeiten zu wollen. Hat man nicht den besten, so muss der ausgewählte Lieferant eben zu den Konditionen des vermeintlich besten liefern. Das gilt hauptsächlich für den Preis; das Einhalten der Qualitätsziele ist selbstverständlich.

Zu einzelnen Positionen in der Kalkulation bekommt der Zulieferer Referenzzahlen genannt. Woher die stammen, weiß niemand so genau; eventuell aus „Breakdowns", also aus offengelegten Kalkulationen, nicht unbedingt aus dem Produktbereich des betroffenen Lieferanten. Sie können aber auch einfach den Wunschvorstellungen der Einkäufer und Kostenoptimierer des Autobauers entsprungen sein.

Sicher ist, dass es sich hierbei meist um unerreichbare Vorgaben handelt. So könnte ein gewisser Autobauer dem Lieferanten eines komplexen Moduls mit hohem Entwicklungsaufwand zum Beispiel sechs Prozent Aufschlag auf das Material zugestehen. Damit soll der alle Fertigungskosten, Gemeinkosten, Investitionen in die Entwicklung, administrative Kosten und Betriebsmittel und natürlich seinen Gewinn abdecken. Das ist lächerlich niedrig – aber ein Zulieferer weiß, auch Unsinn muss man sehr ernst nehmen, wenn er von Seiten des Autobauers kommt.

Der gewisse Hersteller vergleicht seine Zulieferer mit den Kostenstrukturen in China, Indien und Osteuropa; gerade für Werkzeuge ist China interessant. Seine Kostenoptimierungsabteilung schätzt den Stundenbedarf zur Werkzeugerstellung und multipliziert ihn nach der „Best in class"-Methode mit dem chinesischen Stundensatz. Auch hier ist der zugrunde gelegte Musterzulieferer so real wie der Weihnachtsmann. Von dieser Kalkulation zieht der Einkauf jetzt noch ein Quäntchen ab und präsentiert die Endsumme dem Zulieferer als Zielpreis. Wenn der Zulieferer dann meint, gerade komplexe Werkzeuge irgendwo anders und auch noch teurer als beim Musterlieferanten in China anfertigen lassen zu müssen, ist das sein (Kosten-) Problem – mehr Geld gibt es nicht.

Bei Entwicklungskosten, zum Beispiel CAD-Leistungen, die über den Teilepreis amortisiert werden, greifen gewisse Autobauer gern auf indische Stundensätze zurück. Sie möchten aber nicht auf lokale Betreuung durch die Entwicklungsmannschaft des Zulieferers verzichten. Die Vergleichslöhne für die Fertigung kommen aus Osteuropa und fertig ist der Kalkulations-Frankenstein nach dem „Best in class“-Ansatz. Aus den resultierenden Kosten wird dann der ideale Preis geformt, den man dem Zulieferer bezahlen möchte.

Werden bei einem neuen Projekt günstigere Preise angeboten, muss der Zulieferer deren Zustandekommen unbedingt mit der technischen Definition des Teils erklären können, sonst erhebt sich unweigerlich die Frage, warum dann nicht alle Preise gesenkt werden können – in allen bisherigen und auch in den zukünftigen Projekten. Alle Kalkulationen zumindest ähnlicher Produkte, die schon an den Autobauer geliefert werden, kommen dazu auf den Tisch. Alles wird auf Konflikte mit dem neuen Angebot abgeklopft.

Finden sich bei diesen ganzen Vergleichen eine Differenz, ist das ein Fall für die Brechstangen-Methoden des Einkaufs: Sofort wird mit dem Verlust von Projekten oder dem Lieferanteil gedroht oder aber gleich mit der Beendigung des ganzen Geschäftsverhältnisses. Da muss man abwägen, was besser ist: noch ein paar Jahre eine kleine Marge aus dem laufenden Projekt zu ziehen oder den Zuschlag für ein neues Projekt zu bekommen. Das steht dann wahrscheinlich noch schlechter da, weil die Preise immer weiter sinken müssen, und verschlechtert das alte Projekt zusätzlich.

Leider schützt eine offengelegte Kalkulation überhaupt nicht vor weiterem Preisdrücken gewisser Kunden. Es spielt keine Rolle, ob der Verkaufspreis laut Kalkulation die Kosten nicht deckt. Jedenfalls nicht, solange die Firma noch etwas auf dem Konto und noch andere Autobauer im Kundenportfolio hat. Diese subventionieren den Zulieferer unfreiwillig durch ihre Preise.

Verglichen wird jedes Angebot in alle Richtungen. Auch die laufende Serie wird verglichen; regelmäßig und zusätzlich noch zu besonderen Anlässen. Dabei wird eigentlich immer alles mit allem verglichen. Manchmal meint man, der ganze Autobauer bestehe aus lauter professionellen Vergleichern.

Natürlich erfolgt zuerst ein Vergleich mit den Konkurrenzangeboten. Dabei wird nicht so genau auf das Pflichtenheft[13] der jeweiligen Anbieter gesehen, schließlich basieren sie alle auf dem gleichen Lastenheft des Kunden. Hier wird unglaublich oberflächlich gearbeitet: Basisversionen eines Anbieters werden mit reichhaltigeren Versionen eines anderen verglichen, Einschränkungen des billigsten Anbieters werden großzügig vergessen, verschiedene Niveaus von Rohstoffen, Wechselkursen und Volumen schleichen sich in die Angebote ein. Auch die Logistikkosten von Anbietern aus fernen Ländern werden großzügig ignoriert. Das ist gut genug, um die Zulieferer auf das niedrigste Niveau herunterzudrücken: ein Gemetzel, bei dem der Einkauf Äpfel mit ganzen Obstgärten vergleicht.

Nun kommt der Vergleich mit der laufenden Serie, falls der Zulieferer schon ein ähnliches Teil an den Autobauer liefert. Selbst wenn der neue Auftrag nicht kommt, hat ein Zulieferer oft schon seine Kosten offengelegt. Es ist jedesmal ein Dilemma, ein Nachfolgeprojekt anbieten zu müssen: Selbstverständlich wird beim Neuprojekt ein „besserer" Preis erwartet, aber sobald dieser kommt, wird

[13] Das Pflichtenheft erstellt der Zulieferer. Er beschreibt darin, wie er die im Lastenheft des Kunden gestellten Anforderungen zu erledigen gedenkt.

sofort das laufende Projekt angegriffen. Ist der neue Preis schlechter, dann ist hier sowieso Schluss mit dem Neuprojekt für den Zulieferer. Autoteile müssen immer billiger werden (warum werden dann die fertigen Autos immer teurer?). Zu allem Überfluss folgen dann noch bissige Bemerkungen des Einkaufs gewisser Autobauer, wie man es wagen könne, so „schlecht“ anzubieten.

Verglichen wird auch mit gleichen oder ähnlichen Projekten, die der Zulieferer irgendwo anders auf der Welt liefert. Der Preis für die Lieferung ab Werk des Lieferanten mit dem Preis von irgendwo anders, ganz egal, wie der Wechselkurs steht oder welche Logistikkosten dabei anfallen, solange dabei etwas Positives für den Autobauer herauskommt. Weltweit sollen Einheitspreise her, natürlich auf dem niedrigsten Niveau

Im Bereich der Fertigung gab es bei einem gewissen Autobauer einen Einkäufer, der sich brüstete, die Prozesse der Zulieferer zu „optimieren“. Er verglich dazu auch die verschiedenen Fertigungen der Zulieferer untereinander. Das diente ihm als Rechtfertigung, um zweistellige prozentuale Kostenreduzierungen zu erzwingen.

Dabei beträgt der Lohnkostenanteil in der Regel nur 15-25 Prozent. Bei den geringen Margen, die gewisse Autobauer den Lieferanten nach dem „Best in class“- (den-keiner-schafft) Ansatz zugestehen, müssen diese ja ihre Kosten irgendwo verstecken. Das tun sie zum Beispiel in den Fertigungszeiten. Kommt der Kunde zu Besuch, wird die Maschine langsamer gestellt und es wird noch ein Mitarbeiter dazugestellt. Hat der Kunde den engagierten Einkäufer geschickt, findet der in solch einer Situation natürlich seine Optimierungsmöglichkeit.

Bei einigen Autobauern sind solche Versuche zur Fertigungsoptimierung noch üblich. Dabei sucht man sich zuerst eine Komponente oder ein Projekt zur Bewertung heraus. Es folgt eine Besichtigung des Zulieferer-Werks, wo die Fertigung der Komponente vom Wareneingang bis zum Warenausgang verfolgt wird. Wert wird auf niedrige Lagerbestände der Materialien, des Materials im Prozess und der fertigen Komponente gelegt. Dann folgen die Zeitanalysen: Alle Tätigkeiten werden in Teilabläufe zerlegt und die aufgewendete Zeit wird gemessen. Weist der Kunde nach, dass durch eine Umorganisation der Arbeitsplätze (wenigstens theoretisch...) Zeit und Mitarbeiter einzusparen sind, so möchte er den entsprechenden Betrag vom Preis abgezogen bekommen. Auch mit Details zur Abschreibung der Maschinen wird sich der Kunde befassen, ihm stehen Listen zur Verfügung, in denen die Anschaffungswerte der meisten Maschinen aufgeführt sind. Hat der Lieferant hier zu hohe Werte angegeben, so kann das jetzt auffallen.

Nun aber folgt die Überraschung: Die Fertigungsoptimierung ist bei gewissen Autobauern kein dominantes Thema mehr. Der Grund ist, dass die rein kommerzielle Schiene über Preis- bzw. erzwungene Nachverhandlungen wesentlich effektiver zur Preisreduzierung ist. Weniger mächtige Kunden, die nicht so hohe Volumen zu bieten haben, setzen aber weiterhin auf die Methode der Fertigungsoptimierung beim Lieferanten.

Die Vergleichsstrategie gewisser Hersteller führen zu immer stärkerem Preisdruck auf die Zulieferer. Garantiert findet sich mit einem der vielen Vergleiche eine Schwachstelle. Die als Referenz genutzte Vergleichsbasis wird von gewissen Autobauern notfalls auch selbst erschaffen. In ihre Richtung wird dann der Zulieferer durch Machtausübung in Form von Drohungen unnachgiebig gepresst.

8. DAS „NO LIMIT"-PRINZIP BEIM PREISDRÜCKEN

Einen ganzen Vormittag lang haben wir mit den Kostenanalysten der Wagen AG unser Modul bewertet. Wir haben die Kalkulation komplett offengelegt, auch Rechnungen unserer Vorlieferanten stellten wir dem Kunden zur Verfügung. Es gab keinen anderen Ausweg. Der SOP war vor sechs Monaten und wir liefern immer noch zum alten Preis, den wir vor drei Jahren vereinbart hatten. In diesen drei Jahren hat sich das Rohmaterial extrem verteuert. So etwas kann ein Lieferant nicht aushalten; die mächtigen Rohstofflieferanten passen teilweise ihre Preise schon quartalsweise an. Das zog sich durch die ganze Lieferkette, betraf also alle unsere Vorlieferanten. Wir mussten ihnen die Steigerungen zumindest teilweise ausgleichen, sonst hätten sie ihre Lieferungen an uns gestoppt. Nicht einmal unsere Materialkosten sind abgedeckt.

Die Situation ist eindeutig, aber der Einkauf der Wagen AG weigert sich beharrlich, wenigstens einen Teil unserer Kostensteigerungen auszugleichen, obwohl das die Bedingung für unser damaliges Angebot gewesen war. Stattdessen wurden immer wieder unsere Zahlen in Zweifel gezogen. Deshalb haben wir nun alles geöffnet – eine Verzweiflungstat.

Zusammen mit den Kostenexperten der Wagen AG bewerten wir nun jede Komponente unseres Teils, bis zur letzten Schraube. Alles wird gewogen, dokumentiert, geschätzt, Referenzteile werden herangezogen und in eine Materialliste eingetragen. Die Leute der Wagen AG bewerten manches unrealistisch niedrig, trotzdem ist am Ende des Tages klar, dass unser Verkaufspreis nicht einmal die Materialkosten deckt. Auf die Materialkosten gewähren uns die Kostenanalysten ihre „Best in class"-Aufschlagssätze von ganzen sechs Prozent. Bis zur vollen Kostendeckung brauchen wir 20 Prozent, aber das ist jetzt egal. Wir müssen wenigstens die Materialkosten und Arbeitslöhne decken, also mehr oder weniger die variablen Kosten.

Die Kostenanalytiker schließen die Studie ab und übergeben sie dem Einkauf der Wagen AG. Natürlich wird uns von denen nicht einmal das gewährt, was die eigenen Kostenexperten kalkuliert haben. Es dauert noch weitere zwei Monate, bis wir einen neuen Preis haben. Der deckt gerade die variablen Kosten. Mehr ist nicht zu machen. Den Kunden zwingen – durch Lieferstopp – können und wollen wir nicht. Wir wissen, dass dies mit Auftragsentzug oder Vorenthalt neuer Projekte zurückschlagen würde.

Wir wollen das Projekt nicht verlieren, wer würde dann die Arbeiter bezahlen? Jedenfalls liegt der Wagen AG nun eine ehrliche Kostenoffenlegung vor. Es gab kleine Veränderungen während der Jahre, etwa Kostenreduktionen durch technische Änderungen oder Wechsel von Vorlieferanten. Der Kunde aktualisierte entsprechend den Kosten-Breakdown. Obwohl die Grenzen des Möglichen damit eindeutig bekannt waren, nahm der Einkauf keine Rücksicht darauf.

Alle Aktionen zur Preisreduzierung, geplant, vereinbart oder auch nicht, fanden wie gehabt statt. Wir lieferten jahrelang zu Preisen, die haarscharf an den variablen Kosten lagen. Selbst dieses Niveau konnten wir nur halten, indem wir enorme Anstrengungen bei den Kostenreduktionen unternahmen. Die Wagen AG argumentiert, wir würden an den anderen Projekten mit ihr genug verdienen, um das auszuhalten. Projekte mit diesem Hersteller standen aber noch nie gut da. Eine Deckung der Vollkosten oder sogar einen Gewinn gab es nie. Wir brauchen diesen Kunden aber, weil er große Stückzahlen zu vergeben hat, mit denen wir unsere Überkapazität reduzieren können.

Wenn gewisse Autobauer von einem Marktpreis sprechen, so beziehen sie sich dabei nicht auf einen Durchschnittspreis, sondern auf den niedrigsten, der weltweit irgendwo zu finden ist. Den nennen sie einen „unterdurchschnittlichen Preis“. Einen „richtigen“ Marktpreis, der aus Angebot und Nachfrage entsteht, gibt es für Komponenten in der Automobilindustrie nicht; erstens, weil die Kräfte des Marktes ausgehebelt sind und zweitens, weil der Autobauer so etwas nicht akzeptiert. Der Preis muss immer über die Kosten begründet werden. Die Hersteller basteln sich also den Preis nach ihren Vorstellungen von den Kosten zusammen – und vom Gewinn. Die Frage ist, wie viel Gewinn sie den Zulieferern zugestehen. Dazu machen sie Vorgaben, über die hinaus der Gewinn nicht gehen darf.

Es hört sich gut an, wenn der Autobauer dem Zulieferer beispielsweise drei Prozent Gewinn gewährt. Weniger gut ist allerdings, dass er für alle übrigen Kosten beispielsweise ganze drei Prozent Aufschlag gibt. Er akzeptiert also in Wirklichkeit eine Marge von sechs Prozent. Die deckt nur einen Teil der Kosten, Gewinn ist dann gar nicht vorhanden. Findet der Kunde heraus, dass der Gewinn eines Lieferanten im Projekt über seiner Vorgabe liegt, so hat er bei den ständigen Nachverhandlungen ein weiteres Argument auf seiner Seite.[14]

Bei den gesamten in den nachfolgenden Kapiteln beschriebenen Methoden zum Preisdrücken steht eine Frage im Raum: Wo liegt eigentlich die Mindestpreis-Grenze, bei deren Erreichen der Autobauer Gnade bei weiteren Forderungen walten lässt? Die Antwort ist: Für gewisse Autobauern gibt es keine solche Grenze. Sie wollen

[14] Gewisse Autobauer fordern auch mehr Savings, wenn sie erfahren, dass ein Zulieferer-Unternehmen insgesamt einen nach ihrer Meinung zu hohen Gewinn macht.

einfach alles herausholen, was irgendwie möglich ist. Es wird auch dann weiter gefordert, wenn selbst die eigenen Kostenschätzer zugeben müssen, dass nicht einmal die variablen Kosten des Zulieferers gedeckt sind.

Ist der Zulieferer vom besagten Autobauer abhängig und wird die Preisschraube zu stark angezogen, kommt er in Zahlungsschwierigkeiten oder geht sogar in die Insolvenz. Dann gerät die Produktion des Autobauers in Gefahr. Außerdem sollen die Überkapazitäten beim Lieferanten erhalten bleiben, denn sein verzweifelter Kampf um Kapazitätsauslastung senkt zuverlässig das Preisniveau.

Jetzt wird der Autobauer aktiv; das sind die Fälle, in denen man in der Presse von einem Hersteller liest, der seinem Zulieferer „hilft". Das hört sich vordergründig nett an, ist aber eigentlich so, als würde man jemandem hochhelfen, den man vorher niedergeschlagen hat. Gestützt wird nur das Nötigste und nur so lange, bis die Teileversorgung anderweitig gesichert ist – dann wird der Zulieferer gnadenlos fallengelassen. Den Stress bei Notaktionen wie der Verlagerung der Werkzeuge zu anderen Zulieferern nimmt der Hersteller in Kauf, da er vorher oft über Jahre hinweg billig einkaufen konnte.

Falls der dahinsiechende Zulieferer mehrere Kunden beliefert, gibt es jetzt ein Wettrennen darum, wer zuerst den Absprung schafft, denn der letzte bekommt die Helferrolle alleine aufgedrückt. Gewisse Autobauer sind dabei prinzipiell im Vorteil, denn sie haben meist einen oder mehrere alternative Lieferanten im Projekt, um effektiver erpressen zu können. Die müssen dann nur ihre Kapazitäten erhöhen – und das tun diese gern und so schnell wie möglich.

Eine angenehmere Situation für den Einkäufer gewisser Autobauer ist es allerdings, den Zulieferer so weit zu bringen, dass er gerade noch mit einer hauchdünnen Marge über seinen variablen Kosten verkauft. Geht er unter diese Marge, wird der Zulieferer mit seinen Klagen lästig werden. Den wirklichen Gewinn soll er sich aber bitte bei anderen Autobauern holen. Solange der Zulieferer einen noch so geringen Beitrag zur Tilgung seiner getätigten Investition bekommt, ist er weniger anfällig für Verzweiflungstaten. Er hält durch, hofft auf bessere Zeiten mit dem Kunden und auf das Sterben der Konkurrenz.

9. Die „Immer mehr"-Strategie

Gewisse Autobauer sind nicht nur auf der Seite der Preisgestaltung sehr aktiv, sie versuchen auch, vom Zulieferer immer mehr Leistungen kostenlos zu bekommen. Das betrifft besonders dessen Entwicklungsabteilung. Man sollte erwarten, dass diese Abteilung besonders in Zeiten mit wenigen neuen Projekten Überkapazitäten hat, also mehr oder weniger arbeitslos ist. Erstaunlicherweise sind die Entwicklungsabteilungen der Zulieferer trotzdem immer ausgelastet.

Hier schleicht sich eine Differenz zwischen den theoretischen Kapazitäten und der Wirklichkeit ein. Die Automobilhersteller verlangen immer mehr vom Zulieferer, direkt durch ausdrückliche Forderungen und indirekt durch verschärfte Qualitäts- und Haftungsvereinbarungen. Das Resultat ist Mehraufwand in Konstruktion, Simulation und Erprobung. So etwas können Zulieferer in zukünftige Angebote kaum einpreisen, die Preisspirale muss sich ja immer nach unten drehen.

Die Anforderungen an die Haftung des Zulieferers für Produktmängel steigen weiter, ohne dass der Autobauer dafür mehr bezahlt. Erhöht der Kunde beispielsweise die Gewährleistung für Komponenten von zwei auf drei Jahre, hat das einen Einfluss auf die Produktkosten. Nach längerer Zeit steigt zwangsläufig auch die Wahrscheinlichkeit, dass ein Teil ausfällt. Dadurch steigen nicht nur die Ausfallkosten der Komponenten, die der Zulieferer selbst produziert, denn bei einem Modul sind ja viele Teile zugekauft. Nicht alle Vorlieferanten werden die härteren Bedingungen bei der Haftung akzeptieren. Ein Modullieferant muss also mit Ausfallkosten rechnen, die er im Schadensfall dem Autobauer bezahlen muss, die Kosten dafür kann er aber nicht an seine Vorlieferanten weitergeben. Mitunter akzeptieren die Vorlieferanten die neuen Bedingungen, aber nur zu einem höheren Preis, zum Beispiel ein Prozent mehr für ein Jahr mehr Gewährleistung.

Stellen wir uns vor, die Auto AG lässt von der Sitzbau GmbH einen neuen Autositz entwickeln. Weil die Auto AG diese Arbeit grundsätzlich an Dritte vergibt, fehlt ihr das notwendige Fachwissen. Probleme, und die gibt es immer mal, werden da schnell zu Weltuntergängen hochstilisiert. Der Chef der Sitzbau GmbH kann seiner eigenen Arbeit kaum noch nachkommen, weil er ständig von einem Manager der Auto AG einberufen wird. Also setzt er einen eigenen Angestellten bei der Auto AG ein, den er selbst bezahlt, der aber den ganzen Tag nichts anderes macht, als den Leuten der Auto AG zu helfen, ihre Probleme zu lösen   oder Kaffee zu kochen.

So ein „Permanent Resident“ ist bei gewissen Autobauern zumindest während der Entwicklungsphase durchaus üblich. Der enorme interne Koordinationsaufwand, den diese Autobauer benötigen, lässt sich kaum durch sporadische Besuche bewältigen. Irgendwo hakt und klemmt es immer und der Zulieferer muss dann augenblicklich zur Stelle sein. Also „schenkt“ der Zulieferer dem Autobauer eine zusätzliche Arbeitskraft. Der gleiche Ressourcentransfer läuft ab, falls es Probleme mit der Qualität in der laufenden Serie gibt, also mit den Fahrzeugen, die täglich vom Band laufen.

Mit den Arbeitsumfängen lagert so mancher Autobauer nämlich gleich die Schuld für mögliche Probleme mit zum Zulieferer aus. Wer einmal für gewisse Autobauer gearbeitet hat, kennt das: Generell wird die Ursache für ein Problem zuerst dem Zulieferer angelastet. Sollte er am Ende doch nicht der Übeltäter gewesen sein, hat man wenigstens auf seine Kosten qualifizierte Ressourcen bekommen, um der Sache auf den Grund zu gehen. Denn der Zulieferer unterstützt seinen Kunden sofort mit seinem Team und seiner Ausrüstung, auch bei diesem vor Ort. Leider gibt es nämlich Autobauer, die allein nichts mehr lösen können; die es aber hervorragend beherrschen, den Lieferanten unter Druck zu setzen und ihn als Kompetenzprothese zu nutzen.

Das eigentliche Problem liegt oft gar nicht bei der Komponente. Ein Schadensfall entsteht oft durch das Zusammenspiel mehrerer Faktoren. Die eigentliche Ursache (im Englischen: „root cause") ist dann nicht die Komponente, sondern deren Zusammenspiel mit anderen Teilen.

Wir liefern schon seit einem Jahr eine Komponente an die Auto AG. Die Produktion des Kunden meint, unser Teil sei schlecht zu montieren. Da ist auch etwas dran und wir haben schon eine Idee ausgearbeitet, um das zu verbessern. Die Entwicklungsabteilung der Auto AG lehnt das ab, denn es hätte Einfluss auf das Design. Die Produktion gibt jedoch nicht nach; da wir das Werkzeug zur Herstellung des Teils ohne Zustimmung der Entwicklung nicht ändern dürfen, sollen wir die Teile eben in Handarbeit nacharbeiten. Das machen wir auch, um den Kunden erst einmal zufriedenzustellen. Nach ein paar Monaten reicht es uns dann aber. Die Nacharbeit verursacht Zusatzkosten, die wir wieder loswerden wollen, schließlich sah das Teil ohne diesen Zusatzaufwand genau so aus, wie es die Entwicklungsabteilung des Kunden definiert und abgenommen hat.

Die Produktion der Auto AG akzeptiert nicht, dass wir die Nacharbeit stoppen. Es hagelt plötzlich offizielle Reklamationen. Das ist eine ernste Sache für einen Zulieferer; wenn wir zu viele Reklamation von einem Kunden bekommen, können wir zum Beispiel von Ausschreibungen des Autobauers ausgeschlossen werden. Also sitzen wir ganz schön in der Klemme. Entwicklung und Produktion der Auto AG können sich nicht einigen. Am Ende nehmen wir die Nacharbeit wieder auf.

Es kann zu Aktionen kommen, die über lange Zeit die Mittel des Lieferanten binden, verursacht durch eine falsche Schnittstellendefinition zwischen verschiedenen Komponenten oder einfach durch Änderungswünsche des Kunden in letzter Minute. Der Zulieferer muss zum Beispiel für Nacharbeiten Leute bereitstellen, bis das Problem beseitigt ist. So etwas ist gefährlich, weil es zum Normalfall werden und permanente Kosten verursachen kann.

Stoppt der Lieferant solche Kostenverursacher, hagelt es plötzlich Reklamationen, auch wenn der Zulieferer schon seit langem die Technik des Autobauers aufgefordert hat, durch eine Änderung die Missstände zu beseitigen. Die Produktion des Kunden weiß genau, dass es viel einfacher ist, die Lösung über den Zulieferer zu erzwingen als innerhalb des eigenen Unternehmens. Reklamationen sind Druckmittel, um weiterhin Ressourcen des Zulieferers zu beziehen.

Zu den Reklamationen kommen strenge Vorgaben des Autobauers. Üblich ist es zum Beispiel, dass nicht mehr als 20 Schlechtteile pro eine Million Teile (PPM = Parts per Million) auftreten dürfen. Wird das Ziel des Autobauers in Bezug auf die PPM nicht erreicht, wird der Zulieferer auf Rot gesetzt; das heißt, er ist bei zukünftigen Ausschreibungen gesperrt. Da das kein Zulieferer will, wird er alles tun, um einen PPM-Hagel zu vermeiden. Somit bekommt der Autobauer Zugang zu Personal und Mitteln des Zulieferers, um sein Problem zu lösen. Es ist unvorstellbar, dass der Zulieferer, der geholfen hat, ein Problem des Autobauers zu lösen, nachher eine

Rechnung dafür ausstellt. Das ist im Rahmen der "partnerschaftlichen" Zusammenarbeit doch eine Selbstverständlichkeit!

Wie auf der Seite des Preises übt der Autobauer auch bei den geforderten Leistungen enormen Druck auf den Zulieferer aus. Das „Immer mehr" kennt keine Grenzen. Gewisse Autobauer werden den Zulieferer und dessen Konkurrenten ständig daraufhin testen, wo ihre Grenzen bei der Akzeptanz neuer Kostentreiber liegen. Einer gibt immer nach; das eben noch Unverschämte wird zur Normalität.

10. Forderungen des Autobauers – eine unendliche Geschichte

Ein Mitarbeiter der Wagen AG besucht eine unserer Filialen im Ausland, in der ein Teilumfang unseres Moduls entwickelt wird. Er hat sich für zwei Wochen selbst eingeladen. Notwendig ist sein Besuch nicht, alles ist im Zeitplan. Der Herr verlangt nach seiner Ankunft in unserer Filiale sofort den hiesigen Geschäftsführer zu sprechen. Nachdem er diesen über die Wichtigkeit seines Besuchs belehrt hat, fordert er, dass für ihn während seiner Anwesenheit ein Büro geräumt wird. Schließlich muss er vertrauliche Gespräche führen. Das Telefon im Büro ist ab sofort seines. Ein Mitarbeiter ist den ganzen Tag lang für seine Betreuung abzustellen.

Die ersten beiden Tage verbringt er damit, die Leute von der Arbeit abzuhalten. Dann übernimmt er die Führung des Entwicklungsteams, denn er will auch einmal Führungskraft sein. Gleich morgens teilt er die Leute zur Arbeit ein. Abends lässt er sich auf unsere Kosten in den besten Restaurants der Stadt bewirten. Auch da muss immer jemand mit – er isst ungern allein.

Der Geschäftsführer der Filiale ruft uns täglich an, wir sollen dafür sorgen, dass der Mensch wieder verschwindet. Aber wie? Er ist schließlich König Kunde von der Wagen AG. Wir bieten ihm an, er könne auch unsere

Vorlieferanten an einem anderen Standort besuchen. Nein, er möchte lieber bleiben, er fühlt sich offenbar wohl bei uns.

Nach über einer Woche macht ihm der Geschäftsführer klar, dass er ihn leider nicht mehr betreuen könne. Wütend reist er ab und beruft uns sofort nach seiner Rückkehr zur Wagen AG zu einer Sitzung ein. Dort brüllt er zwei Stunden lang und dreht jede Schraube zweimal um, in der Hoffnung, einen Fehler zu finden.

Das ist sicher ein extremes Beispiel dafür, wie weit die Forderungen des Herstellers in die Geschäftsabläufe des Zulieferers eingreifen können. In abgeschwächter Form kommt es aber ständig vor. Für den Hersteller ist das Glas prinzipiell immer halbleer statt halbvoll: Das Lastenheft oder andere Auflagen sind nie zu seiner Zufriedenheit erfüllt. Selbst wenn eine Eigenschaft gar nicht im Lastenheft aufgeführt war, erwartet der Autobauer, dass der Zulieferer weiß, was eventuell wichtig sein könnte.

Auch jahrelang nach dem SOP ist damit noch nicht Schluss: Man wünscht bessere Funktionen und Eigenschaften. Sollte einmal technisch alles in Ordnung sein bzw. vorübergehend geduldet werden, wird über den Preis hergezogen. Ganz egal, ob der gerade reduziert wurde und der Zulieferer schon unter seinen Kosten verkauft – es ist niemals genug.

Bekommt der Autobauer-Mitarbeiter einen anderen Posten, vererbt er seine Anklagepunkte an den Nachfolger. Es geht gebetsmühlenmäßig weiter bis zum Ende des Projekts und darüber hinaus – bis zum Ende des Zulieferers. Das zermürbt manchen Mitarbeiter; das schlechte Gewissen fährt bei jedem Kundenbesuch mit.

Das schlechte Gewissen ebnet auch den Weg für die Forderungen des Kunden nach „immer mehr“. Unter diesem psychologischen Druck ist man als Zulieferer irgendwann wirklich bereit, alles zu tun, um den Kunden zufrieden- und endlich ruhigzustellen. Das ist aber zwecklos, denn das Meckerpotenzial ist unendlich. Man glaube nicht, dass der Autobauer mit der ganzen Hand zufrieden ist, wenn man ihm den kleinen Finger anbietet – er wird den kompletten Arm abreißen.

Irgendwann zweifelt man an sich selbst: Vielleicht ist man wirklich so schlecht, wie es der Kunde moniert? Nach einen Jahr extrem unschöner Auseinandersetzungen mit nie endenden Vorwürfen und Forderungen bekamen wir eine Lieferanten-Auszeichnung[15] von einem gewissen Autobauer. Wir waren geschockt: Wie musste dann wohl das Verhältnis dieses Autobauers zu unseren Konkurrenten sein? Denn die belieferten ihn ja auch.

Was das Ausmaß der Forderungen betrifft, gibt es keine Hemmungen, hier wird wirklich alles versucht. Schüchterne und introvertierte Mitarbeiter können zu wahren Monstern mutieren, weil sie keine Konsequenzen befürchten müssen. Wer sollte ihnen auch Grenzen setzen? Jeder Erfolg macht sie selbstbewusster und dreister.

Im Kleingewerbe mit Laufkundschaft führen unverschämte Forderungen bisweilen zum Hausverbot; in anderen Industrien sind die Einkäufer auch besorgt, dass ein Zulieferer seine Kapazitäten lieber anderen Kunden zur Verfügung stellen könnte.

---

[15] Jährlich zeichnen die Autobauer ihre besten Lieferanten aus. Bei gewissen Kunden ist es peinlich, diesen Preis zu bekommen, gerade den für die kommerzielle Leistung, denn er zeigt, dass man von allen Konkurrenten in der betrachteten Gruppe am meisten ausgequetscht wurde.

Nehmen wir an, die Wagen AG schreibt eine Konzepterstellung für einen Autositz aus. Die Sitzbau GmbH, die Rennsitz GmbH und die Komfortsitz AG nehmen an dieser Ausschreibung teil. Alle drei Zulieferer entwickeln ein eigenes Konzept für den Sitz. Bezahlt bekommen sie dafür nichts, schließlich haben sie die Chance, einen großen Auftrag zu gewinnen. Nach einem halben Jahr sind die Konzepte fertig und drei Prototypen stehen bei der Wagen AG zum Probesitzen bereit.

Auf dem Sitz der Rennsitz GmbH sitzt der zuständige Entwickler der Wagen AG am liebsten. Leider ist es auch der teuerste. Also fragt er sich, ob ihm die Sitzbau GmbH und die Komfortsitz AG oder sonst ein Lieferant nicht genau so einen Sitz billiger machen könnten?

Der Entwickler beschreibt die guten Eigenschaften des Sitzes der Rennsitz GmbH, natürlich mit deren intensiver Hilfe, in einem Lastenheft und gibt es an den Einkauf. Der Einkauf der Wagen AG schreibt das Projekt auf Basis dieses Lastenhefts aus. Nach langem Ringen und vielen Verhandlungsrunden bekommt die Billigsitz GmbH das Projekt. Die drei Lieferanten, die die Konzepte erstellt hatten, waren zu teuer und gehen leer aus.

Die Billigsitz GmbH macht sich eifrig an die Arbeit. Sie bemüht sich redlich, aber stößt oft auf Schwierigkeiten, bei denen sie nicht weiterkommt. Schließlich kann die Billigsitz GmbH ja nur deshalb so billig sein, weil sie weniger Geld in ihre Entwicklungsabteilung steckt. Der Entwickler der Wagen AG bestellt nun die Herren von der Rennsitz GmbH ein; schließlich haben die das Konzept verbrochen.

Die Rennsitz GmbH liefert schon einen anderen Sitz an die Wagen AG, der Entwickler kennt die Leute also gut. Er macht den Vertretern der Rennsitz AG klar, dass die Billigsitz GmbH Hilfe braucht, um mit dem verkorksten Konzept der Rennsitz GmbH klarzukommen. Die Ingenieure der Rennsitz GmbH helfen gern weiter, denn schon zuvor hatte der Einkauf der Wagen AG bei der Geschäftsleitung der Rennsitz GmbH angerufen und verdeutlicht, was man unter partnerschaftlichem Verhalten eines Zulieferers versteht.

Der gewöhnliche Automobilzulieferer ist dermaßen auf den Autobauer als Kunden angewiesen, dass er selbst absurdeste Forderungen verarbeiten, ernst nehmen und ihnen teilweise auch nachkommen muss. Forderungen sind bei gewissen Autobauern als niemals endender Strom zu sehen; ihr Zweck ist es auch, das schlechte Gewissen des Zulieferers zu pflegen.

11. Systematisches Verzögern und Aussitzen

Endlich ist es soweit, das neue Projekt der Fahrzeug AG läuft an. Der Preis ist noch nicht endgültig verhandelt. Es gab jede Menge technischer Änderungen und auch einen Anstieg der Rohstoffpreise, die eine Aktualisierung notwendig machen. Bis der Einkauf hier etwas anpasst, werden erfahrungsgemäß noch einige Monate mit vielen Verhandlungsrunden ins Land gehen. Aber ein Irrtum fällt sofort auf: Der Einkäufer hat den Preis ohne die Logistikkosten in sein Abrechnungssystem eingegeben. Wir liefern das Modul nämlich zum Kunden. Außerdem ist in den Logistikkosten auch die Umlage der speziellen Verpackungen enthalten, die wir vorlegen mussten. Wir bitten den Einkäufer also schon einmal, diesen offensichtlichen Fehler zu korrigieren. Der meint, jede Preiserhöhung müsse sauber begründet werden, dazu brauche er einen Nachweis der Transportkosten von uns.

Da hilft all unser Zetern nichts, dass der Preis doch schon sogar in der offiziellen Bestellung, die wir von der Fahrzeug AG erhalten haben, steht. Also stellen wir die Kosten des Transports, den eine Spedition für uns erledigt, zusammen und übergeben sie dem Einkauf. Auch die Kosten der Transportbehälter kommen dazu. Er werde das umgehend an seine Logistik zur Überprüfung weitergeben, meint der Einkäufer. Etwas Zeit muss man dem Kunden ja lassen, aber nach zwei Wochen gibt es auf unsere Anfrage immer noch keine Aussage. Wir liefern natürlich weiterhin zum alten Preis. Der Einkäufer verspricht, schnellstmöglich bei seiner Logistik nachzuhaken und uns zu informieren.

Nach einer Woche fragen wir direkt bei der Logistik nach, ob noch Informationen fehlen, um die Bewertung durchführen zu können. Es ist klar, dass die sich bisher noch gar nicht um das Thema gekümmert haben.

Ein paar Tage später ruft uns ein Logistiker an und verlangt detailliertere Angaben zu Transport, Ladekapazitäten, Verpackungsdichte, Behälterkosten und Lieferfrequenz. Das hatten wir dem Einkauf zwar schon fast alles aufgelistet, aber es scheint nicht bei der Logistik der Fahrzeug AG angekommen zu sein. Also schicken wir alle geforderten Informationen und gedulden uns eine Woche, die Zeit, die der Logistiker sich ausbat.

Nach einer Woche rufen wir ihn an; zu unserer Freude hat er die Arbeit wirklich erledigt und es dem Einkauf übergeben. Also fragen wir beim Einkauf nach, ob nun alles in Ordnung sei. Schon, meint der Einkäufer, allerdings würde die Logistik nur rund den halben Preis akzeptieren, das hätte die Studie ergeben. Das war wieder klar; sicher hat die Logistik irgendwelche „Best in class"-Werte zum Vergleich herangezogen. Also müssen wir an den Logistiker herantreten, um die Sache detailliert zu besprechen.

Da der gut ausgelastet ist, müssen wir uns mit einem Termin eine Woche später begnügen. Er verspricht aber auf unsere Bitte, schon seine Berechnungen zu schicken – was er natürlich dann doch nicht macht. Inzwischen bearbeiten wir den Einkäufer dahingehend, dass er wenigstens schon einmal die Hälfte der Kosten, die uns seine Logistik zugesteht, ins System gibt. Er weist das mit dem Hinweis zurück, dass die Sache ja nun in der nächsten Woche geklärt wäre und es viel Aufwand für ihn sei, die Preise aller verschiedenen Modulvarianten gleich zweimal innerhalb einer Woche ändern zu müssen. Wir geben nach und liefern weiterhin, ohne die Logistikkosten bezahlt zu bekommen.

Eine Woche später kommt es endlich zum Termin mit der Logistik. Wir nehmen unseren Logistikleiter gleich mit, um an Ort und Stelle beim Kunden alle Zweifel ausräumen zu können. Wie schon erwartet, werden nun alle unsere Zahlen angezweifelt. Die Verpackungen würden nicht genug Teile enthalten! Natürlich sind sie nach Vorgaben des Kunden erstellt und freigegeben worden. Das will der Logistiker der Fahrzeug AG nun gar nicht mehr wissen, auch nicht, dass es schon ein Einverständnis zu den Kosten der Behälter gibt. Außerdem hätten wir zu viele davon gekauft. Unsere Spedition sei sowieso auch viel zu teuer, man werde den Transport selbst übernehmen.

Auf unsere Frage, wann es denn so weit wäre, gibt es aber keine konkreten Aussagen. Wir drängen natürlich auf einen Preis für den Transport im System, bis der Kunde es wirklich übernimmt. Der Autobauer bleibt dabei, mehr als die Hälfte unseres ursprünglich vereinbarten Preises wären weder die Behälter noch der Transport wert und würden dementsprechend nicht bezahlt. Da wir nun schon Monaten gar nichts bekommen und die Aussicht auf eine Übernahme des Transports durch den Kunden besteht, geben wir schließlich klein bei.

Der Einkäufer will das schnellstmöglich im System aktualisieren. Das ist eine Woche später aber immer noch nicht geschehen. Sein Chef müsse nur noch unterschreiben, sagt er auf unsere Nachfrage, eine rein formelle Sache. Der Chef meint allerdings, dass die Fahrzeug AG den Transport eigentlich schon in Kürze selbst übernehmen will und möchte sich entsprechend schlau machen, bevor er die Preise hochsetzen lässt. Das dauert nun wieder eine Woche und endet mit der Information, die wir schon vorher hatten: Der Termin der Umstellung ist noch nicht klar.

Endlich unterschreibt er und die Anforderung zur Preisänderung geht weiter zu einem höheren Einkaufsmanager. Dort wartet der Vorgang nun geschlagene drei Wochen, der Mann ist schließlich mit wichtigeren Angelegenheiten beschäftigt, als die Preise zu erhöhen, zum Beispiel mit dem Einfordern von Preisreduzierungen. Nach drei Wochen sieht er sich den Vorgang schließlich an. Da auch er davon gehört hatte, dass die Fahrzeug AG gewisse Komponenten selbst abholen will, kommt die Angelegenheit wieder ins Straucheln. Da es die Fahrzeug AG aber weiterhin nicht schafft, den Transport selbst zu organisieren oder wenigstens einen Start-Termin dafür festzulegen, segnet er die Preis-Aktualisierung irgendwann ab.

Jetzt ist der Einkäufer wieder an der Reihe. Das Modul hat so viele Varianten, dass er nicht so schnell alles aktualisieren kann. Er konzentriert sich also logischerweise zuerst auf die „Exoten“, also Varianten des Produkts, die in irgendwelche Sonderausführungen des Fahrzeugs eingehen und dementsprechend in Mini-Stückzahlen von uns geliefert werden. Somit verlieren wir weiterhin mit jeder Lieferung Geld. Wieder vergeht eine Woche, bis alles aktualisiert ist. Die Verluste, die in all den Monaten anfielen, werden von der Fahrzeug AG nicht mehr erstattet. Bei der ganzen Sache ging es um weniger als zwei Euro/Modul. Wir freuen uns schon auf die eigentliche Preisverhandlung, wo es um weit mehr als das geht...

Das Beispiel zeigt die extreme Effektivität der Verzögerungstaktik: Selbst bei einem solch eindeutigen Fall von Diebstahl war monatelang nichts zu machen.

Forderungen des Zulieferers – ja, dazu soll es manchmal kommen, schließlich arbeitet er für den gewissen Autobauer. Forderungen nach ausstehenden Werkzeugzahlungen, nach den Abbruchkosten eines vorzeitig beendeten Projekts (etwa durch Resourcing), nach Ausgleich für gestiegene Rohstoffpreise, Energie, Wechselkurse etc. Sehr oft kommt es auch zu Forderungen, weil der Autobauer die Preise des Zulieferers für Serienlieferungen unilateral und ohne vorherige Verhandlungen einfach kürzt. Oder weil er Rechnungen nur teilweise bezahlt und abzieht, was er für gerechtfertigt hält. Auch Werkzeuge werden nur bezahlt wenn es gar nicht mehr anders geht. Die gewissen Autobauer führen permanent die Listen der Außenstände eines Zulieferers an, es sind immer die gleichen Namen.

Das Klima gegenüber Forderungen bei gewissen Autobauern ist nicht neutral. Beim Bäcker bezahlt man sein Brot selbstverständlich und ohne Diskussionen. Der Autobauer dagegen lässt den Lieferanten spüren, dass eine Forderung etwas Verwerfliches, Unanständiges ist, wofür sich der Lieferant schämen sollte. Diese Abschreckung hilft zumindest bei kleineren Beträgen; der Lieferant verzichtet hier oft freiwillig und die Forderung ist ausgesessen.

Das erste Ziel bei Forderungen ist es, zu verzögern. Der Autobauer tut alles, um Zeit zu gewinnen. Welche Methoden zum Einsatz kommen, hangt auch davon ab, mit welcher Dringlichkeit der Zulieferer die Angelegenheit verfolgt. Ausstehendes Geld wird niemals, wirklich niemals, automatisch dem Konto des Zulieferers gutgeschrieben. Ein Lieferant, der höflich ist und wartet, wird nicht bedient; jeder Tag bringt dem Autobauer zumindest Zinsen.

Die einfachste Verzögerungsmethode ist die Verweigerung von Gesprächsterminen, wenn der Zulieferer sich für eine Forderung persönlich einsetzen will. Aufgrund der totalen Machtstellung des Autobauers würde kein Lieferant es wagen, ihn allzu massiv zu drängen. Damit lässt sich also schon einiges an Zeit gewinnen.

Der Hersteller steigt in Gespräche mit dem Lieferanten immer mit Mitarbeitern ein, die nichts oder nur wenig entscheiden können. Diese formelle Hürde gilt es zu nehmen. Ist ein Termin vereinbart, muss er nicht unbedingt zustande kommen. Er wird im Gegenteil so oft verschoben und abgesagt, wie es irgendwie geht. Kommt er zustande, kann es passieren, dass der zuständige Sachbearbeiter verhindert ist. Er schickt einen Vertreter, der nichts oder wenig vom Thema weiß und nur aufnimmt, was der Zulieferer zu sagen hat. Damit ist erstens wieder Zeit gewonnen und zweitens weiß der wirklich zuständige Mitarbeiter damit schon genau, was ihn erwartet. Er wird sich entsprechend vorbereiten und Gegenargumente parat haben.

Kommt es endlich zum wirklichen Termin mit dem zuständigen Einkäufer, beginnt das Treffen mit weiterem Spiel auf Zeit; oder – eine andere beliebte Strategie – es geht gleich zur Sache und der Kunde fährt sämtliche Geschütze auf, was es dem Lieferanten erschweren soll, seine Forderungen anzusprechen. Der Fantasie sind keine Grenzen gesetzt, es lässt sich immer etwas finden. Möglicherweise geht so der ganze Termin vorbei, ohne dass irgendetwas für den Zulieferer geregelt wird, oder er geht sogar mit neuen Forderungen des Kunden nach Hause.

Diese zermürbende Prozedur wiederholt sich so lange, bis der Zulieferer einen Weg findet, sich Gehör zu verschaffen. Dazu muss er teilweise recht nachdrücklich werden, zum Beispiel mit Lieferstopps drohen. Das wiederum löst beim Kunden aggressive Reaktionen aus, die nicht dazu beitragen, die Regelung der Angelegenheit zu beschleunigen. Diese erste Phase der Verzögerung kann Wochen oder gar Monate dauern.

Zahlungen an einen Zulieferer müssen bis zur Freigabe viele Hierarchieebenen beim Autobauer durchlaufen. Das führt zu zahlreichen Präsentationen in verschiedenen Gremien und Teams und kostet Zeit. Die Freigabe der Kosten ist keine rein formelle Angelegenheit, im Gegenteil: Jeder möchte Akzente setzen, jeder weiß es besser und wer nichts entscheiden kann, versucht wenigstens zu blockieren. Da die Abteilungen des Herstellers sich rivalisierend gegenüberstehen, kann es zur völligen Blockade kommen, wenn eine Abteilung den Fall anders sieht.

Der Zulieferer muss immer zittern, wie es weitergeht, wenn eine Hürde endlich genommen ist. Oft muss er bei jeder Stufe aktiv werden: Mehr Informationen, Beweise und Dokumente sind erforderlich, neue Anforderungen werden bekannt, man muss präsentieren, überzeugen, immer wieder vorsprechen, die Forderung anpassen, modifizieren, anders verpacken und heruntersetzen; die Person, die jetzt zustimmen sollte, ist im Urlaub, oder krank, oder versetzt worden; das Komitee, das entscheiden soll, tritt erst in ein paar Wochen wieder zusammen, vorher ist nichts zu machen. Neue Ansprechpartner tauchen auf, die man erst kennenlernen und deren Anforderungen man befriedigen muss. Systeme fallen aus, Unterlagen gehen verloren, formelle Fehler der Abteilungen blockieren den Durchlauf, Dokumente haben eine Abteilung verlassen, sind aber nicht in der folgenden angekommen. Der Zulieferer verendet zwischen verschiedenen Ansprechpartnern und Funktionsbereichen wie der Durstige in der Wüste der von einer fiktiven Oase zu anderen kriecht.

Beliebt ist es auch, bei Forderungen des Lieferanten immer neue Darstellungen zu verlangen, zum Beispiel Kostenoffenlegungen in allen Varianten. Auch gern in neuen Darstellungsformaten, die der Kunde nach langem Warten endlich schickt. Um Ausfüllen bittet er, da er selbst keine Gelegenheit findet, das zu übertragen. Aber gern, man hilft ja, wo man kann; aber es geht wieder nur darum, Zeit zu gewinnen.

Bis zur nächsten Unterschrift gibt es viele Überraschungen. Forderungen können sich in diesem Geschehen reduzieren oder ganz auflösen. Ein Zulieferer sollte dies immer bedenken, wenn der Autobauer ihn überreden will, eine Leistung ohne vorherige formelle Akzeptanz der Kosten durchzuführen.

Die Bürokratie gewisser Autobauer ist den Zulieferern bekannt. Viele Leute müssen ja irgendwie beschäftigt werden. Das erschwert auch intern den Alltag der Autobauer-Mitarbeiter. Einem mir bekannten Abteilungsleiter wurden die Reisekosten versehentlich nicht erstattet, da ging es schon um einen stattlichen Betrag. Er musste fast bis zum Finanzvorstand der Firma gehen, um die Sache zu regeln, danach dauerte es noch über einen Monat, bis er sein Geld erhielt. Man stelle sich vor, wie es erst dem Zulieferer ergehen muss! Die Vermutung liegt nahe, dass der Autobauer diese Ineffizienz gezielt nutzt, um dem Zulieferer Zahlungen zumindest eine gute Zeit lang vorzuenthalten.

Das Lastenheft mit seinen ganzen Ergänzungen ist nicht nur unerreichbar, weil die Technik nach Perfektion strebt. Es soll gar nicht erreichbar sein. Der Zulieferer hat einen solchen Dschungel aus Vorschriften, Normen, Schriften, Qualitätsvereinbarungen und Lieferbedingungen einzuhalten, dass irgendetwas immer klemmt. Das bietet die Möglichkeit, Werkzeugzahlungen über Jahre hinauszuzögern. Denn die Zahlung gibt es nur, wenn alles, wie es in den Papieren steht, erledigt ist. Dazu kommen auch noch vom Kunden geforderte Änderungen bis tief in die Serie hinein, die ganz sicher kommen und verhindern, dass das Projekt endlich offiziell abgeschlossen und freigegeben wird.

Bei der Verzögerung geht es gewissen Autobauern aber nur zum geringen Teil darum, Zins- und Finanzierungskosten zu sparen. Das Ziel ist es ganz klar, die Forderung ganz zu eliminieren. Verzögert werden muss also so lange, bis wichtige Ereignisse beim Autobauer bevorstehen, die es ihm ermöglichen, die Forderung wegzuverhandeln. Diese „Terminatoren" der Zulieferer-Forderungen sind Ereignisse wie die Vergabe von Neuprojekten oder Volumenerhöhungen in bestehenden Projekten.

Normalerweise hat der Autobauer viele Neuprojekte zu vergeben. Aber schon die ferne Aussicht auf eine Projektvergabe ist gut genug, um den Zulieferer demütig zu halten. Ereignisse kann der Einkäufer auch selbst erschaffen, wenn er gerade kein Neuprojekt zur Hand hat. Die Neuausschreibung von bereits laufenden Projekten der Konkurrenz ist immer möglich: „Das Geld kann ich Ihnen nicht geben, aber hier hätten Sie eine Chance, es zu verdienen..." Dazu muss der Einkäufer nicht einmal viel arbeiten. Er fordert den Zulieferer auf, sich ein Teil von der Konkurrenz zu beschaffen und das gleiche anzubieten. Je weniger Material wie Zeichnungen und Modelle der Zulieferer bekommt, desto länger dauert es, das Angebot vorzubereiten – und schon ist wieder Zeit gewonnen.

So manche Verzögerung endet im erfolgreichen Aussitzen. Klassische Aussitz-Positionen sind gestiegene Rohstoffkosten oder auch Wechselkurse; man wartet, bis sie wieder sinken. Steigen sie noch weiter, kommt man irgendwann höchstens auf die ursprüngliche Forderung zurück. Sinken sie, wird die Forderung des Lieferanten überfällig, denn was vergangene Lieferungen anbelangt, ist bei gewissen Autobauern nichts mehr zu holen. Das heißt, es können Monate oder Jahre vergehen, in denen der Lieferant diese Verluste einseitig trägt.

Das Verzögern hat auch eine psychologische Komponente: Der Zulieferer rechnet auf Dauer immer weniger damit, dass er sein Geld noch bekommt. Das heißt, die Forderung verliert für ihn an Wert. Irgendwann wäre er auch mit nur einem Teil seiner Forderung zufrieden. Schließlich, wenn die Forderung im Rahmen einer Neuprojektvergabe wegverhandelt wird, sieht der Zulieferer dies nicht mehr als Verlust an, denn die Forderung war ohnehin nicht einzutreiben. Gewissen Autobauern muss man ob ihrer Verzögerungstaktik Respekt erweisen; die Ideenquelle für die Verzögerung einer Zahlung, die das eigene Unternehmen verlassen soll, scheint nie zu versiegen. Im wirklichen Geschäftsleben, außerhalb der Automobilindustrie, würden solche Kunden nur noch gegen Vorkasse beliefert werden. Die totale Abhängigkeit der Zulieferer und die Machtstellung der Autobauer machen die Verzögerungstaktik gewisser Autobauer zu einem wahren Sparschwein.

12. Destabilisieren durch Termindruck

„Schnell jetzt! – wir haben bis zum Mittag Zeit, ein neues Angebot für das Ecocar-Projekt vorzulegen, sonst sind wir raus“, keucht der Projektleiter. Die Mobil AG hat ihn gerade angerufen. Eilig ruft er das Team zusammen, denn alle Kosten müssen nochmals detailliert durchgegangen werden. Das Target für den Preis ist wieder gesunken. Der Kunde verlangt zusätzlich, dass wir statt vollständigem Lieferumfang je ein Angebot mit 60-prozentigem und eines mit 40-prozentigem Lieferanteil machen. Es wird also zwei Lieferanten für das Projekt geben.

Der Einfluss der neuen Stückzahlvarianten auf den Teilepreis muss dargestellt werden, außerdem brauchen wir bei weniger Volumen auch geringere Investitionen in Betriebsmittel und Werkzeuge. Für die ganze Berechnung haben wir nur drei Stunden Zeit. Wir glauben nicht wirklich, dass man uns ausschließt, wenn wir es nicht bis zum Mittag schaffen, aber riskieren will das keiner. Die Mobil AG ist unberechenbar und hat noch viele andere Anbieter für die Komponente. An neue Angebote unserer Vorlieferanten ist in der kurzen Zeit gar nicht zu denken, wir können deren Kosten bei der veränderten Stückzahl nur grob abschätzen. Zugleich versuchen wir, uns nach den neuen Targets der Mobil AG zu richten.

Wir schaffen es knapp bis zum Mittag, aber wohl ist beim Ergebnis keinem. Wir können nur darauf hoffen, uns nicht zu sehr verschätzt zu haben.

Die Endphase der Entscheidung zieht sich noch über mehrere Wochen hin, aber Eilanfragen kommen mindestens einmal pro Woche. In der Hektik machen wir mitunter Fehler, die nicht mehr rückgängig zu machen sind. In der nächsten Runde keine Reduktion mehr zu geben, ist auch nicht drin. Das würde vom Einkauf der Mobil AG sofort so interpretiert, dass man nicht mehr mitbieten will.

Die Anweisungen des Einkaufsleiters an seine Mannschaft lauten etwa so: „Erhöhen Sie die Nervosität, indem Sie den Zulieferern kurzfristige Termine setzen, die Entscheidungen jedoch solange wie möglich verzögern.“ Auch durch viele Sitzungen, häufige Anfragen und ständige Nachfragen, die immer eilig sind, soll der Zulieferer destabilisiert werden. Und das funktioniert immer noch, auch wenn der Herr, der die Anweisung gab, schon lange nicht mehr im Dienst eines Autobauers steht.

Wer nervös ist, macht eben Fehler. Ein Kampf um einen Auftrag bei gewissen Autobauern ist ein Pendeln zwischen Ruhephasen und Panik. Dringendst wird man aufgefordert, ein neues Angebot zu geänderten Bedingungen vorzulegen, dann ist wieder Totenstille. Das kann so interpretiert werden, dass der Kunde in der Zwischenzeit intensiv mit der Konkurrenz verhandelt. Nervosität macht sich breit; vielleicht war das vorgelegte Angebot noch nicht gut genug? Der Zulieferer geht wieder und wieder durch seine Kalkulation und versucht zu kürzen. Man versucht, den Einkäufer zu kontaktieren. Was fehlt noch? Muss der Teilepreis runter, oder das Investment? Meistens ist es beides. Der Autobauer lässt den Zulieferer weiter im Ungewissen.

Dann kommt plötzlich die dringende Aufforderung, kurzfristig ein verbessertes Angebot vorzulegen. Der Zulieferer ist erleichtert und geradezu erfreut, dass er noch im Rennen ist. Weitere Zugeständnisse folgen. Das Spiel kann lange so weitergehen, denn der Auftrag wird prinzipiell immer zu spät vergeben. Das bringt das Entwicklungsteam des Zulieferers in enorme Schwierigkeiten, denn wenn er den Terminplan des Herstellers nicht akzeptiert, braucht er gar nicht weiter um den Auftrag zu kämpfen; er ist also trotz nicht verursachter Verspätung verantwortlich. Schon deshalb ist der Lieferant in dieser Phase besonders nachgiebig gegenüber weiteren Forderungen des Herstellers.

Die angehäufte Verspätung geht nach dem Zuschlag für das Projekt nahtlos in die Entwicklung über. Die fängt gleich im Chaos an, da sich in der hektischen Endphase der Akquisition beim Fahrzeug bzw. den angrenzenden Komponenten auch technisch manches geändert hat und nicht alle Lieferanten das mitbekommen haben.

Je mehr sich das Projekt den Meilensteinen, also wichtigen Terminen im Projekt wie Prototypen, Vorserien und dem Produktionsstart nähert, desto hektischer wird es. Fast alle Abteilungen des Autobauers bekommen jetzt Schwierigkeiten mit den Terminen ihrer Teile, also der Teile der Zulieferer, die sie betreuen, denn die

Änderungswut ist im ganzen Unternehmen verbreitet und der letzte Stand ist noch nicht ins Bauteil eingegangen. Einen sauberen „design freeze“, also einen Abschluss der Konstruktionsarbeiten, gibt es nur auf dem Papier. Aber keine der Entwicklungsabteilungen des Herstellers will ihre Schwierigkeiten damit, das Teil nicht bis zu einem wichtigen Termin fertigzubekommen, zuerst zugeben. Also treibt man seine Zulieferer noch stärker an.

Der letzte Baustand muss unbedingt im realen Teil erreicht werden. Neue Prototypen müssen her, Werkzeugänderungen sind im Dreischichtbetrieb durchzuführen. Irgendwann muss eine Abteilung aufgeben und zugeben, dass der Termin nicht zu halten ist. Auf einmal sind wieder ein paar Wochen mehr Zeit vorhanden, um den letzten Baustand zu erreichen. Es geht aber genauso hektisch weiter, denn es sind Zeitreserven aufzubauen. Sonst könnte die eigene Abteilung die nächste sein, der die Luft ausgeht.

Vorsorglich gibt der zuständige Entwickler beim Autobauer Terminverschiebungen nicht immer an den Lieferanten weiter, um den Druck hoch zu halten. Prototypenteile und Sonderanfertigungen werden beschleunigt und das, obwohl es zum neuen, verschobenen Termin vielleicht schon billigere Teile aus Serienwerkzeugen gibt. Die teuren Prototypen werden dann sofort nutzlos und man verbaut sie nicht mehr, denn ein richtiges Serienteil im Fahrzeug ist natürlich besser. So kommt es oft zu einer ganzen Reihe von Verschiebungen.

Das beim Kunden herrschende Angstklima verhindert die offene Kommunikation bei Schwierigkeiten. Auch ist es normal, dass das Top-Management des Autobauers in letzter Minute eine größere Änderung will. In solch einem Fall kann es dann auch zur Verschiebung des Produktionsstarts kommen. In dieser Phase der Meilensteine geht es so dynamisch zu, dass Zulieferer ganz ohne offizielle

Bestellungen genötigt werden, Ausgaben zu tätigen, um zum Beispiel Änderungen am Produkt durchzuführen.

Wer sich darauf einlässt, schafft es äußerst selten, das ausgelegte Geld später wiederzubekommen. Der Zulieferer weiß das, hat aber Schwierigkeiten, es zu verhindern. Keiner will vor einem Tribunal aus Terminjägern des Autobauers zerlegt werden. Eine spezielle Eingriffstruppe des Autobauers besucht die Lieferanten, um den Fortschritt des Projekts zu kontrollieren, vor allem, wenn etwas kritisch ist.

Die Auto AG hat trotz dringender Warnungen wochenlang nichts unternommen, um eine notwendige Änderung im Werkzeug freizugeben. Eine Woche vor dem Liefertermin der ersten Serienteile wacht man endlich auf. Die schnelle Eingreiftruppe schlägt zu dritt bei unserem Vorlieferanten auf, wir müssen natürlich mit. Statt der Freigabe der Investition für die Änderung gibt es nur enormen Druck auf uns, die Arbeit kostenlos zu machen. Die drei Herren stellen uns wirklich überzeugend dar, dass wir bei zukünftigen Ausschreibungen mit unserem gegenwärtigen Verhalten wenige Chancen hätten. Einen Zulieferer, der Komponenten zu spät zu den wichtigen Terminen liefere, könne man nicht gebrauchen.

Dann weisen uns die drei darauf hin, dass man uns das Leben bei der Freigabe sehr schwer machen könne, sicher fände man etwas, das nicht ganz den Anforderungen entspreche. Da ist etwas dran; wir denken schuldbewusst an die Maßberichte zu unserem Teil, die wir abzuliefern haben. Die engen Toleranzen sind nie einzuhalten, es gibt auch sehr viele Messpunkte, die stimmen müssen. Normalerweise macht man Einbauproben und wenn es passt, darf man die Zeichnung nach den Maßen des fertigen Teils anpassen. Dazu ist aber guter Wille der Auto AG notwendig, und der wird gerade durch die drei Herren in Frage gestellt.

Wenn wir dadurch keine Freigabe bekommen, gibt es auch keine Bezahlung der Werkzeuge, deren Bezahlung wir aber vorlegen müssen. Dabei geht es um Millionenbeträge. Die drei Eingreif-Spezialisten ziehen wirklich alle Register; einer meint, er persönlich sei zutiefst von uns enttäuscht. Nach über zwei Stunden knickt unser Vorlieferant ein und verspricht, auf seine Kosten die Änderungen auch im Dreischichtbetrieb und am Wochenende vorzunehmen.

Wir selbst standen in diesem Projekt schon sehr schlecht da, die Investitionen waren hoffnungslos überzogen, ansonsten hätten wir wohl noch vor unserem armen Lieferanten nachgegeben. Der hat sich zwei Jahre später von der Autoindustrie verabschiedet und fertigt nun lieber Teile für Fernseher. Er hatte schlechte Nerven, aber dumm war er nicht.

Die Wagen AG will eine Änderung an einer Unterkomponente unseres Moduls. Unser Lieferant bewertet den Fall. Er meint, es wären neue Werkzeuge nötig. Entsprechend erfolgt ein Angebot an die Wagen AG. Die können sich nicht entscheiden, denn die neuen Werkzeuge sind ihr zu teuer. Das interne Ringen bei der Wagen AG geht über Wochen. Alle unsere Warnungen helfen nichts und dann ist es zu spät – die Erstellung neuer Werkzeuge ist aus Zeitgründen nicht mehr möglich.

Die Technik der Wagen AG fordert uns auf, die bestehenden Werkzeuge zu ändern. Warnungen von uns und unserem Vorlieferanten ignorieren sie und natürlich geht es schief. Die Anforderungen sind nach der Änderung nicht mehr einzuhalten, die Wagen AG besteht aber darauf und zwingt uns zur Nachbesserung. Neue Werkzeuge sind zu erstellen, was erheblich mehr kostet, als wir damals angeboten haben, weil rund um die Uhr zu arbeiten ist. Währenddessen läuft die Serie mit per Hand nachgearbeiteten Teilen an.

Der Termindruck führt nicht nur dazu, dass der Zulieferer auf den Kosten für panische Sonderaktionen sitzenbleibt (denn natürlich weigert sich der Autobauer im Nachhinein, diese Forderungen zu begleichen), die Hektik zwingt auch die Entwicklungsabteilung des Zulieferers zu überhasteten Entscheidungen. Aus lauter Angst, einen Meilenstein nicht halten zu können, schluckt man teure Sonderaktionen. In Phasen der Angebote für Neuprojekte ist es gut möglich, dass durch die provozierte Eile Fehler auf der kommerziellen Seite gemacht werden; genau das wollen gewisse Autobauer erreichen.

13. Gladiatorenkämpfe zwischen den Zulieferern provozieren

Viele Methoden zum Preisdrücken basieren auf dem Ausspielen der Zulieferer gegeneinander. Das beherrschen gewisse Autobauer sehr gut. Der Kunde muss nur dafür sorgen, dass die Zulieferer kein gutes Verhältnis zueinander entwickeln. Dies ist so intensiv zu betreiben, dass sich die Lieferanten untereinander erbittert bekämpfen. Besonders, wenn der Kunde zwei Lieferanten für eine Komponente hat, ist das sehr effektiv, aber auch beim Kampf um Neuprojekte funktioniert es bestens.

Das Verhalten der Zulieferer in solchen Situationen lässt sich gut mit einem Modell aus der Spieltheorie[16] veranschaulichen. Das sogenannte „Gefangenendilemma" beschreibt eine spezielle Situation, bei der das für sich betrachtet rationale Verhalten von zwei Personen zu einem für beide schlechteren Ergebnis führt.

In der Ausgangslage werden zwei Personen verhaftet und beschuldigt, ein Verbrechen begangen zu haben. Die Polizei kann den beiden nur einen Verstoß gegen das Waffengesetz nachweisen, nicht jedoch den gemeinsam begangenen Raub. Man verhört daher die beiden Personen getrennt und macht beiden folgendes Angebot:

---

[16] Die Spieltheorie ist ein Teilgebiet der Mathematik, das sich damit befasst, Systeme mit mehreren Akteuren (Spieler, Agenten) zu modellieren. Die Spieltheorie versucht dabei unter anderem, das rationale Entscheidungsverhalten von Menschen in sozialen Konfliktsituationen abzuleiten.

Wenn der Gefangene gesteht und gegen den anderen aussagt, kommt er nicht ins Gefängnis, sein Komplize jedoch für fünf Jahre. Gestehen beide, kommen beide für vier Jahre ins Gefängnis. Gesteht keiner von beiden, kann die Polizei ihnen nur den Verstoß gegen das Waffengesetz nachweisen und sie müssen beide für ein Jahr ins Gefängnis.

Damit präsentiert sich nun die Situation der beiden Personen A und B folgendermaßen: Insgesamt am besten wäre es, wenn beide schweigen würden; dann wäre die Gesamtstrafe am geringsten (zweimal ein Jahr). Für A (wie auch für B) präsentiert sich die Situation aber so: Wenn A davon ausgeht, dass B schweigt, wäre es für A am besten, B zu verraten, denn dann geht er selbst straffrei aus. Geht A davon aus, dass B ihn verrät, dann ist es für A ebenfalls am besten, B zu verraten, denn dann bekommt er wenigstens nur vier und nicht fünf Jahre aufgebrummt.

Das Dilemma der Gefangenen ist nun folgendes: Unabhängig davon, was der andere macht, ist es immer rational, den anderen zu verraten, denn man kommt damit immer besser weg (vier statt fünf Jahre bzw. kein statt ein Jahr). Verfolgen aber beide diese Strategie, müssen sie beide für je vier Jahre ins Gefängnis, was gesamthaft das schlechteste aller möglichen Ergebnisse ist.

Die Grundsituation des Gefangenendilemmas kommt in der Volkswirtschaft häufig vor (zum Beispiel bei Absprachen in Kartellen und Oligopolen). Spielt man das Gefangenendilemma über mehrere Runden durch (d. h. wiederholt man es mehrmals), gibt es verschiedene Strategien, um das Ergebnis zu maximieren.

Allen Strategien gemeinsam ist eine Konsequenz: Haben sich die Spieler erst einmal gegenseitig betrogen, kommt so schnell kein Vertrauen mehr zustande. Diese Erkenntnis machen sich gewisse Autobauer zunutze.

Gegen ihre Versuche, die Zulieferer professionell gegeneinander auszuspielen, wehren sich die Lieferanten wiederum, indem sie Kooperationen mit ihrer Konkurrenz suchen. Ein Zulieferer wird zum Beispiel versuchen, mit seinen Wettbewerbern einen „Nichtangriffspakt" zu schließen. Das heißt, man attackiert sich beim Kampf um Neuprojekte, nicht aber, wenn es um laufende Serienprojekte des jeweils anderen geht. Auch versuchen Zulieferer, eine Einigkeit über die inflationierenden jährlichen Preisreduktionen zu erreichen, zum Beispiel mit einer stillschweigenden Vereinbarung, dass niemand mehr als vier Prozent p. a. gibt.

Gewisse Autobauer wissen das natürlich. Sie wissen auch, dass ein Zulieferer, der einmal gegen solche Abmachungen verstößt, nicht mehr das Vertrauen seiner Konkurrenten genießen wird. Also ist es ein leichtes Spiel, solche Absprachen aufzubrechen. Der Autobauer riecht den Braten schnell, wenn alle Lieferanten einer Teilegruppe sich zieren, über eine bestimmte jährliche Rabattschwelle hinauszugehen. Also konzentriert er sich auf ein einzelnes Opfer, um hier mehr zu erreichen. Man findet immer ein Unternehmen, das sich gerade gut erpressen lässt. Der Autobauer wird es garantiert bei einem der Lieferanten schaffen und die Neuigkeit sofort an alle Konkurrenten des Zulieferers verbreiten. Damit brechen alle internen Vereinbarungen der Lieferanten zusammen.

Besteht ein Nichtangriffspakt, ist es schon schwieriger. Der Lieferant möchte verhindern, dass er aus Rache vom attackierten Konkurrenten bei seinen eigenen Projekten angegriffen wird. Zulieferer sind nur bedingt rationale Spieler; sie betrachten merkwürdigerweise zuerst ihre Konkurrenten als Feinde und nicht gewisse Autobauer, die sie geschickt gegeneinander ausspielen. Sie rächen sich nicht beim Autobauer, der alles verursacht hat, sondern an ihrem Konkurrenten, auch weil man sich ohnehin nicht an einem Autobauer, von dem man abhängig ist, rächen kann.

Eine solche Racheaktion kann dann auch ein Projekt des verräterischen Konkurrenten bei einem ganz anderen Autobauer betreffen. Man versucht hier, durch Kampfangebote den Preis des Wettbewerbers kaputt zu machen. Denn bekommt der Kunde irgendwoher einen besseren Preis für ein laufendes Projekt angeboten, will er, dass der aktuelle Lieferant auf dieses Niveau runtergeht. Aus Angst vor Rache wird der Konkurrent des zurzeit liefernden Lieferanten also meist „Abwehrangebote“ an den Autobauer abgeben. Das heißt, er bietet bewusst zu höheren Preisen an als die des aktuellen Lieferanten beim Autobauer.

Der Hersteller hat jetzt mehrere Möglichkeiten. Die erste ist es, den Konkurrenten mit Hilfe der Vergleichstechnik zu einem besseren Angebot zu zwingen. Das ist in der Automobilindustrie und bei gewissen Autobauern durchaus möglich und normal. Eine weitere Methode ist es, einen ganz neuen Lieferanten ins Spiel zu bringen. Oder aber man setzt einen dritten Lieferanten gezielt und mit jeder erdenklichen Unterstützung auf das Opferprojekt an. Das kann zum Beispiel ein Lieferant sein, dem seine Konkurrenten wenig anhaben können und der deshalb die Rache der Konkurrenz nicht fürchtet. Absprachen oder Ethikregeln unter Zulieferern bricht der Autobauer also schnell auf. Danach haben die Lieferanten für lange Zeit kein Vertrauen mehr zueinander; ein Kartellamt ist dazu selten notwendig.

Es braucht aber nicht einmal Absprachen der Zulieferer untereinander zu geben, damit der Autobauer aktiv wird. Er versteht es auch, mit Informationen von zweifelhaftem Wahrheitsgehalt Zwietracht zu säen und die Lieferanten gegeneinander aufzuhetzen. Dann behauptet er zum Beispiel, er hätte ein Angebot vom Wettbewerber bekommen für das Projekt, das man selbst beliefert. Vermeintliche Informationen über den Konkurrenten gibt es vom Autobauer immer und bereitwillig. Der Wettbewerber ist grundsätzlich billiger, fordert weniger Investitionen, führt gewisse Arbeiten kostenlos aus und akzeptiert neue Regeln des Autobauers problemlos. Es werden einem auch Angebote des Konkurrenten gezeigt: ganz schnell, nur eine Zahl, ohne Konditionen, ohne Datum des Angebots und ohne Gesamtzusammenhang. Oder der Einkäufer erstellt Listen mit fragwürdigen Preisen des Konkurrenten und gibt dem Lieferanten aus „Unachtsamkeit“ bei den Sitzungen eine Chance, diese einzusehen.

Wie soll man als Zulieferer dahinterkommen, welche dieser Geschichten Lügen sind und welche nicht? Schließlich geht es um einen Konkurrenten, der – wie man selbst – alles dafür tut, um seine eigene Haut zu retten.

Uneinigkeit bis hin zu Feindschaft unter den Zulieferern ist vom Autobauer leicht geschürt. Ein gewisses Vertrauen und Regeln zum ethischen Verhalten, die über Jahre zwischen den rivalisierenden Zulieferern gewachsen sind, können in einer einzigen Aktion des Kunden für eine lange Zeitspanne oder sogar für immer zerstört werden.

14. Die Strategie der Einbahnstrasse

Die Preise für Rohmaterialien sind während der letzten acht Monate dramatisch angestiegen. Wir kalkulierten die Kostensteigerung und forderten Ausgleich bei unseren Kunden. Seit Monaten laufen die Verhandlungen über entsprechende Preisanpassungen. Absolut keine Fortschritte gibt es mit der Mobil AG. Der Einkauf des Autobauers lehnt kategorisch ab, obwohl der Ausgleich von Rohmaterialpreissteigerungen eine klare Kondition in unserem Angebot für das Projekt war. Der Anstieg sei nur temporär, das müssten wir eben partnerschaftlich aushalten.

Die Komponenten der Module, die wir selbst fertigen, verteuern sich durch das teurere Material sofort. Wir verlieren etwa fünf Prozent unserer Marge.

Die erhöhten Materialpreise beginnen sich jetzt auch durch die Lieferkette zu ziehen: Erste Vorlieferanten fordern Preiserhöhungen. Ohne einen Preisausgleich durch die Mobil AG wollen wir keine Erhöhungen geben. Unser Einkauf schlägt aber bald Alarm, die Geduld einiger unserer Lieferanten ist am Ende. Kleinere Zulieferer können ihr Material nicht mehr bezahlen. Es kommt zu ersten Linienstopps. Wir müssen die Blockade nun mit Preiserhöhungen lösen. Dabei wird um jeden Cent gefeilscht.

Inzwischen liegen alle Preisforderungen der Vorlieferanten vor. Wir summieren alles auf und schicken ein weiteres Angebot an die Mobil AG. Der Einkäufer sagt, er werde das mit seinem Chef besprechen. Das Projekt steckt inzwischen tief in den roten Zahlen. Der Verkaufspreis deckt gerade noch die Materialkosten und die Löhne der Arbeiter. Und die Kostensteigerungen hören nicht auf: Weitere Lieferstopps von Vorlieferanten sind durch Preiserhöhungen zu beenden. Auch die großen Lieferanten drohen jetzt mit Stopps. Manche Lieferanten fordern schon die zweite Erhöhung. Es kommt zum nächsten Termin beim Einkauf der Mobil AG. Der denkt überhaupt nicht daran, etwas zu bezahlen. Er kann sich das leisten, denn wir können unsere Lieferungen nicht stoppen. Das hätte fatale Konsequenzen, man würde uns andere Projekte wegnehmen oder neue vorenthalten.

Wir müssen zum Einkaufsmanager durchdringen, nur dann kommen wir weiter. Der ist verreist; das ist das Beste, was er jetzt machen kann.

Jeder Tag kostet uns Geld, denn wir verkaufen weit unter den Kosten und das schon seit vielen Monaten. Zwei Wochen später bekommen wir unseren Termin beim Einkaufsmanager. Der zweifelt in der Sitzung unsere Zahlen an. Es sei nicht sein Problem, wenn wir unsere Vorlieferanten nicht im Griff hätten. „Glücklicherweise" hat er einen zweiten Lieferanten für das gleiche Teil. Er schlägt vor, unseren Lieferanteil zu reduzieren. Unser Konkurrent hätte nicht solche Probleme. Die hätten wohl einen besseren Einkauf als wir, meint er süffisant.

Wir sind einverstanden. Unser Verkaufsleiter schlägt vor, das Projekt komplett dem Konkurrenten zu überlassen. Daraufhin sieht sich der Einkaufsmanager unsere Forderungen nun doch genauer an. Sein Einkäufer hat ihm eine Tabelle zusammengestellt. Ich kann den Namen unseres Konkurrenten darauf erkennen, aber keine Einzelheiten.

Er meint, er könne uns den Preis um zwei Prozent erhöhen. Aber nicht jetzt sofort, sondern ein Prozent im nächsten Monat und den Rest in drei Monaten. Was mit den Vormonaten war, interessiert ihn nicht. Wie großzügig von ihm. Wir brauchen mindestens neun Prozent, um die absolute Marge zu erreichen wie zuvor, und schon die war schlecht.

Unser Verkäufer pokert und meint, wir sollten jetzt einen Termin festlegen, bis wann der Konkurrent das Projekt übernehmen kann. Dieses Argument ist unser einziges: Die Mobil AG braucht uns, der Konkurrent wird ihr die Preise sofort erhöhen, wenn wir nicht mehr im Projekt sind. Der leidet ja genauso unter den gestiegenen Materialpreisen wie wir.

Am Ende gewährt der Einkaufsmanager uns vier Prozent jetzt sofort und weitere zwei Prozent in zwei Monaten. Dafür müssen wir erklären, dass damit der derzeitige Preis des entsprechenden Rohmaterials abgedeckt ist. Ein schlechtes Geschäft, es geht nur noch um Verlustminimierung.

Zwei Wochen später sind die neuen Preise immer noch nicht im System. Der Abteilungsleiter des Einkäufers, der in der Sitzung nicht dabei war, fand den Abschluss seines Vorgesetzten (also des Einkaufsmanagers) zu schlecht, weil zu positiv für uns. Deswegen hat er den Einkäufer eigenmächtig angewiesen, erst einmal gar nichts zu machen. Wir versuchen wieder, einen Termin mit dem Einkaufsmanager zu bekommen, aber das ist erst in zwei Wochen möglich. Am Tag vor dem Termin sind die vier Prozent dann plötzlich doch im System – aber nicht bei allen Varianten unseres Produkts. Jedenfalls nicht bei den wichtigen mit viel Volumen. So hätte er es verstanden, meint der Einkäufer. Er müsse beim Einkaufsmanager nachfragen, wie der es sieht, aber der sei auf Dienstreise. Das stimmt wahrscheinlich sogar, seine Sekretärin sagt nämlich unseren Termin ab. Ein weiterer Monat mit schweren Verlusten ist vergangen. Eine Woche später meint der Einkäufer, es sei jetzt alles geklärt. Er hätte die Freigabe, die übrigen Preise zu aktualisieren. Leider funktioniere nur das System gerade nicht, etwas Geduld müssten wir schon haben. Am Ende der Woche ist es dann tatsächlich erledigt.

In den folgenden Wochen erholen sich die Materialpreise ein wenig; statt über 30 Prozent Preissteigerung sind es nur noch 25 Prozent. Der Tag der zweiten Preiserhöhung um die verbleibenden zwei Prozent rückt näher. Wir kontaktieren den Einkauf der Mobil AG vorsichtshalber schon eine Woche vorher. Alles in Ordnung, versichert uns der Einkäufer, in der nächsten Woche wolle er die zwei Prozent dazugeben.

Natürlich ist der Preis nicht aktualisiert, als wir eine Woche später im System nachsehen.

Der Einkäufer sagt, er hätte Anweisung bekommen, alle Erhöhungen zu stoppen. Schließlich seien die Rohmaterialpreise jetzt viel besser! Um es kurz zu machen: Die zwei Prozent haben wir nie bekommen. Unsere Zulieferer senkten ihre Preise wegen der läppischen Preiserholung nicht mehr. Schließlich hatten alle weniger bekommen, als sie gefordert hatten. Ein Jahr später sanken die Rohmaterialpreise wieder auf den alten Stand. Sofort aktualisierte der Einkauf unsere Preise im System. Es wurde viel mehr abgezogen als die vier Prozent, die man uns gegeben hatte. Der Einkauf rechnete ganz anders: Er kalkulierte mit Hilfe des Breakdown den Preis mit rund 30 Prozent niedrigeren Kosten für das Rohmaterial. Dabei kamen ungefähr die neun Prozent heraus, die wir anfangs gefordert hatten. Die zog er uns ab. Dieses Mal funktionierte es gleich bei allen Varianten.

Das Geschäft mit gewissen Autobauern funktioniert streng nach dem Prinzip einer Einbahnstraße: Ändern sich Energiekosten, Rohstoffpreise, oder Wechselkurse, ändern sich die Produktkosten. Sinken sie, so will der Autobauer sofort die ganze Ersparnis in Form einer Preisreduktion haben, steigen sie, möchte er nicht oder nur teilweise ausgleichen – und immer viel später. Er verlangt dann „Painsharing" vom Zulieferer. Was der besondere Clou an der Sache ist: Der Lieferant hat vielleicht Preissteigerungen für Material tragen müssen und nie einen Ausgleich dafür bekommen. Das bedeutet für den Autobauer, dass der Zulieferer diese Steigerung „verdaut" hat und sie daher in Zukunft vergessen werden kann. Die Basis ist also immer der aktuelle Preis mit dem aktuellen Preisniveau für die Rohstoffe. Jede Reduktion der Rohmaterialien geht von dort aus los.

Ein Beispiel kann das verdeutlichen: Sagen wir, ein Zulieferer verkauft eine Komponente für 50 Euro. Darin ist ein bestimmtes Material enthalten, das er für 10 Euro einkauft. Der Preis für dieses Material steigt nun auf 15 Euro. Der Lieferant versucht, die fünf Euro Differenz vom Kunden ausgeglichen zu bekommen, das schafft er aber nicht. Die Zeit vergeht und das Material fällt wieder auf 10 Euro zurück. Der Kunde sieht das jetzt ganz einfach: Er möchte fünf Euro haben. Damit geht der Verkaufspreis der Komponente auf 45 Euro herunter.

Und nun die Variante mit „Painsharing": Die Situation ist die gleiche wie vorher; die Materialkosten steigen um fünf Euro, aber dieses Mal bezahlt der Autobauer angesichts der Preissteigerung wirklich zwei Euro. Dann muss der Zulieferer erklären, dass er damit das aktuelle Preisniveau dieses Materials voll eingepreist hat.

Der Rest der Geschichte verläuft wieder gleich: Der Preis für das Material fällt um fünf Euro und der Autobauer will sie komplett erstattet haben, nicht bloß seine zwei Euro, die er für die Kostenerhöhung ausgeglichen hatte.

Es gibt also in der Automobilbranche mit gewissen Kunden nur geteiltes Leid, keine geteilte Freude. Schade eigentlich, wo es doch heißt, geteilte Freude sei doppelte Freude...

Ist die wirtschaftliche Situation des Autobauers angespannt, fordert er die Lieferanten auf, ihm durch zusätzliche Preisreduzierung „beizustehen". Ist seine Situation gut, geht die Preisdrückerei genauso weiter wie vorher; oder sie wird gar verschärft, um gestärkt in eine eventuell kommende Krise zu gehen.

Ist die wirtschaftliche Situation des Zulieferers nach Ansicht des Autobauers zu gut, fordert er umgehend Preisnachlass. Ist sie richtig schlecht, gibt es höchstens befristete Hilfe, bis man einen alternativen Lieferanten gefunden hat. So eine „Hilfe" kann darin bestehen, lange offene Rechnungen zum Beispiel für Werkzeugkosten endlich zu begleichen! Steigen die abgerufenen Volumen, erfolgt sofort eine Forderung nach Preisnachlass. Fallen die Volumen und der Zulieferer fordert einen Ausgleich, wird das abgelehnt („das macht ja nicht viel aus").

Die Kündigung eines Projekts wird gewöhnlich auch nur in eine Richtung praktiziert: Der Autobauer nimmt das Recht in Anspruch, jederzeit kündigen zu können, meist weil er eine billigere Quelle gefunden hat. Will dagegen der Zulieferer kündigen, weil er durch das Projekt zu viel Geld verliert, wird das nicht ohne Konsequenzen geschehen. Will er den Kunden nicht für unbestimmte Zukunft verlieren, existiert dieser Weg für ihn praktisch nicht.

Sie finden das unglaublich? Nein – das ist die Automobilindustrie, so wie sie gewisse Autobauer praktizieren. Diese wehren sich z.B. verbissen gegen automatische Gleitklauseln, die eine gerechte Anpassung von Rohstoffpreisen regeln, in beide Richtungen natürlich. Je nachdem, ob solche Gleitklauseln bestehen oder nicht (und auch wirklich in beide Richtungen angewendet werden!), kann man auch gut erkennen, welcher Autobauer auf Win-win- und welcher auf Win-lose-Geschäfte mit den Zulieferern aus ist.

Das Prinzip der Einbahnstraße bei gewissen Autobauern ist extrem wichtig für die Zulieferschröpfung. Es hört sich recht harmlos an, aber diese Methode ist eine der besten in der Waffenkammer des Autobauers. Eine Änderung der Rahmenbedingungen ist nie zum Vorteil des Zulieferers, er bekommt immer nur den negativen Anteil ab.

Es ist mit einer Investition in Wertpapiere zu vergleichen. Bei Aktien sieht es ja so aus: Geht es dem Unternehmen gut, verdient der Aktionär, geht es schlecht, verliert er eben Kapital. Chancen und Risiken, beides ist vorhanden. Nun stellen wir uns ein besonderes Zertifikat vor: Es verspricht bei guter Situation des Unternehmens höchstens den ursprünglichen Einsatz, geht es schlechter, so trägt der Käufer den vollen Verlust. Wer sollte so etwas kaufen? fragt man sich, so dumm kann ein rationell denkendes Individuum oder ein Unternehmen doch gar nicht sein.

Man glaube es bitte: So ein Papier würde bei Zulieferern in der Automobilindustrie reißenden Absatz finden, jedenfalls wenn der gewisse Autobauer es anbietet. Wieder einmal sorgt die totale Abhängigkeit des Zulieferers, verbunden mit dem Drang zur Kapazitätsauslastung dazu, dass gewisse Kunden so etwas wie das Einbahnstraßen-Prinzip praktizieren können.

15. DIE ÜBERFALL-METHODE

Die Buchhaltung informiert uns: Die Auto AG hat die Preise für unsere Lieferungen gekürzt. Sofort kontaktieren wir den Einkauf des Kunden, um zu erfahren, was los ist. Leider ist der zuständige Einkäufer nicht zu erreichen. Wir hinterlassen mehrere Nachrichten, aber ein Rückruf erfolgt nicht. Am folgenden Tag geht es genauso weiter und wir kontaktieren schließlich den Vorgesetzten des Einkäufers. Der weiß nicht, was los ist und verspricht, sich die Sache anzusehen.

Am Nachmittag meldet sich endlich der Einkäufer: Er hat die Preise im System gesenkt, weil unsere Investitionen, die wir über den Teilepreis wiederbekommen sollten, getilgt wären. Das Projekt läuft zwar seit fünf Jahren, aber wir hatten die Amortisation klar an die Stückzahlen gebunden. Die Investition ist erst nach zwei Millionen gelieferten Teilen bezahlt. Bisher haben wir aber erst 1,6 Millionen Komponenten an die Auto AG geliefert. Das Projekt lief im ersten Jahr mit einer geringeren Stückzahl, das war im Rahmen des „ramp up“[17] normal. Später kamen andere Fahrzeugausführungen, die unser Teil nutzten, dazu. Auch diese begannen erst einmal mit niedrigeren Volumen. Es fehlt also noch ein volles Jahr Lieferzeit, um unsere Investitionen wieder hereinzuholen, das macht 1,25 Millionen Euro aus.

Der Einkäufer der Auto AG sieht das überhaupt nicht so: Es gehe nach Jahren und nach fünf Jahren sei alles bezahlt. Die Zeit spielt für den Kunden: Jede Woche mehr mit den neuen Preisen bedeutet für ihn über 20.000 Euro Ersparnis. Die Verhandlungen laufen zäh, obwohl wir alles schriftlich haben. Erst nach fast zwei Monaten bekommen wir unsere alten Preise zurück. Der Einkauf stellt das als großzügig uns gegenüber dar. Der zu Unrecht einbehaltene Betrag liegt bei über 160.000 Euro. Den gibt die

[17] „Ramp up“ ist die Hochlaufkurve, also die Entwicklung der Bestellmengen über die Zeit. Es dauert immer Monate, bis ein Fahrzeug mit der geplanten täglichen Stückzahl gefertigt wird (die sogenannte Kammlinie erreicht hat); die ganze Zulieferkette und die Montage beim Kunden müssen sich ja erst optimieren.

Auto AG nicht mehr heraus. Das hatte der Einkauf zur Bedingung dafür gemacht, dass er die neuen Preise wieder zurücknahm.

Wie im Guerilla-Krieg geht es hier um Zuschlagen und Verstecken. Nach dem Angriff ist die Verzögerungs- und Aussitzstrategie das Versteck. Man versteckt sich vor offenen Forderungen des Zulieferers. Eine offene Forderung entsteht häufig, weil der Autobauer einfach Zahlungen an den Lieferanten unberechtigt kürzt oder sie ganz vorenthält. Freiwillig und sofort gibt der Kunde das unterschlagene Geld nicht wieder her, wenn überhaupt.

Ein Beispiel sind unilateral durchgeführte Preiskürzungen. Gründe dafür lassen sich immer finden; sinkende Energiepreise, Rohstoffpreise oder sonstige Elemente aus der Kalkulation des Lieferanten sind ein guter Anlass. Irgendwoher hat der Autobauer eine neue Referenz bekommen oder selbst erschaffen, zum Beispiel, wenn ein Rohstoffpreis sinkt. Dann nimmt sich der Einkauf die entsprechenden Zulieferer vor, deren Teile aus dem Rohstoff hergestellt werden. Der Autobauer kalkuliert auf Basis des Kosten-Breakdown den seiner Meinung nach richtigen Preis. Es wird dabei nicht lange diskutiert, sondern einfach abgesenkt. Was soll der Zulieferer auch dagegen machen? Bei der Aktion kann der Autobauer nur gewinnen.

Ein Teil der Zulieferer wird den Raub einfach akzeptieren, vielleicht weil sie sich gerade in einer schwierigen Situation mit dem Kunden befinden oder an einer Ausschreibung des Kunden teilnehmen. Ein weiterer Teil wird protestieren, aber nach einiger Zeit klein beigeben. Der dritte Teil protestiert ausdauernd und will nicht auf sein Geld verzichten. Halten diese Zulieferer das trotz Drohungen über Auftragsverlust oder -vorenthalt durch, kommt die Verzögerungstaktik zum Einsatz.

Das Schlimmste, was dem Autobauer passieren kann, ist, dass er irgendwann den Preis bei einzelnen, ganz hartnäckigen Lieferanten wieder zurücksetzen muss. Bis dahin kauft er billiger ein, denn nachträglich gibt es grundsätzlich nichts zurück. Das ist ein simpler Trick, mit dem gewisse Autobauer Millionen einfahren, gerade weil er mit der Verzögerungstaktik kombiniert wird. An jedem Tag, den der Lieferant nun verliert, um eine Berichtigung einzufordern, verliert er auch sein Geld. Ein beliebter Zeitpunkt für solche Überfälle des Autobauers ist kurz vor den Ferienzeiten. Wenn der Zulieferer davon erfährt, sind die Mitarbeiter des Kunden schon im Urlaub. Bis sie dann zurückkommen, hat sich beim Zulieferer die erste Wut wieder gelegt.

16. Das Alligator-Prinzip

Der Alligator liegt den ganzen Tag träge im Wasser. Nichts kann ihn aus der Ruhe bringen, alles prallt an ihm ab. Wenn er aber Hunger hat und ein geeignetes Opfer in Sicht kommt, so entwickelt er eine enorme Geschwindigkeit, um zuzuschnappen. Danach ist wieder Ruhe.

Das Alligator-Prinzip ist eine Ergänzung des Einbahnstraßen-Prinzips; hier geht es um die Geschwindigkeit, mit der die Maßnahmen des Herstellers umgesetzt werden. Schließlich ist Zeit auch Geld; umso mehr, wenn in der betrachteten Zeitspanne viele Teile vom Zulieferer an den Autobauer geliefert werden, was bei Großprojekten ja gegeben ist. Das Prinzip der zwei Geschwindigkeiten basiert auf der Verzögerungs- und Aussitzstrategie. Hat der Zulieferer ein Anliegen, so ist buddhistische Geduld angesagt. Bevor ein Cent das Konto des Autobauers verlässt, muss hart dafür gekämpft werden. Auf der anderen Seite steht der blitzschnelle Angriff auf das Geld des Lieferanten nach der zuvor schon beschriebenen Überfall-Methode.

Zwei Übungsfälle sollen das Prinzip erhellen:

Die Volumen in einem Projekt steigen über die Planzahlen hinaus. Darauf folgen blitzschnell Verhandlungen über Preisreduktionen, wenn der Kunde nicht gleich unilateral einen neuen Preis ins System stellt. Fällt das Volumen, geht der Kunde zur Verzögerungstaktik über.

Rohstoffpreise, Energiepreise und Wechselkurse fallen: Sofort kommt es zu Preisanpassungen nach unten, teilweise ohne den Zulieferer überhaupt davon zu informieren. Steigen die Kosten, geht es wieder in die Verzögerungstaktik.

Anekdoten dazu ließen sich viele auflisten.

17. Innovationsenteignung

Seit sechs Monaten entwickeln wir bei einer Akquisition ein Konzept für die Wagen AG. Es geht um ein großes Volumen und wir legen uns mächtig ins Zeug. Mit uns wetteifern noch zwei unserer Konkurrenten um den Auftrag, die Komfortsitz AG und die Rennsitz GmbH. Wir alle mussten uns damit einverstanden erklären, dass die Innovationen, die bei der Entwicklung entstehen, exklusiv der Wagen AG gehören. Das ist eine der Bedingungen, um überhaupt an der Ausschreibung teilnehmen zu dürfen. Wir sind eher die Außenseiter, denn wir haben schon einen hohen Anteil bei der Wagen AG.

Es kommt wie erwartet: Die Komfortsitz AG und die Rennsitz GmbH bekommen den Auftrag. Die Aufteilung der Volumen auf die beiden Lieferanten erfolgt nach verschiedenen Fahrzeugmodellen: Die Komfortsitz AG bekommt den Mittelklassewagen „Rasant“ und die Rennsitz GmbH den

> Transporter „Komfort“. Natürlich läuft die Entwicklung geheim, ohne uns, aber irgendwann bekommen wir das Modul der Rennsitz AG zu sehen. Es gleicht unserem Konzept sehr. Natürlich hat der Konkurrent eigene Akzente gesetzt. Deutlich ist auch, dass Teilfunktionen, die bei unseren Erprobungen nicht so gut herauskamen, hier anders gelöst sind.
>
> Unsere Testergebnisse standen der Wagen AG ja zur Verfügung. Offensichtlich haben andere aus unseren Fehlern gelernt. Das alles ist ärgerlich, denn wir haben viel Geld in die Entwicklung gesteckt, von der die Konkurrenten jetzt kostenlos profitieren.

Gewisse Autobauer brauchen dringend Innovationen. Darauf ist ihre Marktstrategie aufgebaut: hochwertige Technik zu bezahlbaren Preisen. Nun sind solche Innovationen ja nicht gerade billig, also haben die Autobauer Techniken entwickelt, um die lästige Seite der Bezahlung von sich abzuwenden.

Bei Ausschreibungen legen gewisse Autobauer Wert darauf, die Wege für einen „Ideen- und Wissenstransfer“ zu ebnen. Innovationen, die bei der Konzeptentwicklung entstehen, sollen dem Autobauer uneingeschränkt zur Verfügung gestellt werden, auch wenn der entsprechende Zulieferer später nicht mit dem Auftrag bedacht wird. Innerhalb eines solchen Wettbewerbs kommen viele Ideen zusammen, die Lieferanten wollen sich ja dadurch Vorteile im Wettbewerb verschaffen. Neuerungen sind der Weg, um sich nicht in den Eimer der Standardteile stecken zu lassen, denn für die gibt es viele Lieferanten. Die Innovationen sammelt der Kunde, er selektiert, was er haben will und versorgt dann die anderen am Wettbewerb teilnehmenden Zulieferer damit.

Es besteht keinerlei Verpflichtung des Autobauers, den ursprünglich innovativen Lieferanten zu nominieren. Der Konkurrent, der die Innovation am billigsten umsetzen kann oder denkt, es zu können, gewinnt. Es ist nach einer Niederlage recht ernüchternd zu sehen, wie ein Konkurrent später die eigenen Innovationen in seinem

Konzept liefert. Es ist aber nicht nur ärgerlich, dass der Wettbewerber das Wissen kostenlos erhalten hat. Der ursprüngliche Erfinder wird auch bei den Angebotskosten benachteiligt, da er die Konzeptentwicklungskosten auf den Teilepreis umgelegt hatte.

Inwieweit der Zulieferer auf solche Konditionen bei einer Ausschreibung eingeht, liegt bei ihm und dem Verhalten seiner Konkurrenten. An Forderungen des Autobauers danach fehlt es nicht. Es finden sich immer Lieferanten, die aus verschiedenen Gründen bereit sind, so zu arbeiten. Sind genug kompetente Firmen dabei, dann heißt es für die übrigen potenziellen Lieferanten: mitmachen oder außen vor bleiben. Es gibt auch Varianten, wo gewisse Autobauer die Konzeptentwicklung mit beispielsweise fünf Prozent Lieferanteil des Fahrzeugvolumens vergüten wollen, was sicher nicht kostendeckend für einen Lieferanten ist.

Erstaunlich ist, wie frei manche wirklich innovativen Autobauer über ihre Neuheiten sprechen, die sie in der Entwicklung haben. Das lässt sich vielleicht mit dem Stolz der Ingenieure erklären. Gewisse Autobauer saugen diese Informationen regelrecht auf. Die Leute der innovativen Autobauer finden dann ihre Ideen in den Fahrzeugen der Konkurrenz wieder, und das aufgrund der preisdrückenden Macht der hohen Volumen auch noch zu niedrigeren Einkaufspreisen.

Eigene Ideen haben gewisse Autobauer seltener, ihre Ingenieure sind mehr auf das Managen von Zulieferern spezialisiert. Man ist hier also ausschließlich darauf angewiesen, Ideen von außen ins Haus zu holen. Dazu werden regelmäßig Zulieferer zu „Lieferantentagen“ eingeladen, das ist der beste Weg zur Informationsbeschaffung. Hier sollen sie zeigen, was sie zu bieten haben.

Ein Lieferant möchte möglichst viele seiner Ideen zeigen; wenn er eine Neuheit zusammen mit einem innovativen, aber kleineren Autobauer entwickelt hat, sucht er daraufhin immer nach Volumen, um die Entwicklungskosten schneller tilgen zu können. Denn wer weiß schon, ob die Innovation für mehr als eine Fahrzeuggeneration vom Autobauer gewünscht wird? Oder ob schnell ein billiges Standardteil daraus wird?

Im Vorfeld einer solchen Veranstaltung sucht der Zulieferer alles zusammen, was vorzeigbar ist. Den Autobauer interessiert zwar die Innovation, aber nicht der Zulieferer und er kennt Mittel und Wege, um die Technik zu bekommen, ohne den Erfinder auch nehmen zu müssen.

Auch auf der Fertigungsebene gibt es „Wissenstransfer" . Was besser und billiger ist, findet der Autobauer bei Betriebsbesichtigungen oder Gesprächen mit den Zulieferern heraus. Mit diesen Informationen informiert er dann andere Lieferanten, wie sie ihr Soll zu erfüllen haben. Werksbesichtigungen und detaillierte Kostenanalysen sind bei gewissen Autobauern allerdings selten geworden. Durch rein kommerzielle Aktionen, verbunden mit Zwang und Macht, ist mehr Geld herauszuholen.

Ein umfassender Schutz des Know-hows durch vertragliche Regelungen oder durch andere Maßnahmen ist nicht möglich. Aus diesem Grund muss der Zulieferer sich seine Geschäftspartner sehr sorgfältig aussuchen. Natürlich kann man versuchen, sein Angebot zu tarnen, zum Beispiel mit speziellen Zeichnungen und Blackbox-Modellen, also die Hülle der Komponente ohne Inhalt zu präsentieren, wenn der Kunde das akzeptiert. Das Wichtigste sind allerdings eine gute persönliche Beziehung und Vertrauen zum Kunden. Keines von beiden ist bei gewissen Autobauern gegeben.

18. Teure Technik subventionieren lassen

Wir entwickelten und produzieren eine Komponente für die KFZ AG, einen guten und fairen Kunden. Das Teil kommt in einem Fahrzeug der unteren Mittelklasse zum Einsatz. In der gleichen Klasse fährt das Fahrzeug der Mobil AG, ausgerüstet mit einem Teil, das auch wir liefern.

Was ist der Unterschied? Bei dem Teil für die KFZ AG machen wir fünf Prozent Gewinn, bei dem für die Mobil AG machen wir acht Prozent Verlust. Der Preis für das Teil der Mobil AG liegt dabei noch etwas höher als der Preis, den wir bei der KFZ AG bekommen. Der Grund, warum der Vergleich so ins Auge sticht, sind die Eigenschaften beider Komponenten – die fast identisch sind. Wo liegen die Gründe für die deutlich höheren Kosten bei dem Teil für die Mobil AG?

Die KFZ AG verzichtet auf eine Funktion, die mehr Unterkomponenten erforderlich macht. Man kann nicht behaupten, dass der Autokäufer das Fehlen dieser Funktion nicht bemerkt. Mit Sicherheit aber brauchen und vermissen 95 Prozent der Autofahrer diese nicht.

Bei der Entwicklung des Teils für die KFZ AG bekamen wir vom Kunden eine Liste mit Materialien, die er akzeptiert. Als wir für eine Unterkomponente ein anderes Material vorschlugen, bekamen wir das innerhalb von zwei Wochen genehmigt. Beim Teil für die Mobil AG mussten wir uns durch Stapel von Normen arbeiten und waren dann immer noch nicht sicher, was wir verwenden durften. Tests im Labor waren notwendig. Der Kunde testete anschließend selbst noch nach. Mehrmals mussten wir neue Proben verschiedener Materialien liefern. Bei einer Unterkomponente bestand die Mobil AG auf einen anderen Rohstoff. Eine andere Komponente blockierte man drei Monate lang, in denen wir Alternativen entwickelten, bevor man sie dann doch freigab.

Das alles hört sich sehr professionell an, aber war im Ergebnis Unsinn, weil es unser Teil nicht besser machte. Insgesamt wurde es aufgrund der Materialauswahl teurer, ohne dass ein für den Autokäufer relevanter Unterschied entstanden wäre, weder bei der Anwendung noch bei der Qualität. Aber der Mann im Labor bei der Mobil AG war zufrieden, er meinte sicher, die Welt veredelt zu haben.

Die Fertigung des Teils für die Mobil AG ist ebenfalls aufwändiger. Extreme Toleranzen sind einzuhalten, weil der Kunde nicht gut darin ist, Schnittstellen zu anderen Teilen so zu gestalten, dass größere Toleranzen zu verbauen sind. Die Leute der Mobil AG greifen in die Auslegung unserer Fertigungseinrichtungen ein, sie fordern einen höheren Automatisierungsgrad, um Fehler durch manuelle Arbeiten zu vermeiden. Das verteuert die Produktionseinrichtungen, trotzdem sind die engen Toleranzen nicht immer zu halten. In der Serie verursacht das erhöhten Ausschuss bei uns und gelegentlich auch Reklamationen der Mobil AG an uns. Die Anbindung an ein Nachbarteil ist eher eine Notlösung. Von Beginn an hat sich keiner mit der Schnittstelle beschäftigt. Die Kluft zwischen den Abteilungen bei der Mobil AG ist eben groß. Die Anbindung ist deshalb nur durch ein Zusatzteil zu verwirklichen.

Auch die Entwicklung für die Mobil AG ist wesentlich teurer als für die KFZ AG Die Ingenieure der Mobil AG wechseln während der Entwicklung mehrmals die Priorität bezüglich verschiedener Funktionen und Eigenschaften. Viele Schleifen und Neuauslegungen sind die Folge. Sie schreiben Detaillösungen vor, ohne über die notwendige Fachkompetenz zu verfügen. Wenn es nicht so funktioniert, wie sie wollen, sind wir die Fachfirma, die es besser wissen müsste. Änderungen in der Phase direkt vor dem Produktionsbeginn (SOP) gibt es einige, das ist nur durch Sonderaktionen wie Überstunden bei uns und den Vorlieferanten zu schaffen.

Das Ergebnis ist ein unnötig teures Produkt für die Mobil AG. Unnötig teuer für den Kunden, mit Verlust für uns. Das Teil für die KFZ AG stellt dagegen eine Win-win-Situation dar: Gewinn für uns und ein guter Preis für den Kunden.

Beispiele wie dieses sind bei gewissen Kunden alltäglich. Die Wurzel des Problems gewisser Autobauer liegt in der Technik. Es gibt zu viele Techniker bei diesen Autobauern und sie brauchen alle etwas zu tun. Man muss sich nur die Manager dieser Hersteller während der vergangenen Jahre und heute ansehen und man versteht, warum es so ist, wie es ist. Es handelt sich durchweg um technikverliebte Leute, die Autos für ihren eigenen Geschmack entwickeln lassen. Immer wieder liest man deshalb auch von ihren Heldentaten, wenn sie in letzter Minute noch Änderungen am Fahrzeug vornehmen. Das interpretiert die Öffentlichkeit als Zeichen besonderer Kompetenz: Endlich ein Chef, der sich um die Details kümmert und sich auskennt.

In Wirklichkeit ist es in dieser Phase überhaupt kein Zeichen von Kompetenz. Es war jahrelang genug Zeit, um es gleich richtig zu machen. Hier zeigen sich die Schwächen einer totalitären Organisation, wo nur ganz wenige entscheiden. Diese können eben nicht überall gleichzeitig sein.

Mit den komplizierten Produkten gehen auch Nachteile für die Fertigung einher: Die Teile sind sowohl beim Zulieferer als auch beim Autobauer schwerer zu fertigen bzw. zu montieren. Die Fertigung beim Autobauer kennt das schon. Sie bekommt es irgendwie immer hin, die Kunstwerke, die aus der Entwicklung kommen, zusammenzubauen.

Sie würde es, salopp gesagt, wahrscheinlich auch schaffen, eine Waschmaschine aus Autokomponenten zusammenzubauen, aber es dauert eben etwas länger. So brauchen gewisse Autobauer rund doppelt so lange wie die japanische Konkurrenz, um ein Fahrzeug zu montieren.

Die Strategie, die dahintersteckt, ist die Steigerung des Marktanteils durch den Konkurrenzvorteil hochwertiger Technik. Die Technikabteilungen sind aber nicht gut darin, sich auf das zu konzentrieren, was der Autokäufer wirklich wahrnimmt und damit auch bezahlt. Zu viel Schnickschnack liegt im Verborgenen und fällt keinem auf, außer wenn er kaputtgeht. Die Rivalität zwischen den Abteilungen führt auch dazu, dass die Fahrzeuge gewisser Hersteller keine optimalen Gesamtsysteme, sondern eine Ansammlung teurer Einzellösungen sind. Das führt nicht zu besserer Fahrzeugqualität. Diese Autobauer stehen in Umfragen zur Kundenzufriedenheit immer in der zweiten Reihe.

Es wäre ja alles in Ordnung, wenn gewisse Autobauer auch die Verantwortung für ihre Probleme übernehmen, also die teure Technik auch selbst bezahlen würden. Das tun sie aber nicht und der Autokäufer bezahlt auch nur das, was er als gut wahrnimmt. Der große Rest ist durch den Fahrzeugpreis also nicht abgedeckt. Natürlich vergleicht der Hersteller seine Komponentenpreise mit denen seiner Konkurrenz. Er erhebt den Anspruch, unterdurchschnittliche Preise bezahlen zu wollen. Das ist dann eine einfache Gleichung: Niedrigere Preise bei hohen Ansprüchen sind nur über die Marge des Zulieferers zu holen. Über Größenvorteile ist das leider nicht auszugleichen (siehe auch Kapitel 22).

19. Technische Kostenreduktionen – Das verstopfte Ventil

Das Modul für das Projekt „Steppenwolf", das wir an die Auto AG liefern, steht finanziell miserabel da. Ein Kostenreduktions-Workshop wird organisiert, um durch Produkt- oder Prozessänderungen noch ein paar Cents aus den Kosten herauszuquetschen.

Immer wieder gibt es diese Aktionen, schon seit Jahren. Jedes Mal wird es schwieriger, neue Ideen zu finden. Für solche Aktionen nehmen wir auch Leute aus anderen Bereichen dazu, denn die Mitarbeiter, die ein Projekt schon jahrelang kennen, hinterfragen oft nicht mehr alles.

Das Modul zerlegen wir in alle Einzelteile. Wir suchen nach Überflüssigem, nach billigeren Materialien und einfacherer Fertigung. Nach sechs Stunden intensiver Analyse haben wir eine Liste mit fast 20 Ideen zusammen. Die sind nun auszuwerten und zu priorisieren. Einige kleinere Ideen sind schnell umzusetzen, aber natürlich nur, wenn der Kunde nicht darüber informiert wird.

Unsere Erfahrungen mit Kostenreduktionen, welche die Auto AG erst bewerten und freigeben muss, sind denkbar schlecht. Trotzdem zwingt uns der Kostendruck dazu, es immer wieder zu versuchen. In den ersten Jahren des Projekts sind die Freigaben der technischen Kostenreduktionen bei der Auto AG noch gut gelaufen. Wir schnürten ein Kostenreduktions-Paket aus verschiedenen Maßnahmen zur Kostenreduktion. Das warfen wir dem Einkauf in den gierigen Schlund. Es gab eine Preisreduzierung unter der Bedingung, dass die Technik das Paket freigeben musste. Natürlich gaben wir nicht die ganze Ersparnis an den Kunden weiter.

Der Einkauf der Auto AG nahm das Paket zur Kostenreduktion an, ohne die Technikabteilung zu konsultieren. Diese schäumte vor Wut, als es herauskam. Jetzt saß der eigene Einkauf ihr im Nacken. Immer wieder versuchten die Ingenieure des Autobauers, die Kostenreduktionen zu streichen. Dann versuchte der Einkauf, das Geld ohne die technischen Kostenreduktionen von uns zu bekommen. Glücklicherweise hatten wir einen Verkauf, der das mit Geschick und Ausdauer verhinderte. Und wenn ihm der Einkauf trotzdem den Preis reduzierte, gab er nie auf, das Geld zurückzuverlangen. Schließlich genehmigte die Technikabteilung der Auto AG zähneknirschend die Produktänderungen.

Seitdem ist es aber fast unmöglich geworden, eine Freigabe für Änderungen zu bekommen. Wir erlebten, dass eine ganze Fabrik, die fast alle Autobauer beliefert, auf ein anderes Rohmaterial umstellte – außer eben bei den Produkten für die Auto AG. Deren Ingenieure wollen das eben nicht. So spezialisieren wir uns nach und nach bei diesem Kunden auf die kleinen, kaum sichtbaren Änderungen. Leider bringen die auch nur kleine, kaum sichtbare Kostenreduzierungen. Es ist so schwierig geworden, weil die Auto AG festgestellt hat, dass sie durch rein kommerzielle Nachverhandlungen weit mehr Geld herauspressen kann, und das auch noch viel schneller. So starben bei ihr nach der Fertigungsoptimierung beim Lieferanten auch die technischen Kostenreduktionen weitgehend aus.

Während der Entwicklung herrscht noch Unsicherheit über die genauen Anforderungen an die Komponente im Kontext des gesamten Fahrzeugs, also wird mit einem Sicherheitspuffer gearbeitet. Allen virtuellen Möglichkeiten zum Trotz ist die Erfahrung mit dem Fahrzeug auf der Straße immer noch der einzig sichere Weg, um festzustellen, ob etwas hält und funktioniert. Ist das Auto dann wirklich im Verkauf und auf der Straße, kommt heraus, was wirklich notwendig ist. Hier setzen die technischen Kostenreduktionen an.

Unter technischen Kostenreduktionen oder „Entfeinerung“ versteht man die Beseitigung von nicht notwendigen Elementen oder Funktionen, ohne die wesentlichen Funktionen einer Komponente zu beeinträchtigen. Produkte sind gerade bei deutschen Herstellern oft überflüssig aufwändig konstruiert. Und das bei Funktionen, die der Autokäufer gar nicht wahrnimmt. Die Materialauswahl ist nicht optimal, zu viel unnötige Sicherheit ist eingebaut und die Komponenten sind oft schwer und nur mit Sondermaßnahmen zu fertigen und zu montieren.

Der Zulieferer ist auf ständige Kostenreduktionen angewiesen. Das ist das Ventil für den enormen Preisdruck, den der Kunde ausübt. Es ist sogar so, dass der Zulieferer wirtschaftlich hoffnungslos schlechte Projekte oft überhaupt nur annimmt, weil er voll darauf vertraut, gute technische Kostenreduktionen zu finden und auch umzusetzen. Davon leben Zulieferer und sie sind entsprechend gut darin. Auch gewisse Autobauer wissen das; das heißt aber nicht, dass sie hier helfen oder wenigstens nicht im Weg stehen. Eher das Gegenteil ist der Fall.

Jegliche Änderung ist ohnehin bei allen Herstellern anzeigepflichtig und jeder wird vor einer möglichen Freigabe erst fragen, was diese ihm bringt. Selbst wenn es etwas bringen würde, verschwendet die Technikabteilung des Herstellers nur ungern Zeit mit der Entfeinerung, Neuentwicklungen sind eben interessanter. Falls der Autobauer das Teil testen muss, wird er dem Zulieferer teilweise hohe Kosten dafür präsentieren. Die muss der Zulieferer bezahlen, entweder durch eine Reduzierung beim Teilepreis oder gleich in bar. Letzteres natürlich ohne jede Garantie, dass die Änderungen dann auch freigegeben werden. Auch nicht, wenn die Erprobungen erfolgreich sind; irgendjemand findet garantiert einen Grund, warum es doch nicht geht. Und sei es nur, weil er zeigen will, dass man ihn besser von Anfang an konsultiert hätte.

Eine klare Regel und eine faire Aufteilung der Kostenreduktionen gibt es bei gewissen Herstellern nicht. Fair und anständig wäre es, dem Zulieferer die Kostenreduktionen zuzugestehen, die er braucht, um die vereinbarten jährlichen Preisreduzierungen kompensieren zu können. Kostenreduktionen, die darüber hinausgehen, könnte man dann teilen. Das bleibt ein Wunschtraum und die jährlichen Reduzierungen sind das alleinige Problem des Lieferanten.

Es gibt Autobauer, bei denen es sich wirklich nicht lohnt, Kostenreduzierungen vorzuschlagen. Sie werden verschleppt, vergessen, zerredet und kaputtgetestet. Um der Entfeinerung doch noch einen Schub zu geben, stellen gewissen Autobauer spezielle Abteilungen auf, die sich um die technischen Kostenreduktionen kümmern. Die sollen sich die Ideen neutral ansehen und bewerten. Diese Leute haben es auch nicht leicht.

> Wir haben der Wagen AG eine Änderung einer Teilkomponente mit zwei Euro Reduktion angeboten, jeweils die Hälfte für den Kunden und für uns – das halten wir für fair. Dabei wollen wir einen Vorlieferanten durch einen billigeren ersetzen. Der Einkäufer der Wagen AG nimmt kurzerhand die Verhandlungen mit unserem aktuellen Vorlieferanten der Teilkomponente direkt auf; es ist auch einer seiner Lieferanten. Er erzielt einen Preisnachlass von einem Euro und zieht uns diesen gleich von Preis ab. Damit ist die Sache für den Einkäufer erledigt und die technische Fachabteilung wird angewiesen, die Freigabeprüfung für die alternative Komponente nicht durchzuführen.

> Ein anderes Mal ist dem Einkäufer der Wagen AG die angebotene Reduktion einer Kostenreduktions-Maßnahme nicht hoch genug. Er blockiert die Einführung monatelang, auch wenn er dadurch selbst Geld verliert. Er verlangt mehr Preisnachlass dafür, als es von den wahren Kosten her möglich ist. Also verzichten auch wir darauf, die Änderung einzuführen.

Da vergeht einem Zulieferer die Lust, Vorstöße zu unternehmen und technisch mögliche Änderungen auszuarbeiten. Doch dann gibt es Momente, in denen sich irgendjemand an hoher Stelle bei gewissen Autobauern daran erinnert, dass auch technische Kostenreduktionen Geld bringen.

Sogleich organisiert der Einkauf des Autobauers Veranstaltungen, bei denen der Zulieferer seine Ideen zur Kostenreduktion präsentieren soll. Der Zulieferer wird sogar manchmal vor der Veranstaltung vom Einkauf aufgefordert, die Spezifikationen des Autobauers mutig in Frage zu stellen. Das versickert später wie ein Eimer Wasser im Wüstensand.

Kommt bei diesen Veranstaltungen nicht das an Geld zusammen, was erwartet wurde, kann es von der Stimmung her recht unangenehm werden. So ist es besser, irgendetwas vorzustellen, auch wenn die Technik das sicher ablehnen wird – verschwendete Zeit eben.

Einerseits gibt es von Seiten gewisser Hersteller den größten Widerstand dagegen, technische Kostenreduktionen einzuführen, andererseits sind das genau die Kunden, mit deren Projekten der Zulieferer dringend seine Marge verbessern will. Und es sind auch zugleich die Kunden, deren Produkte das größte Potenzial zur Entfeinerung haben. Bei diesen Autobauern steht der Zulieferer dann vor der schweren Entscheidung, die Änderungen ohne Zustimmung einzuführen.

Ob so etwas empfehlenswert ist? Schwer zu sagen. Es kommt auf die Situation an. Ist die Änderung sichtbar oder nur im Labor festzustellen? Inwieweit lässt sich ausschließen, dass die Änderung Probleme verursacht? Natürlich tut der Lieferant so etwas. Es gibt gar keine andere Chance, um den kommerziellen Würgegriff zu lockern. Kommt so etwas allerdings heraus, wird es richtig unangenehm.

Als Grund dafür wird das Qualitätsrisiko angegeben. Da ist im Prinzip etwas dran, denn billiger ist ja manchmal auch schlechter. Gewisse Autobauer üben einen so enormen Preisdruck auf den Lieferanten aus, dass sie sicherstellen müssen, ob dieser nicht dem Druck durch Liefern vermeintlich niedrigerer Qualität entkommen könnte. Deshalb stilisieren gewisse Kunden jegliche unangemeldete Änderung zum absoluten Skandal hoch, allein um eine effektive Abschreckung aufzubauen.

Auf jeden Fall werden die Mitarbeiter des Zulieferers in eine eigens dafür einberufene Sitzung zitiert und so richtig zusammengefaltet, manchmal von zwanzig Leuten des Autobauers. Auch das Management des Zulieferers wird entsprechend scharf angegangen. Ebenfalls kann die Vergeltungsstrategie zum Einsatz kommen, also Projekte werden weggenommen oder vorenthalten. Es kann schließlich sogar bis zum Ausschluss des Lieferanten kommen.

Ein weiterer Grund, warum gewisse Autobauer mit aller Macht gegen die illegale Einführung von Änderungen vorgehen, ist, dass sie es gar nicht mögen, bei den Savings übergangen zu werden.

Es bleibt noch die „halb illegale” Einführung: Steht sowieso eine neue Freigabe an, zum Beispiel eine Verlagerungsbemusterung, die bei Verlagerung der Produktion an einen anderen Standort notwendig wird, so packt man die Änderung gleich mit hinein. Die Dokumentation dazu versteckt der Zulieferer im dicken Freigabeordner, denn in solch eine „langweilige“ Lektüre schaut sowieso keiner mit viel Interesse hinein.

Was ein Zulieferer niemals tut, ist, Kostenreduktionen mit dem wirklichen Wert der Reduktion als Basis für die Aufteilung zwischen Zulieferer und Autobauer anzugeben. Die Kostenanalysten werden ihm immer vorrechnen, dass die Reduktion höher ist, als es der Lieferant angegeben hat, und mehr Savings verlangen. Ich habe es bei gewissen Autobauern nicht ein einziges Mal erlebt, dass eine technische Kostenreduktion kommerziell so anerkannt wurde, wie wir sie angeboten hatten.

Zugegebenermaßen geht man als Zulieferer auch mit niedrigeren Werten für die Preisreduktion, als es möglich wäre, in die Verhandlung. Bei anderen Autobauern passiert es wirklich, dass die Kostenreduktionen so abgenommen werden, wie man sie anbietet. Die Konsequenz ist, dass man als Zulieferer mit ehrlichen Zahlen kommt. Partnerschaftliche, vertrauensvolle Zusammenarbeit eben – aber einer muss damit anfangen. Macht ein Zulieferer diesen ersten Schritt bei einem der gewissen Autobauer, wird er keine Freude am Ergebnis haben.

Die technischen Kostenreduktionen wären ein guter Ausweg, um die Resultate von Autobauer und Zulieferer zu verbessern. Sie sind eben das Ventil, um den kommerziellen Druck aus dem Kessel zu nehmen. Bei gewissen Herstellern sind die technischen Kostenreduktionen aus Angst vor Qualitätsverlust nicht sehr willkommen, höchstens wenn das gesamte Saving bei ihnen verbleibt.

20. Standardisierung mit der Brechstange

Ein technisch anspruchsvolles Bauteil geht als Unterkomponente in ein Modul ein, das wir gerade bei einer Ausschreibung der Mobil AG anbieten. Auf dem Markt gibt es nur zwei Firmen, die in der Lage sind, das Teil zu entwickeln und zu fertigen – ein Alptraum für den Einkauf, der standardisierte Teile will. Also Teile, die fast jeder qualifizierte Lieferant nach entsprechenden Unterlagen fertigen kann, und das in allen Regionen, wo der Kunde Werke unterhält.

Die Mobil AG hat sogar einmal versucht, ein ähnliches Teil als Nachbau in einem „Low-cost“-Land fertigen zu lassen. Der Lieferant dort bekam es aber nicht hin. Die Technische Entwicklung der Mobil AG akzeptierte die minderwertige Qualität nicht. Also blieb es bei den zwei bisherigen Quellen, der Feinwerk GmbH und der Exakt GmbH.

Die Modulfabrikanten arbeiten jeweils mit ihrem bevorzugten Vorlieferanten des Bauteils zusammen. Wir haben uns für die Akquisition mit der Feinwerk GmbH verbündet. Die Rennsitz GmbH arbeitet mit der Exakt GmbH zusammen. Damit gibt es nur zwei Teams von Zulieferern, die um das Projekt bei der Mobil AG streiten. Das schmeckt dem Einkauf der Mobil AG überhaupt nicht. Es gibt mindestens zehn Lieferanten, von denen er ein Angebot für das Modul bekommen kann, aber acht davon haben dann eben die begehrte Unterkomponente nicht.

Der Einkauf der Mobil AG löst das Problem folgendermaßen: Er nimmt die Unterkomponente samt ihren Funktionen kurzerhand aus dem Lastenheft des Moduls heraus. Damit dürfen wir und die Rennsitz AG unsere Module nicht mehr inklusive der Komponente anbieten und der Einkauf der Mobil AG hat sofort zehn Konkurrenten für das Modul zur Verfügung.

Das begehrte Bauteil verhandelt er direkt mit den beiden Vorlieferanten. Nachdem er beide lange gegeneinander ausgespielt hat, nominiert er die Feinwerk GmbH für das Projekt. Logisch, dass er jetzt, mit zehn Konkurrenten, einen ganz anderen Preis beim Modul herausholen kann als mit nur zwei Lieferanten. Es sind schließlich auch zweitrangige Lieferanten dabei. Die haben keine wirkliche Chance, das Projekt zu gewinnen. Also versuchen sie es über den Preis.

Eine Commodity ist ein Gut, für das Bedarf besteht, das aber ohne bemerkbare Unterschiede zwischen den Produkten verschiedener Anbieter im Markt verkauft wird. Es spielt keine Rolle, wer es produziert. Ein Produkt wird zu einer Commodity, wenn es seine Differenzierung im Markt verliert. Das kann passieren, wenn sich das notwendige Know-how zur Produktion oder Beschaffung im Markt verbreitet. Eine Commodity oder ein Standardteil ist also genau das, was ein Einkäufer braucht, denn für so ein Produkt stehen viele Zulieferer zur Verfügung. Das wirkt sich auf die Preise aus. Commodity-Lieferanten haben es generell schwer und in der Automobilindustrie haben sie es noch schwerer.

Erfolgreiche Automobilzulieferer machen einen Großteil ihres Umsatzes mit innovativen Produkten. Sie müssen also ständig auf der Jagd nach Innovationen sein, um aus der Falle der Commodities zu entkommen.

Es gibt dabei drei Arten von Innovationen. Die erste ist, in Neuerungen zu investieren, die der Kostensenkung dienen; also die gleiche Funktion mit neuem oder mit weniger Material, anderem Design und effizienteren Fertigungsverfahren anzubieten. Das ist kein wirklicher Ausweg aus der Commodity-Falle. Es bringt aber über die Kosten zumindest einen temporären Vorteil gegenüber der Konkurrenz.

Die zweite Möglichkeit ist, ein Teil mit besseren Eigenschaften und/oder Funktionen zu entwickeln. Schließlich gibt es noch die eigentlichen Erfindungen, also die wirklichen Neuheiten. Das sind Sachen, die es früher nicht im Fahrzeug gab, wie ESP, ABS, Navigation etc. Die beiden letzten Innovationsarten müssen der Kunde und am besten auch der Autokäufer aber auch als wirkliche Vorteile wahrnehmen, und zwar so sehr, dass sie bereit sind, dafür mehr zu bezahlen.

Im Wettkampf um den entscheidenden Vorsprung vor der Konkurrenz müssen die Zulieferer alle drei Wege nutzen. Deswegen kürzen sie die Investitionen auch in Krisenzeiten erst ganz zuletzt, wenn es sonst gar nichts mehr zu kürzen gibt. Vorher wird lieber die Produktion und sogar die Entwicklung in Billiglohnländer verlegt.

Der Autobauer drückt in die andere Richtung. Gut für ihn ist es, wenn sich ein Produkt klar spezifizieren lässt, so dass es keiner weiteren Erläuterung bedarf. Die Spezifikation ist im Lastenheft dokumentiert. Ist ein Teil so gut definiert, dass es jeder machen kann, kauft der Kunde beim Lieferanten quasi nur die Kapazitäten von Mensch und Maschine. Damit lassen sich aber nur noch lausige Margen verdienen.

Die Spezifikationen lassen sich gleich in der Online-Beschaffungsplattform verteilen und mittels einer Auktion vergeben. Der Autobauer lädt zur Versteigerung alle Firmen ein, die das Teil machen könnten. Da kommt eine interessante Gruppe zusammen: Verzweifelte, die sich durch einen Auftrag noch einmal gegen das Ableben stemmen wollen, Neulinge, die überhaupt nicht so genau wissen, was sie dort machen, Firmen, die ihre Entwicklung und Werke auszulasten haben und sich dafür einen Auftrag kaufen wollen. Und auch Unternehmen, die meinen, hier ein rentables Projekt ergattern zu können. Da ist ein gutes Quetsch-Ergebnis zu erwarten, denn einige

Zulieferer haben, einen geringeren Anspruch, als richtige Gewinne mit einem Projekt zu erzielen.

Komplexere Komponenten oder Module werden ebenfalls in dieses Schema des Standardteils gepresst, auch wenn das manchmal nicht so passen will. Selbst mit der gleichen Lastenheftbasis ist ein Gleichmachen oft nicht möglich. Verschiedene Lieferanten erfüllen verschiedene Vorgaben nicht oder teilweise nicht. Schließlich sind die Lastenheft-Vorgaben selten voll zu erreichen. Das Lastenheft mit seinen diversen Normen und Liefervorschriften durchzuarbeiten, reicht noch nicht einmal aus, denn auch die Norm ISO/TS 16949, diverse Qualitätsschriften und VDA-Publikationen sind zu beachten. Wer weiß da noch, welcher Konkurrent genau was beachtet oder was nicht?

Zulieferer mögen eine Basisvariante oder die Vollversion anbieten. Ob das nun wahr ist oder nicht, auf die Frage, ob er das Lastenheft voll erfüllt, ist der potenzielle Lieferant genötigt, Ja zu sagen. Irgendwelche Einschränkungen aber gehen auch oft in der Hektik der Akquisition unter. Geforderte Konzeptanforderungen und Lastenheftanpassungen kommen bei manchen Lieferanten an, andere wissen nichts davon. Auch stellt sich die Frage, ob es nicht besser ist, davon gar nichts zu wissen, um billiger anbieten zu können. Je technisch anspruchsvoller das Produkt ist, desto schwieriger wird es durch diesen Standardisierungsprozess zu drücken sein.

Die Verantwortung für die Kosten der später notwendigen Änderungen liegt bei der technischen Entwicklung und nicht beim Einkauf. Diese wiederum unternimmt alles, um die Kosten dem Lieferanten aufzubürden.

Um aus anspruchsvollen Produkten Commodities zu machen, ist der Autobauer bemüht, das zur Entwicklung und Fertigung notwendige Know-how von einem Lieferanten auf den anderen zu übertragen oder holt sogar neue Zulieferer für diesen Umfang ins Boot.

Ist nur für ein Teil eines Moduls oder Systems spezielles Know-how erforderlich, löst der Autobauer es aus dem Umfang des Zulieferers heraus. Das geschieht, indem er einen direkten Kontakt mit einem Vorlieferanten herstellt. Praktisch kontrolliert er so den Preis und die freie Verfügbarkeit der Unterkomponente auch für mehrere Tier-1-Lieferanten. Es ist schwer vorstellbar, dass sich ein Lieferant durch ein Tier-2-Teil einen Vorteil in Bezug auf Einzigartigkeit verschaffen kann. Der Unterlieferant wird sich nicht fest an einen Tier 1 binden, damit könnten ihm ja andere Aufträge verlorengehen. So bringt der Autobauer den Restumfang wieder auf Commodity-Basis. Damit stehen mehr Lieferanten zur Verfügung und der Kampf um den Auftrag kann beginnen.

Eine Commodity ist nicht unbedingt ein einfaches Produkt. Sobald aber auch für ein komplexes Teil genügend Zulieferer zur Verfügung stehen, wird es genau so behandelt wie ein Stück Blech. Bei gewissen Autobauern werden selbst Innovationen durch die Verträge zum Abtreten der Neuheiten wieder schnell eingeebnet.

Die in diesem Buch beschriebenen Methoden zum Preisdrücken basieren auf der einfachen Austauschbarkeit eines Zulieferers. Das öffnet die Tür für opportunistisches Verhalten der Autobauer. Der billigste Anbieter gewinnt oder übernimmt das laufende Projekt. Besondere Leistungen eines Lieferanten sind willkommen, werden aber nicht gesondert belohnt. Die Standardisierung ist also die Basis, auf der die unsauberen Methoden gewisser Hersteller aufbauen. Die Grundlage für die Standardisierung eines Teils ist wiederum das im nächsten Abschnitt beschriebene Lastenheft.

21. Das Lastenheft zum Verlagern des Entwicklungsrisikos

Unser verantwortlicher Entwickler ist verzweifelt: Das Entwicklungsprojekt mit der Mobil AG läuft jetzt seit einigen Monaten. Davor war in fast einjähriger Arbeit ein Konzept entwickelt worden. Die Ingenieure der Mobil AG kennen sich also inzwischen im Detail bestens aus. Das ermöglichte es ihnen sogar, für Teilbereiche klare Werte festzulegen. Sie nahmen die Ergebnisse des Prototyps und setzten die Anforderungen noch höher; so kam es dann ins Lastenheft.

Es gibt keinen Ausweg, das Lastenheft ist nicht voll zu erreichen. Wir kämpfen an allen Fronten, denn die Mobil AG fordert, dass die Lastenheft-Angaben zu 100 Prozent erfüllt werden. Wir müssen also ganze Teilegruppen völlig neu konstruieren. Das Modul hat inzwischen nicht mehr viel mit dem ursprünglichen Konzept zu tun, alles ist aufwändiger geworden. Zusatzteile kamen hinzu, die Kosten stiegen um über zehn Prozent.

Es gibt keine Diskussionen mit dem Kunden, denn es steht ja alles im Lastenheft. Und wo es nicht eindeutig steht, zieht der Kunde eine Norm aus der Schublade, auf die das Lastenheft verweist. Es gibt Dutzende davon. Wir haben das Projekt zu einem Preis gewonnen, der die Kosten nicht deckt. Wie immer rechneten wir mit Kundenänderungen, die man gut verkaufen kann. Änderungen kommen schließlich immer. Dieses Mal war es genauso, aber wer die Änderungen bezahlen muss, das sind wir.

Das Lastenheft ist eine Festung gegen Forderungen. Testergebnisse können wir auch nicht kreativ anpassen. Der Kunde will bei den Tests in unserem Labor dabei sein. Bald ist es allen klar: Das Projekt wird immer eine kommerzielle Ruine sein. Und die Kluft zwischen den Ansprüchen des Kunden und dem, was wir bei der Entwicklung erreicht haben, ist noch lange nicht geschlossen.

In der Autobranche gilt eine einfache Regel: Je ausführlicher das Lastenheft, umso mehr Misstrauen besteht gegenüber dem Zulieferer. Der Autobauer will seine Anforderungen absichern, und zwar ohne Nachforderungen des Zulieferers. Der Zulieferer sucht derweil nach Lücken im Lastenheft, um notwendige Änderungen verkaufen zu können. Der Druck ist groß, wenn das Projekt mit einem schlechten Preis gewonnen wurde, was bei Projekten mit gewissen Autobauern immer der Fall ist.

Das Lastenheft als Grundlage für die gemeinsame Entwicklungsarbeit wird vom Autobauer erstellt. Grundsätzlich sollten die Anforderungen in einem Lastenheft durch ihre Formulierung so allgemein wie möglich und so einschränkend wie nötig formuliert sein. Hierdurch hat der Zulieferer die Möglichkeit, optimale Lösungen zu erarbeiten, ohne durch allzu konkrete Anforderungen in seiner Lösungskompetenz eingeschränkt zu werden.

Das Ziel des Kunden ist es dagegen, ein Dokument zu erstellen, das dem Zulieferer jeglichen Spielraum und jegliche Interpretationsmöglichkeit verbaut und ihm selbst viel offen lässt. Er beschreibt genau, was der jeweilige Umfang können muss. Zur noch besseren Absicherung kommen allgemeine Formulierungen dazu, zum Beispiel darf es im Fahrbetrieb in keiner Situation zu störenden Geräuschen kommen.

Die besten Lastenhefte kommen von Herstellern, deren Entwickler noch technisches Know-how haben. Andere Autobauer bleiben bei den Formulierungen technisch oberflächlich, nutzen aber die nicht klar umschriebenen Punkte, um mit Druck, Macht und Drohungen die Kosten für notwendige technische Änderungen am Produkt auf den Zulieferer zu verschieben.

Das Lastenheft ist bei weitem nicht das einzige Dokument, um die Anforderungen des Autobauers abzusichern. Da der Zulieferer bei seiner Komponente mehr im Detail steckt, verlangt der Autobauer von ihm, dass er „vom Kunden nicht angegebene Anforderungen, die jedoch für den festgelegten oder den beabsichtigten Gebrauch, soweit bekannt, notwendig sind", ermittelt. So steht es in der ISO /TS 16949 und die muss der Zulieferer gewisser Hersteller laut deren Lastenheft zwingend erfüllen. Ebenfalls einzuhalten sind verschiedene Qualitäts- bzw. Qualitätsmanagementvereinbarungen, einige VDA-Schriften, zahlreiche technische Liefervorschriften, Werksnormen, bauteilspezifische Anfrageunterlagen etc. Das ist eine ganze Bibliothek an Material, die kaum komplett geprüft werden kann. Es gibt außerdem viele Querverweise, die wiederum auf andere Dokumente verweisen.

Leider kommt es immer wieder vor, dass einem Detail in der hektischen Akquisitionsphase nicht genügend Aufmerksamkeit gezollt wird. Dann entsteht eine Lücke zwischen dem geforderten und dem angebotenen Umfang. Diese hat der Zulieferer auf seine Kosten zu füllen.

Gewisse Autobauer bestehen auf der strikten Einhaltung des Lastenhefts. Es gibt keine Kompromisse und der einzige Ausweg für den Zulieferer besteht manchmal darin, Testergebnisse so zu manipulieren, dass sie die vorgegebenen Anforderungen erfüllen. Der Mitarbeiter des Autobauers fordert den Lieferanten gelegentlich sogar selbst dazu auf, wenn die Ergebnisse sonst nicht zu erreichen sind. Er spart sich damit den Stress einer internen Rechtfertigung. Eine schriftliche Korrektur des Lastenhefts ist nicht üblich; schließlich müsste dann eine neue Version herausgegeben werden. Diese wiederum ist vom Abteilungs- und Bereichsleiter des Autobauers zu unterschreiben, und dieser Prozedur möchte sich kein Mitarbeiter freiwillig unterziehen.

Statt einer offiziellen Akzeptanz von Abweichungen gibt es höchstens eine verbale Duldung. Wird der Zulieferer in einem anderen

Bereich unangenehm, zum Beispiel bei kommerziellen Forderungen für Änderungen, kann nämlich jederzeit wieder die dokumentierte alte Anforderung aktiviert werden. Das kann auch lange nach dem Produktionsbeginn sein. Möglicherweise gibt es auch technische Neuerungen in dieser Zeit und der Autobauer fordert den Zulieferer mit dem Hinweis darauf auf, die Mängel zu beseitigen. Die jahrelangen spitzen Bemerkungen zur Abweichung sind auch Teil der Strategie, das schlechte Gewissen des Zulieferers aufrechtzuerhalten. Das lässt sich vielleicht bei späteren Konflikten als Tauschmünze einsetzen.

Was beim Autobauer viel besser funktioniert, ist die Anpassung des Lastenhefts auf bessere Werte, als sie gefordert waren. Eine „Verschärfung" des Lastenhefts kommt durchaus vor. Auslöser können erste Fahrzeugversuche sein, die ergeben, dass der spezifizierte Umfang den Anforderungen nicht genügt. Vorsicht ist auch bei zu guten Ergebnissen angebracht: Nach vielen Versuchen, die Anforderungen zu erreichen, hat man ein Testergebnis in der Hand, das die Forderung sogar übertrifft.

Nach all den Anstrengungen und vielen Fehlversuchen ist man einfach glücklich und möchte es lieber gestern als heute dem drängenden Kunden präsentieren. Man weiß zwar noch nicht, ob sich das gute Ergebnis überhaupt wiederholen lässt; in allen Anwendungsfällen, in der Serienfertigung und über die gesamte Lebensdauer des Fahrzeugs. Die Reaktion wird vielleicht ein lange ersehnter freundlicher Kommentar sein, aber danach wird gleich das Lastenheft angepasst – und der Zulieferer ist festgenagelt auf das gute Testergebnis.

Schließlich gibt es noch das Pflichtenheft. Es wird vom Zulieferer formuliert und – theoretisch – auf seinen Wunsch vom Auftraggeber bestätigt. Das Pflichtenheft beschreibt in konkreter Form, wie der Zulieferer die Anforderungen im Lastenheft zu lösen gedenkt. Idealerweise sollten erst nach dieser Bestätigung die eigentlichen Entwicklungs-/Implementierungsarbeiten beginnen.

Der Auftragnehmer hat einen durch den Vertrag bestimmten Anspruch auf eine solche Bestätigung (Mitwirkungspflicht nach § 643 BGB). So ist jedenfalls die Definition. Bei gewissen Autobauern zählt aber nur das Lastenheft. Alles andere wird nicht anerkannt, geschweige denn unterschrieben. Das heißt nicht, dass man kein Pflichtenheft erstellen sollte; vielleicht hilft es ja irgendwann, wenn man mit dem Rücken so eng an der Wand steht, dass einem die Zukunft mit dem entsprechenden Kunden egal ist.

Bei Kunden wie Toyota besteht durch eine langfristige Partnerschaft mit den Lieferanten keine Notwendigkeit, sich durch clever formulierte Lastenhefte Vorteile zu verschaffen. Die Entwicklung erfolgt im gegenseitigen Vertrauen. Eine Freigabe des Konzepts kann durch eine Zeichnung einschließlich dort angegebener Leistungsdaten erfolgen. Stapelweise Papiere, um sich gegen alle Eventualitäten abzusichern, gibt es hier nicht. Man kennt sich, man verlässt sich aufeinander und regelt Differenzen partnerschaftlich. Es hilft auch, dass dem Zulieferer im Projekt mit diesem Autobauer finanziell das Wasser nicht bis zum Hals steht – wie es bei den Zulieferern gewisser Autobauer der Fall ist.

Risiken bei einer Entwicklung bestehen immer, schließlich wird ein ganz neues Produkt erarbeitet. Das Lastenheft ist für gewisse Hersteller ein Mittel, um Risiken einseitig auf den Zulieferer zu verlagern. Wer als Zulieferer auf eine Verbesserung der Rendite durch bezahlte Kundenänderungen spekuliert, mag sich nachher wundern, denn im Lastenheft mit angehängter Bibliothek an Zusatzdokumenten hat er eine große Hürde vor sich.

Und das ist noch optimistisch formuliert, denn realistisch ist es, eher das Gegenteil anzunehmen: Die Rendite des Zulieferers wird sich verschlechtern, der Kunde wird ein hochwertigeres Produkt zum gleichen Preis erhalten. Selbst Änderungen, die eindeutig der Autobauer verursacht, bleiben mindestens teilweise das Kostenproblem des Zulieferers. Die Kostenanalysten des Autobauers mit ihren „Best in class"-Ansätzen sorgen dafür. Und die brutale Machtausübung.

22. Plattform- und Gleichteilestrategie zur Margenverlagerung

Wir haben es geschafft! Nach einem Jahr Akquisition bekommen wir den Auftrag von der Auto AG. Es ist eine große Stückzahl an Modulen pro Jahr zu fertigen. Der Preis ist zwar nicht kostendeckend, aber das kann sich ja noch ändern. Immer haben wir es geschafft, während der Entwicklung die Kosten zu senken und auch den Verkaufspreis durch Änderungen zu erhöhen.

Die Entwicklungsarbeiten beginnen unter enormem Zeitdruck. Die Nominierung ist sehr spät erfolgt. Wir fangen zum Glück nicht bei null an, das Konzept haben wir ja schon vor der Auftragsvergabe entwickelt. Dann aber treten erste Schwierigkeiten auf. Mehrere Anwender und Fahrzeuge sollen auf dieser Plattform entstehen. Alle haben ihre eigenen Anforderungen an unser Modul. Auf einmal haben wir es also mit mehreren Kunden zu tun! Die einen sind eher zurückhaltend, aus Respekt vor dem Plattformverantwortlichen, andere treten sehr selbstbewusst auf.

Alle diese Entwickler haben spezifische Wünsche denen wir nachkommen müssen. Unser Produkt muss mehrmals überarbeitet werden.

Das alles bleibt nicht ohne Auswirkungen auf die Kosten. Wir schaffen es, bei einigen Änderungen einen Mehrpreis durchzusetzen. Allerdings können wir froh sein, mit dem Mehrpreis unsere Kosten zu decken. Eine Änderung verkaufen wir sogar mit Gewinn, leider handelt es sich nur um einen sehr kleinen Betrag.

Dann allerdings gibt es weitere Modifizierungen, die wir kostenlos einführen müssen. Dabei geht es fast immer um die Eigenschaften und Fähigkeiten. Das Lastenheft lässt hier keine Diskussion zu. Die Entwicklungskosten beginnen aus dem Ruder zu laufen. Am Ende ist genauso viel Entwicklungsanteil auf jedem Stück enthalten wie bei einem gewöhnlichen Projekt mit durchschnittlichen Stückzahlen. Der Größeneffekt ist irgendwie an uns vorbeigegangen.

Jetzt kommt es auf die Verhandlungen mit den Vorlieferanten an, ob wir das Projekt aus den roten Zahlen bekommen. Schließlich liegt der zugekaufte Materialanteil bei über 60 Prozent des Verkaufspreises. Bereits in unserer Kalkulation waren wir davon ausgegangen, dass wir die Komponenten um acht Prozent billiger bekommen würden, als es die ersten Angebote unserer Vorlieferanten zeigten. Das war aggressiv, aber erforderlich, um einen Auftrag einer solchen Größenordnung zu gewinnen.

Unser Einkauf leistet ganze Arbeit. Wie es der Einkauf der Auto AG bei uns gemacht hat, quetscht er aus den Vorlieferanten heraus, was nur geht. Leider haben wir nicht so viel Zeit dafür wie die Auto AG. Die Einhaltung der Termine wird jetzt vom Kunden streng überwacht. Jede neu zu entwickelnde Unterkomponente steht unter besonderer Beobachtung. Am Ende können wir die Materialkosten um zehn Prozent senken. Allerdings verlieren wir später durch die Änderungen, die der Kunde nicht bezahlt, wieder fünf Prozent. Damit liegen wir beim Material schon um drei Prozent schlechter, als wir kalkuliert hatten.

Die Fertigung können wir nicht auf eine Millionenstückzahl auslegen. Schließlich verkaufen wir keine billig zu transportierenden Schokoriegel, die irgendwo an einem zentralen Standort gefertigt werden könnten. Die Auto AG fertigt in mehreren Werken und Ländern und wir sollen überall dort mit hin. Natürlich stand in unseren Angeboten, dass die Preise „ex-works", also ab einer zentralen Fabrik unserer Firma, galten. Der Kunde stellt uns aber vor die Wahl. Wir können entweder an alle seiner Standorte mitgehen oder er nominiert einen weiteren Lieferanten.

Volumen zu verlieren, können wir uns überhaupt nicht erlauben, alle Investitionen sind ja über die Gesamtstückzahl auf den Teilepreis umgelegt und müssen getilgt werden. Wir fügen uns und benötigen nun überall vor Ort Werkzeugsätze, Maschinen und sonstige Betriebsmittel. Und die entsprechenden Produktionsstätten. Davon bezahlt die Auto AG nur die Werkzeuge, und das auch nicht komplett und immer zu spät.

Die Werkzeugsätze können wir in einigen Fällen beim jeweils gleichen Lieferanten erstellen lassen. Dafür bekommen wir sie um ca. 15 Prozent billiger. Der Werkzeugbauer braucht seine Maschinen nur einmal zu programmieren. Die größte Ersparnis kommt aber daher, dass er sich bei so vielen Sätzen mit einer geringeren prozentualen Marge zufrieden gibt. Manche Werkzeugsätze allerdings gehen an verschiedene Lieferanten. Die Kapazitäten zur Erstellung reichen sonst nicht aus, denn es ist ja alles brandeilig. Der Mengenrabatt, den wir vom Werkzeugbauer bekommen, ist schon im Angebot an die Auto AG enthalten gewesen.

Die Fertigungseinrichtungen zentral herzustellen, geht nicht überall. Hier muss aus Kostengründen darauf geachtet werden, lokale Lieferanten zu beauftragen. Auch sind die Stückzahlen überall anders, das hat Auswirkungen auf das Konzept der Anlagen. Was wir hier bezahlen, entspricht auch dem, was wir in der Kalkulation berücksichtigt haben.

Am Ende war klar, dass die Größenvorteile der Plattform komplett über unseren Verkaufspreis an die Auto AG gegangen sind. Das Projekt brachte uns zwar Umsatz, aber keine Rentabilität. Und die Situation sollte sich während der Laufzeit durch immer weitere erzwungene Preisreduzierungen durch alle Formen von Nachverhandlungen sogar noch dramatisch verschlechtern.

Die Plattformstrategie ist die in der Öffentlichkeit und der Fachpresse wohl meistbejubelte technische Erfindung. Selbst Laien können sich vorstellen, wie die damit einhergehende Bündelung großer Volumen die Kosten purzeln lässt. Eine naive Vorstellung; in Wahrheit ist die Plattform- oder Gleichteilstrategie die Basis, um Geld vom Zulieferer zum Autobauer zu verschieben.

Eine Plattform bezeichnet im Automobilbau eine technische Basis, auf der äußerlich verschiedene Modelle aufbauen. Sie verbindet ein Chassis mit einem Radkasten zu einer inneren Einheit, die wenig Einfluss auf die Außenhaut (Karosserie) eines Fahrzeugs hat. Eine Plattform besteht aus einer festgelegten Anzahl von Gleichteilen, die immer auf die gleiche Art und Weise miteinander verbunden werden.

Ein Ex-Manager eines gewissen Autobauers berichtete stolz, dass man den Käufer eines kleineren Autos noch zufriedener macht, wenn dieses Auto auf der Plattformtechnik einer höheren Klasse aufgebaut wurde. Er meinte natürlich, dass er persönlich damit zufriedener ist; der Autokäufer bemerkt den Unterschied gar nicht und wenn, dann zahlt er deshalb auch nicht mehr für das Auto. Deshalb schadet diese Vorgehensweise dem Gewinn des Autobauers. Umgekehrt genauso: Eine höhere Klasse, auf „billigerer" Plattformtechnik aufgebaut, macht den Endkunden, der mehr zahlt, unzufrieden. Eine Plattform ist also ein recht unflexibles Konstrukt.

Eine Verbesserung der Flexibilität wird durch die „modulare Plattformstrategie" erreicht. Das ist eine Methode, die Toyota schon lange anwendet und die sich auch bei anderen Autobauern verbreitet. Eine Plattform wird „modularisiert", indem man für kompatible Schnittstellen sorgt: Bei Motoren kennt das jeder, schließlich gibt es nicht für jeden Motor eine individuelle Karosserie. An diese Schnittstellen können nun verschiedene, kompatible Module montiert werden.

Eine Vielzahl von Modulen verschiedener Leistungsklassen steht zur Verfügung. Sie werden je nach den Erfordernissen des Fahrzeugs und dessen Kunden ausgewählt. Es geht um Achsteile, Kabelbäume, Tanksysteme, Klimaanlagen usw. Die Module tragen die endkundenrelevanten Eigenschaften und können nach Bedarf immer weiterentwickelt werden. Und das, ohne eine neue Plattform entwickeln zu müssen. Das heißt, von der Innovation nicht betroffene Teile bleiben gleich, über mehrere Fahrzeuggenerationen hinweg. Das ist gut für die Qualität, denn bewährte und ausgereifte Teile sorgen für weniger negative Überraschungen in Form von Schadensfällen. Was das Volumen pro Modul angeht, fällt dieses gegenüber der reinen Plattformstrategie erst einmal zurück, schließlich gibt es viele verschiedene Module, die sich eine Plattform teilen müssen.

Die Konsequenz ist, dass Module unbedingt in mehreren Plattformen oder sogar bei mehreren Autobauern eingesetzt werden müssen. Wenn das funktioniert, kann eine Menge zusammenkommen, gegenüber der die reine Plattformstrategie klein aussieht. Es geht also bei Plattformen und Modulen darum, Entwicklungsaufwand zu sparen, die Qualität zu verbessern sowie Entwicklungszeiten zu senken. Das ist wichtig angesichts der immer kürzeren Produktlebenszyklen der Fahrzeuge. Auch lässt sich speziell bei der modularen Strategie die Produktlebensdauer der eigentlichen Plattformen verlängern, denn die Innovationen werden in die austauschbaren Module integriert.

Vor allem geht es aber darum, Volumen zu bündeln, sei es durch Plattformen oder modulare Plattformen. Alle besprochenen Konzepte lassen sich zusammenfassen unter der Gleichteilstrategie. Der Gleichteilgedanke scheint oberflächlich verlockend und logisch: Gleichteile in verschiedenen Modellen, Marken, Baureihen und Hersteller-Unternehmen zu benutzen, muss zwangsweise die Stückkosten senken. Beim Metzger bekommt man ja mitunter auch eine Scheibe Wurst dazu, wenn man viel einkauft.

Wie kommt also der Größeneffekt mit angepeilten Einsparungen im zweistelligen Prozentbereich eigentlich zustande?

Vielleicht bei der Fertigung? Erstaunlich, wie sich dieser Gedanken hält. Und das, obwohl inzwischen alle Automobilhersteller und Zulieferer nach dem Toyota-Produktionssystem (TPS) arbeiten, sie nennen es nur anders. Hier werden schließlich die richtigen Wege zur Abkopplung Volumen von den Fertigungskosten aufgezeigt – unter anderem durch extrem schnelles und häufiges Umrüsten von einem Modell auf das nächste. Dabei fallen auch weniger Abschreibungen für hochspezialisierte und unflexible Maschinen an. Das TPS ist nicht umsonst aus einer Notlage heraus entstanden: Es gab bei Toyota zu wenig Volumen und zu wenig Platz in der Fertigung für Lagerbestände. Dafür fehlte auch das Geld.

Trotz ständiger Verbesserung werden die Rüstzeiten bei kleineren Projekten nicht null werden. Auch kostet eine Maschine mit doppelten Kapazitäten nicht doppelt so viel, man kann mit 60 Prozent Aufschlag rechnen. Es mag also noch geringe Vorteile großer Losgrößen geben, diese sind aber bezogen auf die angestrebten Einsparungen gering und werden von den Logistikkosten, die eine zentrale Produktion mit sich bringt, zumindest teilweise wieder aufgefressen. Und ehrlich gesagt, es besteht kein bedeutend grosser Unterschied ob man nun ein oder zwei Millionen Teile pro Jahr fertigt. Der gleiche Gedankengang gilt auch für die Teile, Komponenten und Halbzeuge, die der Lieferant bei seinen Vorlieferanten kauft. Auch bei den Rohstoffen sieht es ähnlich aus. Der Gesamtbedarf ändert sich durch die Konzentration der Volumen ja nicht. Rohstoffe werden an der Börse gehandelt, oft sind spekulative Einflüsse hier dominant.

Wenn der Vorteil schon nicht in der Fertigung und den Materialpreisen liegt, dann sollte die Gleichteilstrategie doch wenigstens die Entwicklungskosten pro Stück verbessern? Das ist nur zum Teil richtig, falls man eine Komponente entwickeln muss, an die jeder zukünftige Nutzer noch zusätzliche, individuelle Ansprüche stellt.

Bei der Plattformstrategie ist es dann so, dass in der Entwicklung der kleinste gemeinsame Nenner auf dem Niveau der höchsten Einzelnutzerforderung liegt. Alles wird komplexer und es entstehen mehr „Schleifen", in denen man Konstruktion und Tests wiederholen muss. In der Summe ist bei einem Plattformprojekt der Entwicklungsaufwand durch die vielen Nutzer um ein Mehrfaches höher als bei einem normalen Projekt, es kann vielleicht anderthalb- bis dreimal so teuer werden, aber das ist je nach Teil sehr verschieden.

Ohne Zweifel ist es richtig, dass bei der Übernahme eines Gleichteils (Carry over Part = COP) in ein anderes Fahrzeug die Test-, Erprobungs- und Homologationskosten des Teils nicht wieder voll anfallen. Natürlich sind die Funktionen und Eigenschaften der Gleichteile auch mit verschiedenen Schnittstellen in den einzelnen Fahrzeugmodellen individuell abzuprüfen, trotzdem bringt hier das Gleichteilkonzept Vorteile. Dazu braucht man zwar keine Plattform oder Volumenbündelung, das funktioniert mit jedem schon fertig entwickelten Teil, das man irgendwo anders einsetzen kann. Der Vorteil einer Plattform ist aber, dass es bei der Verwendung von COP keine Alternativen gibt. Alles hat eine klare Basis und der Entwickler braucht sich für das neue Auto C nicht fragen, ob er jetzt ein COP von Auto A oder Auto B einsetzen soll. Bewährte Komponenten werden bei den asiatischen Herstellern über mehrere Fahrzeuggenerationen genutzt. Bei den hiesigen Autobauern wird so ein Teil oft nur eine Fahrzeug- bzw. Plattformgeneration lang verbaut, denn „nur das Neue ist gut..."

Nun sollte die Gleichteilstrategie wenigstens Vorteile für die Werkzeuge und Fertigungseinrichtungen bringen? Auch das sieht wieder schlecht aus. Werkzeuge und Fertigungseinrichtungen braucht man ohnehin mehrfach aufgrund der Volumen und der verschiedenen Standorte: „Wenn Sie nicht lokalisieren, meine Herren Zulieferer, dann werden Sie mit uns hier keine Geschäfte mehr machen..." Nur wenige Teile lassen sich noch in einer zentralen Fabrik fertigen.

Für die Werkzeugstandzeit (Lebensdauer) wäre es ohnehin egal, ob man fünf Jahre lang je 300.000 Stück p. a. produziert oder ein Jahr lang 1,5 Millionen. Der Unterschied ist, dass man in ein paar Jahren, wenn man in einer großen Plattform neue Werkzeuge braucht, kein offenes Ohr beim Autobauer mehr dafür findet: „Das hätten Sie beim Angebot berücksichtigen müssen..." Das ist richtig und wenn man so etwas berücksichtigt, hat man in Zukunft auch keine Probleme – denn man hätte gar keinen Auftrag bekommen. Wie ausgeführt wurde, muss ein Zulieferer ein Großprojekt sehr billig anbieten.

Kostenreduktionen, die eventuell bei der Summe der oben beschriebenen positiven und negativen Einflüsse der Gleichteilstrategie zusammenkommen, beansprucht der Autobauer für sich und bekommt sie auch. Da das aber nicht reicht, erwartet er noch eine rigorose Margenreduktion als Ausgleich für das hohe Volumen. Die bekommt er auch, schon weil jeder Zulieferer einfach bei dem Gedanken, nicht bei einer Plattform dabei zu sein, in Panik gerät. Denn außerhalb dieser Plattform/des Gleichteils gibt es dann für einige Zulieferer jahrelang bei dem Kunden nichts mehr zu holen.

Bei der Gleichteilstrategie sollen die Komponenten und damit die Werkzeuge gleich bleiben. Modifikationen, die ein Anwender wünscht, werden über die ganze Plattform nachgezogen. Schlecht ist es, wenn sich Änderungen für Kostenreduktionen an manchen Standorten wegen Volumen oder höheren Materialpreisen nicht lohnen; die entsprechenden Anwender wollen trotzdem ihre Reduktion, sonst blockieren sie.

Ein Problem mit Gleichteilen ist das Ausufern von Varianten. Es können wenige bis tausende werden. Irgendwo muss sich ja die Kreativität der Ingenieure entladen. An Varianten verdient der Zulieferer normalerweise mehr Geld, aber sie treiben auch die Kosten in die Höhe. Das hat negative Auswirkungen auf die gesamte Logistik. Viele Teilenummern benötigen viel Pflege, bei Änderungen müssen viele Zeichnungen und Modelle geändert und Stücklisten angepasst werden. Deshalb gibt es beim Kunden und beim Zulieferer feste Teams während der ganzen Laufzeit, die sich mit nichts anderem beschäftigen als mit diesen Änderungen. Jedenfalls besteht das schöne große Plattformvolumen dann aus vielen kleineren Teilvolumen, weltweit und in Varianten zerlegt. Als homogene Masse lebt es allerdings in der Tabelle des Einkäufers weiter und der nutzt die Macht der hohen Volumen maximal aus.

Doch nun muss leider gesagt werden, dass es diese Volumen für einen einzelnen Zulieferer bei gewissen Autobauern gar nicht gibt. Der Zulieferer bekommt meist nur einen Teil des Gesamtvolumens. Die ganze Diskussion über die Bündelung der Volumen ist also nicht sehr relevant, wird doch alles wieder in Teile zerlegt. Zwei oder drei Zuliefererfirmen werden sich das Volumen teilen müssen. Damit sind auch die vielzitierten Mengenvorteile nicht mehr gegeben, jedenfalls nicht beim Zulieferer.

Um nur einmal Entwicklungskosten zu zahlen, natürlich nur über den Preis und niemals in bar, erfanden gewisse Autobauer das Konzept des Entwicklungslieferanten. Der entwickelt das Konzept und die anderen bauen es mehr oder weniger nach. In der Realität erfolgt ein einfacher Nachbau oft gar nicht. Verschiedene Firmen haben verschiedene Wege zur Lösung, verschiedene Vorlieferanten und verschiedene Fertigungsverfahren. Solche Änderungen des ursprünglichen Konzepts müssen sich natürlich für den Zulieferer rechnen. Bezahlt bekommt der Nachbauer die Konzeptentwicklung nämlich nicht mehr. Es sei erwähnt, dass „Gleichteil“ bei gewissen Autobauern nicht ein wirklich gleiches Teil bedeuten muss. Es bedeutet vielmehr: Das Teil ist bei gleicher Funktion und Eigenschaften für den gleichen Anwendungsfall einsetzbar. Mehr nicht.

Die Gleichteilstrategie zur Volumenbündelung bringt dem Zulieferer also im Endeffekt nicht viel, außer einem hohen Umsatz, dem Autobauer hingegen zwei wichtige Vorteile: Erstens ist der Zulieferer bei großen Volumen bereit, kleinere Margen pro Stück zu akzeptieren. Zweitens machen es die großen Volumen wirtschaftlich möglich, mehr als einen Lieferanten ins Projekt zu holen. Die Vorlage zum Tor beim Fußball verhält sich dann so wie die Gleichteilstrategie zur Zweitlieferanten-Strategie in der Automobilindustrie. Warum das so ist, wird im nächsten Abschnitt deutlich.

23. Die Zweitlieferanten-Strategie – dynamische Erpressung

Der Projektleiter ist aufgeregt, die Mobil AG hält ihn auf Trab. Der Einkäufer hat ihn informiert, er habe ein gutes Angebot unseres Konkurrenten bekommen. Die Autositze GmbH sei an 100 Prozent Lieferanteil interessiert und biete dafür der Mobil AG eine Preisreduktion an. Es geht also wieder los. Zurzeit liefern wir zwei Drittel der Sitze für den Kleinwagen „Windmobil“. Unser Konkurrent ist mit seinem Drittel Anteil nicht zufrieden. Es ist ihm zu wenig, auch wenn er dafür einen besseren Verkaufspreis als wir bekommt.

Vielleicht ging die Initiative von der Autositze GmbH aus; oder die Mobil AG blufft nur und erzählt dem Mitbewerber die gleiche Geschichte. Dummerweise ist unser Verhältnis zur Autositze GmbH gar nicht gut. Wir finden keine gemeinsame Linie. Jeder versucht, dem anderen seinen Lieferanteil wegzunehmen. Trotzdem rufen wir ihren Verkäufer an. Herr Fink streitet alles ab, er habe kein Angebot für mehr Volumen an die Mobil AG abgegeben. Wer weiß das schon, vielleicht ist es auch nur mündlich auf dem Gang vor der Bürotür beim Kunden erfolgt. Weder der Mobil AG noch der Autositze GmbH kann man trauen.

Herr Wittig, der Einkäufer der Mobil AG, drängt uns täglich. Wir sollen Angebote für jeweils 100, 66, 50 und 33 Prozent Lieferanteil abgeben. Dass die Mobil AG uns ganz aus dem „Windmobil"-Projekt herausnehmen wird, ist unwahrscheinlich. Für eine effektive Erpressung braucht sie ja immer zwei Lieferanten in einem Projekt. Also sind die Szenarien mit einem oder zwei Dritteln am wahrscheinlichsten. Diese Aufteilung hat sich für den Einkauf gut bewährt. Man hat auch schon 20 versus 80 Prozent versucht. Schließlich ist es besser, 80 Prozent zum besseren Preis zu kaufen als nur 66 Prozent, denn der Lieferant, der mehr Anteil bekommt, muss auch den besseren Preis bieten. Das war aber nicht so effektiv, das Gesamtvolumen war nicht hoch genug.

Es lohnt sich weder für die Autositze GmbH noch für uns, nur 20 Prozent zu produzieren. Damit wäre nicht einmal eine Schicht auszulasten. Der Preis dafür wäre so viel höher, dass das Gesamtpaket teurer würde als bei der Ein-/Zwei-Drittel-Variante. Obwohl wir nie 100 Prozent bekommen werden, machen wir dafür einen Kampfpreis. Man weiß ja nie – auch im Lotto gewinnt meistens jemand, so unwahrscheinlich es auch ist. Die zwei Drittel wollen wir halten, unsere Struktur ist ja darauf ausgerichtet.

Also müssen wir hier runtergehen, auch wenn das Projekt schon jetzt nicht die Vollkosten (variable Produktionskosten + fixe Kosten des Betriebs) deckt. Aber es spült noch Margen in die Firma. Dass wir nur noch ein Drittel liefern dürfen, ist ein durchaus mögliches Szenario. Wenn schon weniger, dann wollen wir auch mehr Geld pro Stück haben. Also wird der Preis höher angesetzt; aber auch nicht so viel höher. Die Mobil AG ist so unberechenbar, dass sie uns vielleicht doch alles wegnehmen würde.

Das Angebot geht raus. Dann ist erst einmal Ruhe. Vielleicht hat es sich der Kunde anders überlegt? Aber das Feedback kommt drei Tage später: Wir sollen dringend nachlegen oder wir werden im Projekt eliminiert. Unsere Angebote wären eine Unverschämtheit. Wittig meint, sein Chef wolle uns sofort rausschmeißen, er habe sich aber dafür eingesetzt, uns noch eine Chance zu geben. Wer auch immer das glaubt – der Chef von Wittig, Herr Gruber, ist hitzköpfig genug, um so etwas schnell zu veranlassen.

Die Preise sind schlecht, das Resultat ist dementsprechend. Aber sie sind noch nicht schlecht genug, als dass uns alles egal wäre. Wir haben technische Kostenreduktionen ausgearbeitet. Die dafür notwendige Investition in die Änderung der Werkzeuge und Fertigungsvorrichtungen lohnt sich nur, wenn wir zwei Drittel vom Volumen behalten. Wir wollen also weiter um das Projekt kämpfen.

Wir verbessern das Angebot für die Variante der zwei Drittel, aber unter der Bedingung, dass uns die Technik die Kostenreduktionen freigibt. Dafür listen wir unsere Vorschläge auf und beschreiben sie deutlich. Wittig ist das alles zu kompliziert. Da Einkauf und Technische Entwicklung bei der Mobil AG nicht gut miteinander arbeiten, will er sich nicht auf die Freigabe der technischen Kostenreduktionen verlassen. Weiterhin drängt er auf einen noch niedrigeren Preis. Wir können und wollen nicht noch weiter runtergehen.

Bald folgt die Nachricht, man setze uns auf ein Drittel Lieferanteil, aber nur, wenn der Preis dafür besser würde. Sonst bliebe nur die Alternative, uns alles wegzunehmen, meint Wittig. Wir wissen, dass man uns behalten will, aber es ist noch ein Aspekt zu beachten. Die Mobil AG duldet auf keinen Fall, dass ein Zulieferer nicht ihren Anweisungen folgt. Um das deutlich zu machen, wäre sie bereit, ihre Zwei-Lieferanten-Strategie wenigstens zeitweise aufzugeben. Wenn wir nicht nachgeben, sind die Entscheidungen der Mobil AG nicht mehr auf das Rationale beschränkt. Der Einkauf würde sein Gesicht verlieren. Vergeltung und Rache dafür wären uns sicher, jetzt oder wenig später oder in einem ganz anderen Projekt. Der Einkauf muss seinen Lieferanten immer wieder signalisieren, was passiert, wenn man nicht willig ist. Gruber würde uns, ohne zu zögern, das ganze „Wind"-Projekt wegnehmen. Wir können uns schon sein hämisches Lächeln vorstellen, wenn er uns anraunzen würde: „Da seid ihr selbst schuld, ich hatte euch deutlich davor gewarnt, mich kommerziell zu ärgern!"

Also reduzieren wir unsere Preise für die Ein-Drittel-Version symbolisch. Darauf folgt ein Ultimatum: Wittig verlangt, dass wir diese für den gleichen Preis liefern wie bisher die zwei Drittel. Eine Woche Zeit zur Entscheidung haben wir, ansonsten sind wir in zwei Monaten ganz raus. Wir fügen uns und bedanken uns herzlich bei Gruber und Wittig, dass wir wenigstens das eine Drittel behalten durften.

Das Spiel mit den Volumenanteilen wird noch jahrelang weitergespielt, der Haupt-Lieferanteil wechselt mehrmals zwischen der Autositze GmbH und uns. Mindestens einmal pro Jahr erhalten wir die Aufforderung neu, mit verschiedenen Lieferanteilen anzubieten. Zum Ende der Laufzeit werden die 100 Prozent Lieferanteil sogar realistisch, denn das Volumen ist nun zu klein für zwei Lieferanten. Die Autokäufer warten auf das Nachfolgermodell vom „Wind“, den „Sturm“. Die Preise sinken weiter, bis wir und die Autositze GmbH das „Windmobil“ nur noch loswerden wollen. Um uns die Chancen auf das Nachfolgeprojekt, den „Sturm“, zu erhalten, müssen wir aber weiterliefern.

Die Mobil AG hält uns so fast ein Jahr lang hin. Dann endlich muss die Autositze GmbH das ganze Projekt übernehmen. Auch das Nachfolgeprojekt „Sturm“ wird wieder geteilt. Wir bekommen die ersten 50 Prozent. Unser alter Konkurrent, die Autositze GmbH, ist auch wieder dabei. Wir sind der Erstlieferant, der das Konzept entwickelt. Die Mobil AG versorgt die Autositze GmbH eifrig mit Details unseres Produkts; auch mit den Schwierigkeiten, die wir haben, so dass die es gleich besser und billiger machen können.

Der Abschluss mit der Autositze GmbH erfolgt zu einem geringeren Preis als zu unserem, man munkelt etwas von sechs Prozent. Es wundert uns nicht, dass die Firma solche Dumping-Preise macht. Sie hat schon länger kein Neuprojekt mehr gewonnen und ihre Entwicklungsmannschaft ist mehr oder weniger arbeitslos. Als wir die erste Hälfte bekommen, wird das Management der Autositze GmbH richtig nervös. Sie müssen den „Sturm“ als Zweitlieferant einfach gewinnen.

Wir dürfen, nachdem der SOP mit viel Anstrengung gemeistert ist, ein Jahr lang zum vereinbarten Preis liefern; bis dann auch die Autositze GmbH die Lieferungen an das „Sturm“-Projekt aufnimmt. Die Mobil AG stellt uns vor die Wahl, den Preis um sechs Prozent zu senken oder der Lieferanteil wird von 50 auf 33 Prozent heruntergehen. Wir geben nach und behalten die Hälfte.

Allerdings haben die Autositze GmbH und wir aus dem letzten gemeinsamen Projekt gelernt. Als die Mobil AG wieder das gegenseitige Ausspielen einleitet, sind weder die Autositze GmbH noch wir gewillt, uns auf das Spiel einzulassen und die Preise für einen höheren Lieferanteil zu senken. Auch machen wir beide Kosten für den Fall geltend, dass wir die Kapazität erweitern müssen, um eine höhere Stückzahl liefern zu können.

Die Mobil AG reagiert wütend auf unseren Widerstand: Massive Drohungen, uns das Projekt wegzunehmen, erfolgen. Dann herrscht Ruhe, offensichtlich brütet der Einkauf etwas aus. Das bestätigt sich einige Wochen später.

Die Mobil AG schreibt 50 Prozent des Projekts „Sturm" ganz neu aus. Die 50 Prozent verkauft man der Zulieferergemeinde als Zusatzvolumen, wegen der guten Zukunftsaussichten des Fahrzeugs im Markt. Also steht plötzlich theoretisch genau so viel Volumen im Raum, wie die Autositze GmbH und wir jeweils schon haben. Damit haben die Konkurrenten, die bisher gar nichts hatten, eine neue Chance. Die Autositze GmbH und wir könnten unser Volumen theoretisch verdoppeln, jedenfalls einer von uns. Das Angebot ist ein echtes Dilemma. Natürlich wollen wir das „Zusatzvolumen". Die 150 Prozent Planungsvolumen sind eine Lüge, jeder weiß das, es sind nur 100 Prozent. Das heißt, bei drei Lieferanten hätte jeder nur 33 Prozent. Damit sind unsere Investitionen nicht mehr zu amortisieren. Es ist aussichtslos, die Mobil AG dafür um einen Ausgleich zu bitten.

Also wollen wir uns das „Zusatzvolumen" holen. Die Autositze GmbH denkt natürlich auch so. Beide wollen wir aber auch weiterhin nicht unsere Preise zerstören. Der neue Preis würde ja nicht nur für das Zusatzvolumen gelten, sondern für alles, was wir im Projekt „Sturm" liefern.

Wir können anbieten, was wir wollen, die Vorentscheidung ist schon gefallen. Der Einkauf nominiert einen dritten Lieferanten, die Rennsitz GmbH. Diese Firma hat der Mobil AG offensichtlich angeboten, sämtliche Investitionen aus eigener Tasche zu bezahlen und auf den Preis umzulegen. Als die Firma ein Jahr später ihre Lieferungen an die Mobil AG aufnimmt, kommt es noch schlimmer: Es war abzusehen, dass drei Lieferanten auf Dauer zu viel sind für das Volumen, einer muss wieder raus; und zwar nach einem erbitterten Kampf aller drei Lieferanten.

Das war also der teuflische Plan des Einkaufs der Mobil AG. Einer der beiden ursprünglichen Lieferanten, die sich zu gut untereinander verstanden, sollte durch einen Dritten ersetzt werden. Wenn einer der Lieferanten aufgäbe, würde er sich mit einem Angebot verabschieden, das es in sich hat. Das heißt, die Rentabilität des Projekts wäre für die zwei verbleibenden Zulieferer für immer zerstört. Aber noch denkt keiner ans Aufgeben.

Wir sind von den Kosten her benachteiligt, denn wir haben das Konzept entwickelt. Außerdem haben wir als erster Lieferant aus lauter Zeitdruck auf Druck des Kunden bei der Entwicklung ein paar zu teure Detaillösungen und zu viel Sicherheit einbauen müssen. Zumindest für die Konzeptentwicklung sollte man einen höheren Preis bekommen. Neben den Kosten müssen wir ja auch das Risiko des Konzepts tragen, das bedeutet zumindest eine höhere Versicherungsprämie. Diese alte Geschichte interessiert bei der Mobil AG jetzt aber keinen mehr. Unser Teilepreis wird ja nicht nach der Formel „Preis = Resultat der Erpressung von drei Zulieferern + 6 Euro für die Konzeptentwicklung“ errechnet...

Eine Vorentscheidung gibt es schon. Die Rennsitze GmbH wird auf jeden Fall dabei bleiben. Die sind kommerziell eben gutmütig und senken die Preise immer, wenn die Mobil AG es verlangt, ohne viel zu klagen. Mit denen sind auch keine Preisabsprachen zu machen. Außerdem hat die Rennsitze GmbH ja die komplette Investition ins Projekt bezahlt und auf den Teilepreis umgelegt, die werden alles machen, um dabeizubleiben. Auf der anderen Seite ist auch klar, dass uns der zweite Konkurrent, die Autositze GmbH, von den Kosten her überlegen ist. Sie hat unser Produkt ja fast kopiert und dabei gleichzeitig optimiert.

> Am Ende müssen wir das Projekt verlassen. Das ist auch ganz egal, denn zu den neuen Preisen weiterzuliefern, wäre noch schlechter gewesen. Nach nur zwei Jahren stehen wir nun mit den ganzen nicht amortisierten Investitionen da. Die wird uns keiner mehr bezahlen. Der Einkauf der Mobil AG steht auf dem Standpunkt, dass er uns alle Chancen gegeben hat, dabeizubleiben. Wir hätten eben durch unsere schlechten Preise freiwillig verzichtet. Trotzdem hatten wir, bevor wir raus mussten, die Preise nochmals um fünf Prozent gesenkt. Daraus machte der Einkauf der Mobil AG sicher acht Prozent, als er mit der Autositze GmbH und der Rennsitze GmbH verhandelte, oder sogar noch mehr. Alles war so durchsichtig gewesen, vom ersten Tag im Projekt an. Jeder hatte geahnt, dass es so enden würde, aber keiner wollte es wahrhaben.

Es ist lustig, wie Zulieferer sich selbst etwas vorspielen. Da wird mit Volumen und Preisen kalkuliert, obwohl man weiß, dass bei Einsatz eines zweiten Lieferanten die Karten ganz neu gemischt werden. Die Überkapazitäten und der Zwang zum Wachstum setzen die Mitarbeiter der Zulieferer unter enormen Druck, Neuaufträge zu holen. Wenn so ein Projekt dann endlich in Serie geht, sind diese Leute sowieso schon in einer anderen Funktion oder Firma tätig.

Die Nominierung eines zweiten Lieferanten begründen gewisse Autobauer mit der Risikominimierung. Da ist theoretisch gesehen etwas dran, auch weil immer weniger Lagerbestände gehalten werden. Es gibt aber merkwürdigerweise auch Autobauer, die ihre Komponenten zum Teil selbst fertigen und sich ein großes Volumen offensichtlich zutrauen. Auch Autobauer, die auf Partnerschaft und Vertrauen zu ihren Lieferanten setzen, bündeln Volumen bei einem Zulieferer, ohne dass dort ständig die Bänder still stehen würden.

Das technische Risiko ist nicht der entscheidende Grund, um zweimal oder noch häufiger Investitionen in Werkzeuge zu tätigen. Es geht bei der Anwendung der Zweitlieferanten-Strategie hauptsächlich darum, preisliche Vorteile durch gegenseitiges Ausspielen der Zulieferer herauszuholen. Ganz einfach ausgedrückt, geht es um regelmäßige Erpressung. Und zwar um eine sehr dynamische, weil der alternative Lieferant ja schon zur Verfügung steht.

Allerdings muss ein Zweitlieferant nicht unbedingt das gleiche Werk des Kunden beliefern wie der erste. Manchmal kommt das Teil dieses Lieferanten auch in einem ganz anderen Markt oder Fahrzeug zum Einsatz. Wichtig für den Einkauf gewisser Autobauer ist nur, ein Drohpotenzial, das mit einer zweiten Lieferquelle entsteht, zu etablieren. Dabei ist auch maßgeblich, dass der Ersatz eines Lieferanten durch den anderen mehr oder weniger kurzfristig möglich ist. Das ist normalerweise gegeben, denn den zeitaufwändigsten Teil, die Entwicklung, haben ja beide Lieferanten schon hinter sich. Selbst wenn der Zweitlieferant in einem anderen geografischen Markt liefert, kann er normalerweise relativ schnell eine Fertigung an einem anderen Standort aufbauen.

Nach der Nominierung des ersten Lieferanten haben die nicht mit dem Auftrag bedachten Konkurrenten die Warnung inzwischen verstanden und ihre Kalkulationen nochmals gründlich durchleuchtet. Die Nominierung des zweiten Lieferanten erfolgt so spät wie möglich. In der Zwischenzeit dreht der Einkauf mit dem Zweitlieferanten viele Runden zur Preisreduktion. Das Ergebnis wird später auf den Erstlieferanten übertragen. Wenn einer oder mehrere der Konkurrenten das Vorgängerprojekt beliefert haben, werden sie alles dafür tun, wenigstens einen Teil des Nachfolgeprojekts zu erhalten, denn der Nichterhalt bedeutet schmerzhafte Anpassungen in der Struktur oder noch mehr Überkapazitäten, das möchte niemand. Somit wird der abgeschlossene Preis des Zweitlieferanten noch niedriger sein als der des Erstlieferanten. Oftmals werden dann technische Änderungen gleich ohne Mehrkosten eingebracht oder Werkzeuge des Lieferanten werden teilweise nicht mehr bezahlt.

Somit gibt es nun zwei Lieferanten mit verschiedenen Preisen. Das ist aber nicht der Endzustand. Das Ziel ist es jetzt, den Preis des günstigeren Zweitlieferanten auf den ersten zu übertragen. Dabei wird großzügig vergessen, dass der erste Lieferant die Entwicklung bezahlt hat und der zweite weitgehend nur nachbaut. Sobald ein Zweitlieferant nominiert ist, fordern gewisse Autobauer den ersten auf, die Preise zu senken – am besten noch unter das Niveau des zweiten. Es erfolgen Drohungen, das Projekt zu entziehen, zur Unterstützung der Erpressung. Sicher kann es noch dauern, bis ein Lieferant komplett ersetzt werden kann. Aber er wird brav so lange weiterliefern, bis er nicht mehr gebraucht wird. Jeder Tag mehr bringt ihm ein wenig mehr Amortisation der Investitionen und er will es sich auch nicht mit dem Kunden verderben – mit einem, der viel Volumen zu vergeben hat, schon gar nicht. In den allermeisten Fällen aber reicht die Drohung, ersetzt oder im Lieferanteil reduziert zu werden, aus und der Lieferant senkt die Preise.

Beliebt ist es, als Zweitlieferanten ein Unternehmen zu wählen, von dem der Autobauer weiß, dass es dem ersten nicht wohlgesonnen gegenübersteht. Auch als kommerziell gutmütig bekannte Lieferanten sind willkommen.

Das gegenseitige Ausspielen der Zulieferer lässt sich bis zum Ende des Projekts weiterspielen, was auch gemacht wird. Schluss ist erst, wenn die Schmerzgrenze des Lieferanten erreicht wird. Die kann je nach Gesamtsituation aller Projekte des Lieferanten bei gewissen Herstellern auch unter den variablen Kosten liegen. Dabei ist es nicht unbedingt hilfreich, dass Zulieferer, wenn sie verlieren, bestrebt sind, wenigstens noch die Preise des Konkurrenten kaputtzumachen, um ihn finanziell zu schwächen.

Wem das noch nicht reicht, dem sei gesagt, dass es auch durchaus drei oder mehr Lieferanten für eine Komponente geben kann. Gern bereitet der Autobauer weitere Zulieferer vor, indem er ihnen kleinere Volumen in bestimmten Auslandsmärkten oder Nischenfahrzeugen gibt. Natürlich erwartet er, dass sie dort auch konkurrenzfähig sind. Ist die Entwicklung einmal fertig, sind diese Zulieferer bereit, auch in den wichtigeren Ländern und Volumenmodellen aktiv zu werden.

Gewisse Autobauer können also problemlos auch einmal ganz neue Zulieferer ausprobieren; wenn es nicht klappt, bleiben sie eben erst einmal beim alten. Das Scheitern des Versuchs lässt sich der Autobauer nicht anmerken; er fordert gleich noch eine Preisreduzierung dafür, dass der zweite Lieferant nicht hereinkommt.

Das ist alles recht durchsichtig, aber es funktioniert erstaunlich gut und immer wieder. Die Zweitlieferanten-Strategie kombiniert mit Erpressung ist eine der wirkungsvollsten Waffen, um die Zulieferer von ihren Margen zu befreien. Die Zulieferer stehen also vor der Frage, welche Möglichkeiten ihnen bleiben, sich aus dem Würgegriff der Zweitlieferanten-Strategie zu befreien – bzw. darin solange wie möglich lebensfähig zu bleiben. Irgendwann muss das ganze System der einseitigen Vorteilssuche sowieso zusammenbrechen.

Eine Möglichkeit für den Zulieferer ist es, sich zu seinen Vorlieferanten genauso schrecklich zu verhalten. Er wird es dabei allerdings ungleich schwerer haben; nicht nur wegen der geringeren Erpressungsmacht, mit unwilligen Autobauern wird eine Volumenbündelung über Gleichteile nicht funktionieren. Unterkomponenten werden vom Autobauer vorgegeben, nicht gewünscht, oder ihre Preise werden mit dem Vorlieferanten direkt ausgehandelt.

Es mag zunächst als Ehre erscheinen, der Erstlieferant (also der Entwicklungslieferant) zu sein; aber diese Ehre ist im Geschäft mit gewissen Herstellern eine zweifelhafte und im Endeffekt lediglich

Geldverschwendung. Es wird kaum möglich sein, technische Hürden einzubauen, die ein Konkurrent nicht umgehen könnte. Außerdem verschwendet man durch Zeitdruck und fehlende Definitionen des Kunden wertvolle Ressourcen. Der Kunde wird viele Änderungen fordern, teilweise muss man wieder bei null anfangen.

Wenn die Änderungen überhaupt bezahlt werden, dann über den Teilepreis. Dass darin die Entwicklung enthalten ist, interessiert aber nachher niemanden mehr. Der Kunde vergisst bei seinen späteren Vergleichen und Drückaktionen schnell, dass einer der Wettbewerber der Entwickler war. Der Endpreis wird nur so gut sein, wie es der Autobauer zusammen mit dem zweiten Lieferanten zulässt. Er mag besser sein als der eines Nachbauers, aber das ist nur zeitweise so.

Bei diesen Autobauern muss ein Zulieferer wie ein Schotte investieren; besonders, aber nicht ausschließlich, wenn ein Zweitlieferant dabei ist. Je niedriger die Ausstiegsbarrieren sind, umso besser ist die Verhandlungsposition bei den später garantiert folgenden Erpressungen des Autobauers.

Ein Projekt bei einem gewissen Autobauer anzunehmen und sich dann mit anderen Lieferanten das Volumen zu teilen, ist ein enormes Risiko. Der Autobauer wird alles unternehmen, um die Firmen gegeneinander auszuspielen und jede Schwachstelle ausnutzen. Schwach wird ein Zulieferer regelmäßig, wenn er hofft, ein Neuprojekt zu bekommen. Die Preise werden damit noch unsicherer, als es ohnehin bei diesen Autobauern der Fall ist. In so ein Abenteuer kann sich ein Zulieferer nur wagen, wenn er sich zum Beispiel in einer besseren Kostensituation als der Wettbewerber im Projekt befindet.

24. Bündelung der Nachfragemacht durch Kooperationen

Neidisch schauen die kleineren Automobilhersteller auf die riesigen Volumen der großen Autobauer; und auf die Herde der geifernden Zulieferer, die alles dafür tun, um diese zu bekommen und zu behalten. Da möchten sie nicht außen vor bleiben. Auch kleinere Hersteller haben die Möglichkeit, von der preisdrückenden Macht größerer Stückzahlen zu profitieren. Es müssen ja nicht gleich gemeinsame Plattformen sein. Für deutsche Premiumhersteller ist es kaum vorstellbar, so etwas zu tun, ohne ihren individuellen Charakter zu verlieren. Bei Kleinwagen funktioniert das allerdings schon, so teilen sich zum Beispiel der PSA-Konzern und Toyota eine gemeinsame Plattform.

Auch Kooperationen im Einkauf versuchen sie zu bilden. Die Vorteile sind die gleichen, die ein Volumenhersteller aus der Gleichteilstrategie zieht. So eine Kooperation startet mit reinen Preisvergleichen. Das kann schon zu Erfolgen durch Nachverhandlungen basierend auf diesen Vergleichen führen, ohne dass man irgendein Teil oder einen Zulieferer austauschen muss. Als nächstes konzentriert man sich auf weniger komplizierte Standardteile. Die sind einfacher zu vereinheitlichen. Einer von zwei Herstellern hat den billigeren Zulieferer oder den, der bei höherem Volumen der billigste sein wird.

Die weitere Richtung ist klar: Ein Autobauer stellt das Übernahmeteil (COP) her und der andere übernimmt es eben; auch nicht anders, als wenn ein anderes Fahrzeugmodell eines Massenherstellers sich dessen Plattform anpassen bzw. ein Gleichteil übernehmen muss. Danach wird es immer schwieriger. Bei technisch hochwertigeren Komponenten und Modulen setzt der gemeinsame Einsatz eines Gleichteils bei zwei Autobauern eine große Disziplin in der Entwicklung voraus. Hier kann nicht so einfach auf Übernahme durch den anderen Autobauer gesetzt werden, schon gar nicht, wenn das Modul Eigenschaften hat, die der Autokäufer wahrnimmt.

So etwas muss auf dem größten gemeinsamen Nenner für beide Autobauer entwickelt werden. Der Zwang, während der Entwicklung nicht ständig Änderungen am Teil vorzunehmen, wird größer. Alle Nutzer müssen jeder Änderung zustimmen. Geht das nicht, entstehen Varianten und die sind kostentreibend für den Autobauer. Es ist also notwendig, dass beide Autobauer und die Zulieferer eng im Team zusammenarbeiten.

Natürlich hat der Autobauer, der die Komponente zuerst in Serie bringt, Vorteile: Er ist in der Entwicklung des Gesamtfahrzeugs weiter fortgeschritten und kann noch im gewissen Rahmen Änderungen vornehmen. Der nachfolgende Autobauer muss das Teil dann weitgehend so übernehmen, wie es der erste nutzt. Das kann recht bitter sein; im Laufe einer Fahrzeugentwicklung ändert sich viel.

Es ist schon schwer genug, es als Zulieferer allen Nutzern einer Plattform unter einem Konzerndach recht zu machen. Wird das Teil bei zwei Herstellern eingesetzt, wird es noch schwieriger. Hier ist mit höherem Entwicklungsaufwand zu rechnen, wodurch die wirklichen Größenvorteile des Gleichteils bezogen auf die Entwicklungskosten schon wieder in Frage gestellt werden. Was bleibt, ist das Gleiche, wie es schon bei der Plattform-/ Gleichteilestrategie beschrieben wurde: die Verlagerung der Margen vom Zulieferer auf den Hersteller.

Die Tendenz solcher Kooperationen zwischen den Autobauern ist steigend. Das ist auch dringendst notwendig, um sich als kleinerer

Hersteller gegen die Forderungen der Lieferanten zu schützen. Diese suchen bekanntlich die Lösung ihrer finanziellen Probleme immer zuletzt bei den Autobauern, die viel Volumen zu bieten haben. Das ständige Wachstumsstreben und die Überkapazitäten sorgen dafür.

25. Modulstrategie – der Modullieferant als Inkasso-Unternehmen

Der Autobauer bezieht einen Großteil (in der Regel mehr als zwei Drittel) der Fahrzeugkomponenten in Form von Modulen, also aus vielen Komponenten fertig montierte Baugruppen, von seinen Lieferanten. Das bringt enorme Vorteile: Mit diesem Konzept gelingt es, die Anzahl der Zulieferer erheblich zu reduzieren. Das bedeutet weniger Aufwand für den Autobauer. Auch sein Montage-Aufwand wird stark reduziert und auf den Modullieferanten verlagert. Dessen Lohnkosten sind in der Regel geringer als die des Herstellers. Der Autobauer spart auch die entsprechenden Maschinen und Vorrichtungen zur Montage ein. Die Produktionsstätten dafür liegen beim Zulieferer, der übrigens immer mehr davon baut, weil der Autobauer von ihm erwartet, dass er in der Nähe seiner Werke fertigt.

In der Entwicklung integriert der Modullieferant die Einzelkomponenten, garantiert für deren einwandfreie Funktion innerhalb seines Lieferumfangs und haftet sogar dafür. Er testet, erprobt und validiert das komplette Modul in verschiedenen Entwicklungsphasen. Wenn man weiß, wie schwer es gewissen Herstellern fällt, die Schnittstellen zwischen wenigen Modulen ordentlich zu entwickeln, dann fragt man sich, wie es aussehen würde, wenn der Kunde viele Einzelkomponenten selbst integrieren müsste.

Logistikkosten lassen sich zum Zulieferer verschieben, der Modullieferant kann JIT (just in time) liefern. So etwas wäre bei tausenden Einzelkomponenten, also ohne Module, für die Autobauer logistisch gar nicht mehr steuerbar. Neben diesen technischen Vorteilen ergeben sich enorme Einsparungen beim „Supply Chain Management“, also der Koordination der Vorlieferanten. Der Modullieferant entwickelt seine Vorlieferanten auch in Hinblick auf Qualität und überprüft, ob sie bestimmte Qualitätsstandards nach den Anforderungen des Kunden einhalten („auditieren“). Das ist für den Kunden eine große Entlastung. Module machen den Großteil der Materialkosten des Fahrzeugs aus.

Der Einkauf des Autobauers wird ebenfalls entlastet. Schwierigkeiten kommerzieller Art der Vorlieferanten schlagen teils gar nicht bis zum Autobauer durch. Bei Reklamationen hat der Autobauer im Modullieferanten immer einen Ansprechpartner, der die Probleme mit seinen Vorlieferanten lösen muss.

Der Autobauer profitiert von den Vorteilen eines Moduls. Wenn es zum Preis kommt, sieht er das aber nicht so. Er denkt ungefähr nach der Formel: „Summe der Materialien aus eigener Produktion des Modullieferanten + zugekauftes Material (vom Tier 2) + Montagekosten + etwas Gemeinkosten (Overhead) = Modulpreis“. Er würde am liebsten jede einzelne Unterkomponente des Moduls bei den Vorlieferanten einzeln ausschreiben und sich einen billigen Modul-Rosinenkuchen daraus formen. Dann sucht er sich noch jemanden, der ihn günstig backt.

Die Modularisierung dient dem Autobauer dazu, seine Kosten und Risiken bei Investitionen auf den Zulieferer zu verlagern. Der Modullieferant hat den Mehraufwand bei der Entwicklung, muss viele Technologien beherrschen und seine Management-Fähigkeiten in allen Bereichen ausbauen, und das global. Das lässt der Autobauer sich etwas kosten, könnte man meinen.

In Wirklichkeit ist es etwas anders, denn der Einkauf kann jetzt mit seinem ganzen Instrumentarium die wenigen Modullieferanten umso intensiver bearbeiten. Diese fungieren als Inkasso-Unternehmen für den Autobauer und treiben die geforderten Savings bei ihren Vorlieferanten ein (das heißt nicht, dass der Autobauer nicht auch selbst bei dem Vorlieferanten aktiv wird, wenn er meint, noch mehr Ersparnis bekommen zu können; dazu später mehr). Aus einer großen Orange lässt sich eben mehr Saft pressen als aus einer kleineren, gerade wenn die große Orange finanzstärker ist. Der Modullieferant muss nämlich oft aus eigener Tasche ausgleichen wenn beispielsweise einer seiner kleineren Lieferanten nicht mitziehen kann oder will.

Auf der anderen Seite wird der Modullieferant mit den Forderungen der Vorlieferanten belastet, zum Beispiel wenn die Rohmaterialpreise steigen. Das interessiert den Autobauer, solange es irgendwie geht, nicht. Es ist klar, dass der Modullieferant meist auch auf versteckten Kosten wie denen des ganzen Lieferanten-Managements sitzenbleibt. Mit den Gemeinkosten für Material, die der Autobauer dem Lieferanten zugesteht, lässt sich nicht viel bezahlen.

Zudem verlangt der Kunde teilweise auch vom Modullieferanten, dass dieser Teile eigener Wertschöpfung und die von ihm vom Vorlieferanten bezogenen Teile separat beaufschlagt. Beispielsweise gesteht er dem Modullieferanten zwölf Prozent Aufschlag für Gemeinkosten auf seine selbst produzierten Teile zu. Auf die Teile, die der Modullieferant von seinem Vorlieferanten bezieht, gibt es dann nur acht Prozent.

Die Frage ist, warum Lieferanten den zusätzlichen Aufwand und das Risiko im Modulgeschäft auf sich nehmen, wenn das nicht entsprechend vergütet wird? Ein Zulieferer möchte sich immer so einmalig wie möglich aufstellen. Auf der Ebene der Modullieferanten gibt es weniger Konkurrenten, die fähig sind, solch ein Projekt technisch, finanziell und global hinzubekommen, als im Bereich der Komponentenlieferanten. Allerdings verfolgen viele Zulieferer diese Strategie. Deshalb gibt es inzwischen mehr als genug Lieferanten für alle Module.

Auch hier gilt, dass der Lieferant nicht viele Wahlmöglichkeiten hat. Ob er als Modulzulieferer auftritt oder nicht, hängt auch davon ab, was seine Konkurrenz macht. Da ein Modul mehr Umsatz bedeutet und Lieferanten wachsen möchten, ist die Verlockung groß, den Lieferumfang zu erweitern; leider auch, wenn der Gewinn dabei auf der Strecke bleibt.

Lieferanten, deren Module im Wesentlichen auf Zukaufteile setzen, sind leichter austauschbar. Für den Modullieferanten ist es deshalb sehr schwer bis unmöglich, den ganzen Zusatzaufwand, der mit einem Modul kommt an den Kunden weiterzuberechnen.

Wer viele Komponenten zukauft und integriert, kann auch viel Geld darin verstecken, meint der Autobauer. Deshalb hat er weitere Strategien entwickelt, um dem zuvorzukommen (siehe nachfolgendes Kapitel 26). Schließlich möchte er – verständlicherweise – nur die Vorteile der Modulstrategie genießen.

26. Die Kontrolle der Vorlieferanten

Das Modul, das wir an die Wagen AG liefern, enthält eine elektronische Komponente. Allein dieses Teil macht fast 20 Prozent des gesamten Materialwerts aus. Den Vorlieferanten dafür haben wir in einer Ausschreibung ausgewählt und zusammen mit ihm integrierten wir seine Komponente in unser Modul.

Ungefähr anderthalb Jahre nach dem Produktionsbeginn bekommen wir einen Anruf vom Vertrieb unseres Lieferanten, der Feinwerk GmbH. Der Einkauf der Wagen AG hat bei ihr die Komponente direkt angefragt. Das ist eine schwierige Situation für die Feinwerk GmbH. So gut ihr Kontakt zu uns auch ist, sie kann es sich nicht leisten, der Wagen AG ein Angebot zu verweigern. Das Problem ist, dass wir die Komponente bei der Feinwerk GmbH zwei Euro billiger einkaufen, als es in unserer Kostenoffenlegung an die Wagen AG stand. Wie üblich, hatten wir auf diese Art Margen „verstecken" müssen, weil der von der Wagen AG zugestandene Gemeinkostenaufschlag („Overhead") auf das gesamte Material für uns nicht kostendeckend war.

Wir bitten die Feinwerk GmbH also darum, zwei Euro teurer anzubieten. Das macht der Verkauf der Firma auch. Eine Woche später kontaktiert uns die Feinwerk GmbH erneut: Der Einkauf der Wagen AG habe Konkurrenzangebote für seine Komponente eingeholt und setze sie damit unter Druck. Es ist verständlich, dass die Feinwerk GmbH wegen unserer versteckten Marge von zwei Euro nicht riskieren kann, von der Wagen AG durch einen billigeren Lieferanten ersetzt zu werden. Davor würden wir sie als Modullieferant auch nicht schützen können.

Die Wagen AG nimmt sich wie selbstverständlich das Recht heraus, mit unserem Vorlieferanten direkt zu verhandeln. Der Preis geht um 1,80 Euro herunter. Damit ist es aber noch nicht genug, jetzt geht es um den zulässigen Aufschlag für unsere Gemeinkosten auf die Komponente.

Unseren normalen Gemeinkosten-Satz will der Kunde nicht akzeptieren. Der ist aber schon so knapp, dass wir deswegen ja bereits den benötigten Rest im Material versteckt haben. Der Kostenanalytiker des Autobauers meint, auf zugekaufte Teile zahle er nur einen reduzierten Satz. Das ist neu für uns, es betrifft einen großen Teil der Komponenten unseres Moduls. Schließlich müssen wir den reduzierten Satz akzeptieren, denn die Wagen AG droht damit, sonst noch die anderen zugekauften Unterkomponenten anzugreifen.

Diese Aktion hat uns 90 Prozent der versteckten Marge gekostet. Auch Gemeinkostendeckung ist verlorengegangen. Die jährliche Preisreduzierung von vier Prozent gilt jetzt nur noch für unseren Modulpreis abzüglich des Preises der betroffenen Unterkomponente. Hier verhandelt der Einkauf der Wagen AG die Preisreduktionen mit der Feinwerk GmbH selbst. Das wird allerdings später immer wieder vergessen. Die Reduktion betrifft zu jedem Jahresanfang den kompletten Modulpreis.

Alle Jahre wieder müssen wir den Einkäufer der Wagen AG dazu bewegen, das wieder zu berichtigen, denn er zieht seine Prozente immer vom gesamten Modul, einschließlich der Komponente der Feinwerk GmbH ab. Das Geld bekommen wir, dank der vom Kunden angewandten Verzögerungstaktik, nur sehr schleppend wieder. Die in der Zeit schon abgerechneten Lieferungen korrigiert die Wagen AG generell nicht rückwirkend.

Modul- und Systemlieferanten integrieren Unterkomponenten in ihre Produkte. Die kaufen sie von ihren Vorlieferanten, dem Tier 2. Um Kosten zu senken, löst der Autobauer manchmal diese Teile aus dem Umfang des Tier 1 heraus. Er möchte mit Tier 2 direkt verhandeln. Da die Tendenz immer weiter zur Modularisierung geht, wird das immer wichtiger für den Autobauer. Dazu geht er einfach die Kalkulationsoffenlegung des Modullieferanten durch und sucht sich hochwertige Teile heraus. Diese Teile lässt er sich vom Tier-2-Zulieferer direkt anbieten und vergleicht das mit der Offenlegung von Tier 1. Möglicherweise kauft er diese oder ähnliche Teile auch schon selbst ein.

Der Zulieferer hat sich auch deshalb zum Modullieferanten entwickelt, weil er meinte, den Mehraufwand in Entwicklung, Produktion und Lieferanten-Management vergütet zu bekommen. So etwas zahlt der Kunde aber nicht, deshalb muss der Zulieferer diese Kosten irgendwo in der Kalkulationsoffenlegung verstecken. Er „versteckt“ Marge in den Unterkomponenten. Das heißt, er bezahlt in Wirklichkeit weniger an seine Lieferanten, als er es dem Kunden darstellt.

Und nun fragt der Autobauer direkt die Vorlieferanten an. Die sind nicht immer willig, dem Autobauer den gleichen (höheren) Preis zu machen, den Tier 1 offiziell angegeben hat, das kommt auf die Beziehung zwischen Tier 1 und Tier 2 an. Oft ist diese wegen des extremen Preisdrucks auf die ganze Lieferkette und der daraus entstehenden Konflikte aber nicht gut.

Das Herauslösen der Unterkomponente aus dem Umfang des Moduls kann physisch geschehen, ist aber fast immer nur kommerziell gemeint. Bei der Logistik ändert sich also nichts, der Modul- oder Systemlieferant liefert weiterhin den vollen Umfang an den Autobauer. Tier 1 bezahlt auch nach wie vor den Tier-2-Lieferanten – aber eben zu dem Preis, den der Autobauer ausgehandelt hat. Beim kommerziellen Herauslösen der Unterkomponente ist die Frage, was jetzt der Basispreis für den Restumfang sein wird. Der Zulieferer beaufschlagt das Material prozentual mit den Kosten für Administration, Logistik, Entwicklung usw.

Es kommen zum Beispiel insgesamt 25 Prozent auf das Material. Es ist gut möglich, dass der Autobauer die Unterkomponente gleich inklusive der 25 Prozent Aufschlag (die er ja aus der Kostenoffenlegung kennt) vom Preis des Tier 1 abzieht. Dann nimmt er seinen mit Tier 2 verhandelten Preis und beaufschlagt ihn mit einem Fantasie („Best in class“) -Overhead für Zukaufteile. Der Satz liegt beispielsweise bei acht Prozent und ist gewöhnlich nicht kostendeckend. Der Zulieferer verliert also Deckungsbeitrag, einmal durch die Eliminierung der „versteckten“ Marge und zweitens durch die Unterdeckung beim zugestandenen Overhead.

Wenn es so losgeht, kämpft der Zulieferer richtig: für die Logistik- und Montagekosten, für die Strukturkosten, die Garantiekosten, für die anteiligen Entwicklungskosten, den ganzen Aufwand der Lieferantenbetreuung und -qualifizierung. Und auch dafür, dass die absolute Marge auf dem Material erhalten bleibt, also zum Beispiel ein Euro und nicht ein Prozentsatz auf den vom Autobauer mit dem Tier 2 verhandelten, niedrigeren Preis, der dann weniger Geld ergibt.

Das Saving für den Autobauer entsteht durch eine Margenreduktion für den Zulieferer. Gelingt es dem Autobauer, den Preis der Komponente beim Tier-2-Lieferanten noch weiter herunterzuhandeln, kassiert er nochmals. Allzu viele direkt durch den Kunden kontrollierte Unterkomponenten kann sich Tier 1 nicht im Modul erlauben, sonst bleibt irgendwann nur eine leere Hülle übrig und der Modullieferant wird zum reinen Montage-Unternehmen degradiert. Für eine Montage zahlt der Autobauer aber noch weniger. Die Kosten der Integration samt Entwicklung und Management der Vorlieferanten möchten gewisse Kunden gern ignorieren.

Gefahr lauert auch zum Zeitpunkt der Preisänderung. Der Autobauer konnte den Preis bei Tier 2 reduzieren. Wahrscheinlich ist der Vorlieferant aber gar nicht so schnell mit der Weitergabe der neuen Preise an Tier 1. Außerdem hat Tier 1 noch teuer eingekaufte Lagerbestände. Der Kunde will aber sofort den Preis für das Modul von Tier 1 kürzen. Bei diesen Aktionen kann man bei gewissen Autobauern noch mehr Geld verlieren. Vielleicht sind es manchmal keine hohen Differenzen, aber wenn man nichts tut, wird der Einkauf immer unverschämter.

Er stellt dem Modullieferanten schon dann Preisreduktionen ins System, wenn er sich nur vorstellen kann, dass dessen Vorlieferant vielleicht, eventuell, irgendwann weitere Reduzierungen geben muss.

Es droht nicht nur Verlust von Deckungsbeitrag, wenn das Teil erstmalig vom Kunden heruntergehandelt wurde. Später gibt es noch weitere Herausforderungen. Zusätzliche Kostenreduktionen durch technische Änderungen gehen auch nicht an Tier 1, obwohl er diese dringend braucht, um die Forderungen des Autobauers nach Savings zu erfüllen. Der Autobauer wird das direkt mit Tier 2 verhandeln und das Saving vom Verkaufspreis des Modullieferanten abziehen. Trotzdem wird der Kunde seine jährlichen Preisreduktionen auf den ganzen Lieferumfang des Modul- oder Systemlieferanten anwenden wollen.

Meldet Tier 2 aber steigende Rohmaterialkosten an, ist der Einkäufer des Autobauers gar nicht mehr so interessiert, sich einzumischen. Tier 2 verkauft ja offiziell immer noch an Tier 1. Weigert sich der Autobauer, ihm mehr zu bezahlen, wendet sich Tier 2 an den Modullieferanten, also seinen offiziellen Kunden. Zulieferer haben untereinander weniger Hemmungen, mit der Einstellung von Lieferungen zu drohen und es auch zu tun. Tier 1 muss den Ausgleich zahlen und dann seinem Kunden, dem Autobauer hinterherlaufen. Der spielt auf Zeit, gleicht nicht an oder verlangt „Painsharing“.

Es kann aber auch sein, dass der Autobauer kommerziell nicht gut mit Tier 2 klar kommt. Er kann in solch einem Fall die Firma in der laufenden Serie ersetzen. Der Modullieferant bekommt dann vorgeschrieben, er solle seinen Vorlieferanten wechseln. Man kann nicht davon ausgehen, dass er diesen schützt und sich weigert, denn das hätte für ihn negative Konsequenzen wie Auftragsentzug oder -vorenthalt.

Die beschriebenen Punkte gelten nicht nur für Unterkomponenten, sondern auch für Rohstoffe. Hersteller versuchen, einen Großteil des Rohstoffbedarfs mit dem ihrer Zulieferer zu bündeln. Bei solch einer Initiative konnten wir uns schon wundern, wie teuer der Kunde einen gewissen Rohstoff einkaufen wollte. Die großen Rohstofflieferanten sind für gewisse Autobauer eben härtere Nüsse als ein kleinerer, von der Autoindustrie abhängiger Zulieferer.

Auch bei Dienstleistungen wie etwa dem Transport funktioniert das Prinzip. Häufig wird die Verantwortung für die Belieferung vom Zulieferer auf den Kunden verlagert, der dann eine Spedition damit beauftragt („milk run“). Meiner Firma wurden nach einer solchen Verlagerung 1,50 Euro pro Teil für die Transportkosten abgezogen, obwohl wir für den Transport bislang immer nur einen Euro vom Autobauer erhalten hatten.

Der Einkäufer meinte (zu Recht), die Logistikkosten wären ja mit der Zeit gestiegen. Wir fanden es gut, dass er das endlich einsah; er hatte uns die ganzen Jahre über jeglichen Ausgleich verweigert.

Manchmal will der Autobauer, dass der Zulieferer eine zusätzliche Komponente oder Leistung physisch übernimmt. Integriert der Zulieferer die Komponente in sein Modul, spart der Kunde nicht nur Montagekosten, es gibt auch weniger Ansprechpartner, die Logistik wird einfacher und der Autobauer wird vom Tier 2 nicht mit Lappalien wie Preisforderungen belästigt. Vielleicht bleibt die Preiskontrolle aber auch beim Autobauer, je nach Situation.

Generell heißt es für den Zulieferer aufpassen, sobald ihm der Kunde anbietet, zusätzliche Komponenten oder Leistungen zu übernehmen. Um eine Freundlichkeit wird es grundsätzlich nicht handeln: Vielleicht ist die Komponente schlecht konstruiert, so dass es zu erhöhten Schadenskosten kommt, oder es handelt sich möglicherweise um einen schwierigen Vorlieferanten, der kommerziell mit dem Rücken zur Wand steht.

Die Krönung von allem erlebte ich bei einem gewissen Autobauer: Erst war die Komponente nicht im Lieferumfang des Moduls enthalten. Da das Teil nicht richtig funktionierte, gab der Kunde es zum Weiterentwickeln in die Verantwortung von Tier 1. Als der es dann fertig entwickelt hatte, nahm der Kunde es ihm wieder weg.

Die Modulstrategie hat den Herstellern zwar die dargestellten grossen Vorteile beschert, es gibt aber auch Nachteile, denn der Modullieferant übernimmt die kommerzielle Kontrolle über die Vorlieferanten und „versteckt" eigene Marge in deren Komponenten. Außerdem ist es möglich, dass der meist größere Autobauer mehr Volumen der Unterkomponente bei einem Vorlieferanten bündeln kann, als es dem Modullieferanten möglich ist, wodurch ihm Preisvorteile entgehen. Um diese beiden Schwachstellen der Modulstrategie zu eliminieren, nimmt der Autobauer direkte Verhandlungen mit den Vorlieferanten des Modullieferanten auf.

27. Setzteile – Limitierung des Zulieferers

Wir gewinnen ein Projekt der Mobil AG. Schon seit der Akquisition ist klar, dass wir eine Hauptkomponente unseres Moduls bei der Elektronik GmbH kaufen müssen. Der Einkauf der Mobil AG hat das so vorgegeben. Er tut das bei allen seinen Projekten, immer geht die Komponente von der Elektronik GmbH oder einer zweiten Firma in die Module ein. So bündelt die Mobil AG weltweit bei allen Projekten ein hohes Volumen der Komponente, dafür macht ihr die Elektronik GmbH oder alternativ deren Konkurrenz einen entsprechend niedrigen Preis.

Uns ist das ein Dorn im Auge, denn die Komponente der Elektronik GmbH macht fast 15 Prozent der gesamten Materialkosten in unserem Modul aus. Wir arbeiten normalerweise auch auf eine Volumenbündelung hinaus, aber beziehen dann die Komponente von unseren Lieferanten, der Technik GmbH oder der Feinwerk AG. Bisher haben wir es immer geschafft, hier noch gute zusätzliche Rabatte auszuhandeln, wenn viel Volumen dazukam. Sechs Prozent Preisnachlass beispielsweise bedeuten bei dieser teuren Komponente ja fast ein Prozent Reduktion beim gesamten Material, das ist enorm in der Automobilindustrie.

Jetzt ist uns dieser Weg verbaut, der Kunde macht alles mit der Elektronik GmbH direkt aus und wir bekommen den resultierenden Preis zu unserem Modul addiert. Um das extrem harte Preis-Target des Kunden noch mit einer ausreichenden Marge für uns zu erreichen, brauchen wir noch mindestens vier Prozent Reduktion beim gesamten Material. Die uns vorgegebene Komponente der Elektronik GmbH beschränkt unseren Verhandlungsspielraum jetzt aber auf nur noch 85 Prozent des Materialwerts. Das bedeutet, wir müssen bei diesem verbleibenden Anteil nicht durchschnittlich vier Prozent herunterhandeln, sondern fast fünf Prozent.

> Dazu kommt noch, dass wir mit unseren zwei Lieferanten, der Technik GmbH und der Feinwerk AG, ein Abkommen haben, dass sie für uns einen Teil der Freigabeprüfungen übernehmen, denn sie haben in dem Bereich ein besser ausgestattetes Labor als wir. Die Elektronik GmbH tut das natürlich nicht kostenlos. Der Einkäufer der Mobil AG zuckt dazu nur mit den Schultern, das sieht er nicht als sein Problem, wir hätten ja von Anfang an gewusst, dass wir mit der Elektronik GmbH zusammenarbeiten müssen. Wenn das teurer wäre, hätten wir das eben in unserem Angebot an ihn berücksichtigen müssen.

Manche Vorlieferanten schreibt der Autobauer schon bei der Ausschreibung vor. Tier 1 muss dann von diesen zwingend Teile beziehen und in seinen Umfang integrieren. Auch der Preis dafür ist fix. Es handelt sich um sogenannte Setzteile.

Wer auch immer die Tier-1-Lieferanten der verschiedenen Plattformen oder Fahrzeuge sind, das Setzteil von Tier 2 ist immer dabei. Das erfolgt zur Volumenbündelung. Der Kunde hat mit Tier 2 einen Rahmenvertrag abgeschlossen und bekommt oft weitere Savings von ihm, wenn neue Projekte dazukommen. Also achtet er darauf, dass Tier 1 die Komponente dieses Tier 2 auch einsetzt. Damit fällt der Vorteil der Bündelung von Volumen für den Zulieferer weg. In der etwas abgeschwächten Variante kann Tier 1 zwischen mehreren Vorlieferanten selbst auswählen. Die Kandidaten selbst sind aber wieder vom Autobauer vorgeschrieben.

Diese Methoden vermindern den Spielraum des Lieferanten, seinerseits durch Auswahl eines günstigeren Vorlieferanten seine Gesamtkosten zu senken. Er berücksichtigt ja schon beim Angebot Target-Preise, die einen kommerziellen Erfolg bei der Vorlieferantenauswahl voraussetzen. Das wird mit dieser Maßnahme des Autobauers blockiert. Mögliche Verhandlungserfolge sind bei den verbleibenden, vom Kunden nicht kontrollierten Vorlieferanten zu suchen. Diese Anstrengungen erfolgen natürlich verstärkt, um das Teil in der

Kontrolle des Autobauers auszugleichen. Das kann schwer sein, denn gerade Setzteile sind oft die hochwertigsten im Lieferumfang bzw. im Modul. Ihre Preise dominieren möglicherweise die Materialkosten von Tier 1.

Geschickt ist es auch, wenn der Autobauer dem Tier 1 einen Vorlieferanten vorschreibt, weil dieser sehr billig ist. Möglicherweise handelt es sich dabei um eine Firma, die meint, aus einer Garage heraus die Automobilindustrie beliefern zu können. So ein Vorlieferant muss vom Zulieferer zunächst einmal komplett entwickelt und befähigt werden – wenn das überhaupt geht und die Firma das notwendige Kapital dazu hat. Wie zu erwarten, muss Tier 1 diese Arbeit als Mentor übernehmen, ohne dass er davon einen Vorteil hat, da der Preis direkt vom Autobauer kontrolliert wird. Eine Gegenleistung gibt es dafür nicht.

Unsere Erfahrungen mit gesetzten Vorlieferanten sind schlecht. Der Unterlieferant weiß, dass man ihn nehmen muss, und verhält sich in der Angebots- und Entwicklungsphase entsprechend träge. Leistungen, die sonst vor der Auftragsvergabe gleich als Voraussetzung des Auftragserhalts definiert wurden, bedeuten dann oft Mehrkosten. Ansonsten gelten kommerziell die gleiche Liste von Nachteilen für den Zulieferer, wie sie im vorigen Kapitel beschrieben wurden.

28. QUETSCHEN DURCH NEUPROJEKTE

Wir müssen das neue Projekt gewinnen! In drei Jahren werden wir in ein Umsatzloch fallen, und das müssen wir mit neuen Projekten füllen. Die Entwicklungszeit unserer Komponente nimmt je nach Komplexität des Projekts ein bis zwei Jahre in Anspruch. Seit fast einem Jahr läuft die technische Seite der Akquisition bei der Mobil AG. Vor drei Monaten mussten wir das erste Angebot abgeben. Seitdem wird mit dem Einkauf der Mobil AG verhandelt.

Inzwischen haben wir unser Angebot zweimal verbessert, im Wesentlichen geht es um die Teilepreise, die jährlichen Preisreduktionen und die Investitionen für die Werkzeuge. Und auch das Saving, das wir für den Neuauftrag auf die aktuelle Serienbelieferung geben sollen. Keine Zahl ist so, wie sie der Einkauf der Mobil AG haben will. Immer wieder gehen wir die Kalkulation Zeile für Zeile durch. Wo können wir noch Luft herausnehmen? Der größte Block ist das Material; unser Projekteinkauf läuft auf Hochtouren, um die Angebote der Vorlieferanten zu verbessern. Er hat weltweit angefragt, immer mehr Lieferanten aus Low-cost-Ländern kommen ins Spiel. Die Logistiker müssen die entsprechenden Kosten für Transport, Lagerung und Steuern abschätzen. Was sollen wir zentral und was an verschiedenen Standorten beziehen? Was sollen wir selbst fertigen, was an Vorlieferanten vergeben?

Auch die Konstrukteure suchen nach jeder Möglichkeit, das Produkt zu verbilligen. Wo können wir noch Material sparen? Wo können wir Verbindungselemente wie Schrauben einsparen? Wo können wir Unterkomponenten aus anderen Projekten übernehmen, um keine neuen Werkzeuge erstellen zu müssen?

Es ist ein Wettrennen mit der Zeit, zweimal pro Woche setzt sich das Team zusammen, um über die Kosten zu sprechen. Der Druck steigt, wir müssen weiter runter. Immer wieder kommen Änderungen vom Einkauf der Mobil AG: Er will neue Volumenszenarien und gibt neue Targets, also Zielpreise, jährliche Reduktionen und Investitionen in Werkzeuge vor.

Bei diesen Preisen für die Module und die Werkzeuge sieht es finanziell nicht gut aus für uns. Gewinn ist bei diesem Kunden ohnehin nie drin. Wenn man viel Volumen haben will, ist darauf zu verzichten. Es geht darum, das „gewisse Plus" über den variablen Kosten zu erreichen. Das ist zurzeit noch ein „gewisses Minus". Wir müssen einiges abschätzen; wer weiß schon genau, wie die Preise der Vorlieferanten in drei Jahren aussehen werden? Sicher kann man das aktuelle Niveau der Rohstoffkosten, Löhne, Energie usw. ins Angebot an den Kunden schreiben. Jeder weiß aber, dass bei diesem Kunden nicht mit Ausgleich zu rechnen ist, wenn die Preise steigen, auch wenn das deutlich in jedes Angebot geschrieben wird. Es hängt also von unserer Risikobereitschaft ab, was wir an Zukunftspreisen für Material und Unterkomponenten in die Kalkulation nehmen.

Es ist auf jeden Fall immer weniger als das, was wir heute bezahlen würden. Alles muss immer billiger werden in der Zukunft. Auch bei den Werkzeugen lehnen wir uns weit aus dem Fenster. Natürlich muss ein Großteil davon in China erstellt werden. Das Risiko ist klar: Je komplexer das Werkzeug, desto mehr Probleme werden wir haben. Es wäre nicht das erste Mal, dass ein ganzes Team Wochen dort verbringen muss, um die Kastanien aus dem Feuer zu holen. Es bleibt aber keine Wahl, die Targets sind sonst bei weitem nicht zu erreichen.

Auch wegen der engen Termine ist China unser letzter Ausweg, denn europäische Werkzeugbauer brauchen mindestens 50 Prozent mehr Zeit zur Werkzeugerstellung. Und die Zeit wird knapp, denn die Mobil AG hat sich immer noch nicht für einen Lieferanten entschieden. Wir sind auf die Targets eingegangen und warten darauf, dass das Komitee der Mobil AG entscheidet. Vielleicht klappt es dieses Mal?

Leider werden wir wieder enttäuscht, es gibt keine Entscheidung, aber neue Targets. Die sind nicht mehr zu erfüllen, jedenfalls nicht von uns. Trotzdem arbeiten wir weiter an den Kosten. Außerdem kalkulieren wir schon ein, dass es Kundenänderungen geben wird, die wir gut verkaufen können. Die Kalkulation hat jetzt keine Luft mehr, aber viel Optimismus und hohe Risiken. Nochmals gehen wir mit den Preisen herunter, aber nicht bis zum Target. Das ist jetzt die fünfte Runde und die Zeit wird zu knapp.

Wir müssen unbedingt anfangen, um die Konstruktion zum geforderten Termin abschließen zu können. Also fangen wir an, ohne Auftrag natürlich. Es bleibt uns keine Wahl, auch die Konkurrenz arbeitet schon.

Dann tagt das nächste Komitee der Mobil AG. Der Einkäufer kontaktiert uns danach; das ist ein gutes Zeichen. Es sehe nicht schlecht für uns aus, aber ein paar Sachen wären noch zu regeln, meint er. Die angebotenen Prototypen würde er aber nicht bezahlen, darauf sollten wir verzichten. Es geht um etwa 150.000 Euro. Die waren schon im Resultat der Kalkulation enthalten, aber wegen dieses Betrags noch den Auftrag zu verlieren, wäre eine Katastrophe. Also verzichten wir.

Parallel zum Angebot laufen die Forderungen zu den Preisreduktionen auf unsere laufenden Geschäfte mit der Mobil AG. Wir beliefern einige der aktuellen Fahrzeugmodelle und der Kunde bekommt hier laut unserem Angebot einen Rabatt von drei Prozent, falls wir den Auftrag erhalten. Jetzt will er sechs Prozent und zwar nicht zum Produktionsbeginn des neuen Fahrzeugs, sondern sofort nach Auftragserhalt. Das bedeutet, das aktuelle Projekt kommerziell zu zerstören, um in drei Jahren ein neues zu haben.

Das ist Wahnsinn, ganz unmöglich, aber trotzdem gehen wir bei der Reduktion von drei Prozent auf vier Prozent hoch, leider sogar ab Auftragsvergabe. Die Zukunft ist eben wichtiger als die Gegenwart. Wir müssen uns mit diesen schlechten Geschäften über Wasser halten, bis die Konkurrenz endlich pleite geht. Die wiederum denkt leider genauso.

Die Mobil AG rührt sich jetzt nicht mehr. Die Zeit läuft uns davon, wir arbeiten ja immer noch ohne Auftrag. Dann meldet sich der Einkauf der Mobil AG mit einer Liste von Forderungen. Das sind unsere Außenstände, die wir seit Monaten beim Kunden nicht mehr intensiv verfolgt haben. In einer Entscheidungsphase für ein Neuprojekt belästigt man die Mobil AG schließlich nicht mit so etwas. Der größte Brocken sind die Abbruchkosten eines Projekts. Zu dessen Ende waren unsere Investitionen, die auf den Teilepreis umgelegt waren, nicht abgedeckt. Das Fahrzeug war einfach nicht mit so viel Volumen gelaufen, wie es die Verkaufsplanung der Mobil AG prognostiziert hatte. Noch über eine Million Euro fehlen uns. Das will der Einkauf jetzt aus der Welt schaffen.

Die Verlockung des Neuprojekts ist zu groß. Warum darauf verzichten für eine Forderung, die wir sowieso nie bezahlt bekommen werden? Wir warten schließlich schon über ein Jahr darauf. Also geben wir auch hier nach und dazu gleich noch bei weiteren Beträgen, sprich bei allen Positionen auf der Liste des Einkaufs. Jetzt sind wir wirklich am Ende. Keiner freut sich mehr so richtig auf das neue Projekt.

Aber das war nicht alles, was die Mobil AG von uns wollte. An einem anderen Standort außerhalb Europas haben wir eine Preiserhöhung gefordert. Es geht um stark gestiegene Rohstoffpreise, die von der Mobil AG seit Monaten ignoriert werden. Der Vertreter dieser Filiale der Mobil AG saß auch immer im Entscheidungskomitee. Und er legte sein Veto gegen unsere Nominierung ein. Natürlich knicken wir hier auch ein.

In unserer Auslandsfiliale ist man wütend, denen haben wir das Projekt gründlich verdorben. Aber was sollten wir machen? Wegen so etwas konnten wir schließlich nicht das neue Projekt verlieren. Keiner wagt, alles zusammenzutragen, was wir für das Neuprojekt geopfert haben. Solche Kalkulationen gibt es nicht. Das will wirklich niemand sehen.

Oft wird ein Neuteil entwickelt, anstatt wie die asiatischen Autobauer auf erprobte Übernahmeteile zu setzen. Der entsprechende Verantwortliche beim Autobauer wird das gewöhnlich mit dem Streben nach besseren Eigenschaften und Funktionen begründen. Schließlich muss er seine Entwicklungsmannschaft beschäftigen. Die Überkapazitäten gewisser Autobauer stecken nämlich nicht nur in den Fabriken, sondern auch in den Entwicklungsabteilungen.

Gleichzeitig ist eine Neuentwicklung auch ein freudiges Ereignis für die Beschaffung gewisser Hersteller. Im Gegensatz zum Resourcing während der laufenden Serie gibt es jetzt keine Beschränkungen durch eine geringe Rest- und somit Amortisationslaufzeit für die Investitionen, die maßgeblich der Zulieferer übernehmen muss. Damit ist ein Neuprojekt natürlich attraktiver für den Zulieferer als die Übernahme des schon laufenden Projekts von einem Konkurrenten.

Es ist ein ungeschriebenes Gesetz in der Automobilindustrie, dass eine neue Komponente besser und billiger sein muss. Diese quasi naturgesetzliche Entwicklung steht ganz im Gegensatz zur Entwicklung der Fahrzeugpreise. Zugegeben, die Autos von heute können mehr und sind besser (die Zuliefererkomponenten übrigens auch). Es gibt mehr Komponenten als früher, wie Navigation, ABS, ESP etc. Trotzdem ist es erstaunlich, warum man deshalb heute rund 50 Prozent länger für ein Auto arbeiten muss als vor 30 Jahren.

Auch für den Zulieferer ist die Entwicklung einer Neukomponente ein Ereignis. Falls er das Vorgängermodell noch nicht beliefert, ist jetzt die Gelegenheit einzusteigen. Eine Laufzeit von durchschnittlich fünf vollen Jahren, bei Plattformen noch länger, steht zur Amortisation seiner Investitionen zur Verfügung! Ist der Zulieferer schon einer der aktuellen Lieferanten, sieht er jetzt die Chance, die Rentabilität zu steigern. Gewöhnlich ist ein laufendes Projekt zum Ende der Laufzeit kommerziell durch die ständigen Reduktionen nach Androhen von Resourcings, also Auswechseln des aktuellen Lieferanten, durch gegebene Savings, um Neuprojekte zu erhalten, durch Spiele mit dem Lieferanteil bei zwei Lieferquellen, die vereinbarten jährlichen Preisreduktionen und sonstige spontane Preisdrück-Aktionen so ausgequetscht, dass man es gern ersetzt.

Allerdings muss man mit dem Neuteil eben noch billiger sein und mehr Margen gewinnen. Das ist nicht einfach, zumal auch die Anforderungen des Kunden steigen. Ein Neufahrzeug muss ja immer in allen Funktionen und Eigenschaften besser sein als das Vorgängermodell.

Beim Vergleich der Konkurrenten gehen erst einmal Preis, Investitionen und vereinbarte jährliche Preisreduktionen in die Tabelle des Einkäufers ein. Dazu kommen Preisreduzierungen auf die laufenden

Projekte, die der Zulieferer geben muss. Vor einer Entscheidung für einen Lieferanten verschafft sich der Einkäufer einen Überblick, welche offenen Rechnungen mit ihm bestehen. Das können Forderungen des Zulieferers, aber auch nicht durchgesetzte Forderungen gegenüber den Lieferanten sein.

In den Entscheidungskomitees sitzen Vertreter aus allen relevanten Bereichen und Regionen des Herstellers, damit ihm kein offener Punkt entgeht. Jeder kann sein Veto gegen den Lieferanten einlegen. Der Einkäufer bekommt dann die Aufgabe, das Problem mit dem Lieferanten zu lösen. Das ist meist nicht schwer, denn für einen neuen Auftrag tut der Zulieferer fast alles. Neuprojekte sind der Besen, mit dem der Autobauer alte Forderungen des Lieferanten vom Tisch fegt und der Knüppel, mit dem er ausstehende Forderungen durchsetzt. Und hier macht sich die Modelloffensive, die sich ein gewisser Autobauer verordnet hat, auch für den Einkauf positiv bemerkbar, denn es gibt ja immer viele Neuprojekte zu vergeben.

Viele Scheiben einer Salami ergeben in der Summe auch eine ganze Wurst. Das denkt sich auch der Autobauer wenn er bei seinen nie endenden Forderungen nach der Salami-Taktik gegen den Lieferanten vorgeht. Immer, wenn der Zulieferer meint, dass nun nichts mehr dem Auftragserhalt entgegensteht, kommt der Einkäufer mit neuen Hindernissen, die der Lieferant mit neuem Geld überwinden muss. Jetzt noch aufzugeben, kommt für den Lieferanten nicht in Frage. Er schluckt und schluckt, eine Kröte nach der anderen. Eine Forderung nach der anderen fällt, eine Kundenforderung nach der anderen wird erfüllt. Korrekt zusammengerechnet, können hier enorme Beträge auflaufen.

Die gehen aber nicht in die Angebotsvergleiche mit den Konkurrenten ein. Trotzdem hat der Lieferant das Projekt gewonnen. Manch ein Lieferant sollte sich wirklich fragen, ob es notwendig ist, neben dem besten Angebot auch noch weitere Zugeständnisse zu machen. Er tut das, weil er ohnehin nicht mehr daran glaubt, seine Forderungen eintreiben zu können, und weil er den Autobauer nicht verärgern möchte. Da zeigen sich auch einfach die Nerven, einmal aus Angst, das Projekt noch zu verlieren und zweitens, weil es höchste Zeit ist, mit der Entwicklung anzufangen.

Gewisse Autobauer nominieren immer zu spät. Außerdem wissen der Verkäufer und sein Vorgesetzter beim Zulieferer, dass es schlecht für ihre Karrieren wäre, jetzt noch den Auftrag zu verlieren; vielleicht sogar wegen eines im Rahmen der Salami-Taktik zuletzt noch geforderten geringeren Betrags. Nicht, dass dies für den Autobauer dann noch finanziell wichtig wäre, aber der Einkauf mag sein Gesicht nicht verlieren, und das wäre der Fall, wenn der Zulieferer Nein sagt. Die großen Brocken werden immer zuerst eliminiert. Schluss mit den Forderungen ist erst, wenn der Zulieferer gleichgültig wird. Das heißt, er weiß dann gar nicht mehr, ob er das Geschäft überhaupt noch will. „Kunde droht mit Auftrag", heißt es dann beim Zulieferer.

Die Basis für ein Angebot ist eine Projektkalkulation, basierend auf realistischen Annahmen zu Kosten, Volumen und Investitionen. Bei besagten Autobauern sind optimistische Kostenschätzungen zum Produktionsbeginn ganz unangebracht. In zwei bis drei Jahren ändert sich viel und gewisse Autobauer werden sich beharrlich weigern, gestiegene Rohstoff- und Energiekosten nach drei Jahren Entwicklungszeit anzupassen, auch wenn das in Großbuchstaben im Angebot des Zulieferers steht. Von der Inflation ganz zu schweigen.

Das Risiko des Volumens trägt auch der Zulieferer, da seine Investitionen maßgeblich im Teilepreis stecken und von ihm getilgt werden müssen. Das Volumenrisiko kommt nicht nur vom Markt. Gibt es einen Zweitlieferanten, kommt es über den Lieferanteil auch von dort. Durch ungeplante Nachverhandlungen wird der Autobauer oft mindestens nochmals das Gleiche zusätzlich herausholen, was er schon durch die vereinbarten jährlichen Preisreduzierungen bekommt.

Und jetzt sieht man sich an, was über die Laufzeit noch an Rendite überbleibt; minus den soeben beschriebenen und bewerteten Block; minus Quick-Savings; minus vertraglich vereinbarte jährliche Savings; minus Savings, die auf laufende Projekte zu geben sind; minus die ganzen Forderungen, auf die zu verzichten ist; minus die zusätzlichen Forderungen bei Serienprojekten, die man bisher abwehren konnte; minus ein Risikobetrag für technische Maßnahmen, um das Lastenheft zu erreichen. Diese Aufzählung erhebt keinen Anspruch auf Vollständigkeit, es kommt sicher noch etwas dazu.

Der Zulieferer müsste sich nun fragen, ob ihm das Projekt mit diesem Autobauer nicht nützlicher ist, wenn es die Konkurrenz macht. Und er müsste sich fragen, warum er überhaupt kalkuliert, wenn er die beschriebenen Risiken nicht einfließen lässt. Es sind ja nicht einmal Risiken, denn es ist schon sicher, dass es bei gewissen Autobauern so kommt wie oben beschrieben. Das alles müsste er sich fragen – und die Antworten sollten eindeutig ausfallen.

29. Jährliche Preisreduzierungen der besonderen Art

Pünktlich zum Jahresanfang hat die Wagen AG die Preise für unsere Lieferungen um fünf Prozent gekürzt. Prinzipiell war das auch so ähnlich vereinbart, allerdings hatten wir die Reduzierung an eine Mindeststückzahl der produzierten Teile gekoppelt. Eine Preisreduktion rein auf der Basis der vergangenen Laufzeit, haben wir nie akzeptiert. Anstatt der notwendigen 200.000 Stück haben wir erst 130.000 Teile verkauft. Das ist auch ganz normal, denn das Projekt wird ja erst allmählich hochgefahren.

Zudem haben wir einige Kostensteigerungen erfahren. Rohmaterialien, Energie und damit auch Unterkomponenten haben sich verteuert. Um das auszugleichen, bräuchten wir einen um zwei Prozent höheren Verkaufspreis. Lohnsteigerungen und Inflation müssen wir ohnehin schlucken; diese Begriffe gibt es bei der Wagen AG gar nicht, jedenfalls nicht für Zulieferer.

Normalerweise setzt man sich vor einer solchen regelmäßigen Preisreduzierung mit dem Kunden zusammen und versucht, zu einer Einigung zu kommen. Denn es ist einfacher, weniger Reduzierung an den Kunden zu geben, als von ihm eine Preiserhöhung zu bekommen. Statt um fünf Prozent zu reduzieren, wären drei Prozent fair gewesen; und das erst ein halbes Jahr später, wegen der geringeren gefertigten Volumen. Beim Einkauf der Wagen AG gibt es solche Gespräche generell nicht.

Die jährliche Preisreduktion von fünf Prozent haben wir auch nicht bei allen Vorlieferanten erreicht. Von daher verschlechtert sich die Rentabilität des Projekts ohnehin über die Laufzeit. Natürlich könnten wir den Vorlieferanten einen höheren Einstandspreis geben und würden dann die dreimal fünf Prozent[18] erhalten.

Das wollen wir aber nicht, denn den Vorlieferanten kann genau das Gleiche passieren, was uns jetzt wiederfahren ist: eine Kostensteigerung, verursacht durch Rohmaterial und Energiepreise.

Dann würden wir die fünf Prozent niemals bekommen. Wer gibt schon einen Preisnachlass, wenn er noch eine Rechnung offen hat? Zulieferer sind untereinander nicht zimperlich. Es fehlen uns die Macht und die Möglichkeiten zum Ausnutzen einer Abhängigkeitssituation, um so etwas bei unseren Vorlieferanten zu unterdrücken. Uns gegenüber hat und benutzt die Wagen AG ihre enorme Machtstellung.

Auch die Lieferanten, die der fünfprozentigen jährlichen Preisreduktion zugestimmt haben, geben sie uns jetzt nicht: einige wegen der gestiegenen Kosten, andere, weil die Volumenschwelle nicht erreicht ist, und die restlichen aus beiden Gründen. Unsere Marge verschlechtert sich also um zwei Prozent wegen der Kostensteigerung. Weitere fünf Prozent verlieren wir durch die Preisreduzierung, die der Kunde selbst und verfrüht durchgezogen hat.

Auf einen Schlag haben wir also sieben Prozent Rentabilität verloren. Bestenfalls können wir etwas davon in sechs Monaten bei einigen unserer Lieferanten zurückholen, wenn die 200.000 Stück erreicht sind. Wir schätzen, dass wir im Durchschnitt ein halbes Prozent holen können, denn die Rohstoffpreise werden wahrscheinlich nicht so schnell wieder sinken. Das ist nicht genug, um aus den roten Zahlen zu kommen.

---

[18] Drei Jahre lang jeweils 5 % Reduktion, also beträgt der Preis nach drei Jahren noch rund 86 % vom Einstandspreis.

Also beginnen wir mit den üblichen Aktionen. Dazu gehört, einige Vorlieferanten durch billigere zu ersetzen. Auch bitten wir die Wagen AG bei der Arbeit mit den Vorlieferanten um Hilfe, was uns aber wie üblich versagt wird. Das machen wir auch mehr, um dem Kunden zu verdeutlichen, in was für einer schwierigen Lage wir uns befinden, bevor er noch weitere Savings verlangt.

Meistens jährlich muss der Zulieferer eine bei Projektabschluss vereinbarte „Produktivität" preiswirksam einfließen lassen. Das sind zwischen drei und sieben Prozent pro Jahr über drei bis fünf Jahre hinweg. Also zum Beispiel 3 x 4 %: drei Jahre lang vier Prozent Reduzierung. Das heißt, zu den vier Prozent nach dem ersten Produktions- oder Kalenderjahr kommen noch zweimal je vier Prozent hinzu. Zu Beginn des vierten Jahres liegt der Preis also nur noch bei rund 88,5 % des Ursprungspreises.

Und damit ist noch nicht Schluss: Selbst wenn diese Preisreduktionen für nur drei Jahre vereinbart war, werden gewisse Autobauer auch danach jedes Jahr ihre zusätzliche Reduktion fordern. Das pressen sie durch, sie vereinbaren es nur deshalb nicht von Anfang an über fünf bis sieben Jahre, weil das Resultat in der Kalkulation des Zulieferers noch schlechter aussehen würde. Dieser könnte dann ja einen höheren Ausgangspreis fordern. Das ist wieder eine Anwendung der beliebten Salami-Technik; wenn der Lieferant einmal im Projekt „gefangen" ist, wird weiter gefordert.

Gewaltig sind diese Preisnachlässe auch, wenn man bedenkt, dass die durchschnittlichen EBIT-Margen der Zulieferer im ganz niedrigen einstelligen Prozentbereich liegen, also etwa bei drei Prozent, in Krisenzeiten natürlich noch niedriger oder es geht gleich in den negativen Bereich. Es muss auch bedacht werden, dass Projekte mit gewissen Autobauern sogar im ersten Jahr oft nicht einmal die vollen Kosten decken.

Je näher ein Lieferant in der Wertschöpfungskette bei den Rohstoffproduzenten liegt, umso schwieriger wird es für ihn, diese gewaltigen Reduktionen auf der Materialseite wieder durch seine Vorlieferanten auszugleichen. Denn auch bei den Rohmaterialherstellern handelt es sich wie bei den Autobauern um Oligopolisten mit großer Marktmacht. Und diese Rohstofflieferanten mögen Preisreduzierungen überhaupt nicht.

Ein Lieferant mit einem Materialanteil von 70 Prozent und einer vereinbarten Preisreduktion von vier Prozent muss seine verbleibenden beeinflussbaren Kosten also um mehr als 13 Prozent senken, wenn er von seinen Vorlieferanten nichts bekommt und seine Marge gleich bleiben soll; und das jedes Jahr zusätzlich. Die Vorlieferanten müssen also auf jeden Fall mitziehen. Realistisch erreichbar dürften je nach Produkt- und Fertigungstiefe etwa zwei bis drei Prozent sein. Der Rest kommt aus der eigenen Marge des Zulieferers. Das geht ohne schwere Verluste nur, wenn er einen hervorragenden Einstandspreis hatte, mit einem Gewinn, der ein Mehrfaches von dem beträgt, was gewisse Autobauer überhaupt erlauben.

Die jährliche Preisreduzierung ist vollkommen normal in der Automobilindustrie, auch die fairen Autobauer verlangen sie. Aber natürlich machen gewisse Autobauer hier etwas Besonderes daraus. Forderungen von über fünf Prozent sind hier der Normalfall. Um Produktivität zu erreichen, muss der Lieferant erst einmal die notwendige Stückzahl bekommen und fertigen. Das ist die Kondition, die bessere Autobauer akzeptieren.

Gewissen Herstellern ist das aber gleichgültig. Ihrer Interpretation nach liegt das Risiko der geringeren Volumen ausschließlich beim Zulieferer. Sie werden den Preis zum 1. Januar senken, ohne Argumentationen zu geringeren Volumen anzuhören.

Das wird einfach im System eingegeben, so dass der Zulieferer jetzt im Zugzwang ist. Entweder er schafft es, den Autobauer davon zu überzeugen, den neuen Preis auf Basis der schon gefertigten Stückzahl aufzuschieben oder eben nicht. Selbst wenn er es schaffen sollte, dann ist schon so viel Zeit vergangen, dass der Kunde sich am unberechtigten Preis bereichern konnte. Das Geld gibt er nicht mehr her.

Alle Zulieferer wissen, was am Jahresanfang passieren wird und dass es so kommt. Ab Januar laufen sie trotzdem den Einkäufern des Autobauers hinterher, um sie dazu zu bewegen, ihre Tat rückgängig zu machen. Ähnliches gilt, wenn der Zulieferer Kostensteigerungen zu schultern hatte. Es gibt keine Möglichkeit, gewisse Kunden davon zu überzeugen, das wenigstens zum Teil durch geringere Forderungen zur jährlichen Preisreduktion auszugleichen. Dazu kommt, dass es immer unrealistischer wird, die steigenden Forderungen der Kunden bei den Preisreduzierungen erreichen zu können.

30. Preisreduktionen zu besonderen Anlässen

„Sehr geehrte Damen und Herren, hiermit teilen wir Ihnen mit, dass sich Ihre Preise um zehn Prozent reduziert haben..." Solche Briefe bekommen Zulieferer durchaus von gewissen Autobauern.

Von Zeit zu Zeit gibt es spontane Aktionen, bei denen die Zulieferer aufgefordert werden, einen Preisnachlass zu geben, meist in einer Spanne von drei bis acht Prozent. Der Autobauer wirft den Anker weit aus, dann kommt nachher die Hälfte der zusätzlich geforderten Rabatte heraus. Anlass ist, dass gewisse Autobauer meinen, mehr Gewinn machen zu müssen, oder ein neuer Einkaufsleiter möchte gern zeigen, dass er sein Gehalt wert ist.

Ein neu aufgelegtes Kostenreduktions-Programm mit einem zackigen Namen zielt vor allem auf weitere Preiskürzungen bei den Lieferanten. Da das Einkaufsmaterial immer der größte Kostenblock ist, geht es auf dieses zuerst los. Es handelt sich also um nichts anderes als um Nachverhandlungen. Mit Hilfe der Abhängigkeit des Zulieferers wird hier also eine Preissenkung erpresst, die dieser nicht in der Kalkulation berücksichtigt hatte. Das Ganze kann auch rückwirkend erfolgen, das heißt Rabatte auf Teile, die schon „auf der Straße“ sind.

Der Zulieferer ist gezwungen, nun das Gleiche mit seinen Vorlieferanten zu machen. Die Erpressung geht durch die ganze Lieferkette bis zu den kleinen und schwachen Zulieferern. Die leiden am meisten, weil sie am Ende der Wertschöpfungskette den großen Rohstofflieferanten ohnmächtig gegenüberstehen. Wenn sie aber nicht mitmachen, werden sie ausgewechselt.

Welches Ausmaß die zusätzlichen Nachverhandlungen ausmachen, weiß zu Beginn eines Projekts niemand. Deshalb kommt es auch nicht in die Angebotskalkulation. Wäre es bereits enthalten, würden die meisten Zulieferer nichts mehr bei gewissen Kunden akquirieren.

Diese Preisreduktionen zu besonderen Anlässen bei einer Vielzahl von Zulieferern gleichzeitig sind bei gewissen Autobauern seltener geworden, solche Aktionen rufen bei den Zulieferern nämlich schon einmal gemeinsame Proteste hervor. Die dringen an die Presse und an die Öffentlichkeit. Diese Raubzüge laufen natürlich weiterhin, aber eben individuell mit einzelnen Zulieferern und ohne entsprechende Aktionen publik zu machen. Die Autobauer müssen schließlich auf ihr gutes Image in der Öffentlichkeit achten. Der Autobauer, der noch Briefe an seine Zulieferer mit der Forderung nach Preisnachlässen schickt, hat die Entwicklung im Bereich der unsauberen Methoden verschlafen. Seine Quetsch-Maschinerie ist noch nicht so automatisiert und effizient, als dass sie den Image-schädigenden Sammelaktionen ebenbürtig wäre.

31. Quicksavings

Ein einziges Mal gab es eine Zahlung von der technischen Entwicklung für einige Prototypen, die wir an die Auto AG geliefert hatten. Das Geld wurde sogar auf unser Konto überwiesen. Wir sollten gerade für einen Neuauftrag der Auto AG nominiert werden, als deren Einkauf von der Zahlung erfuhr. Man wollte das Geld zurück, sonst gäbe es keinen Neuauftrag. Es blieb uns keine andere Wahl, als es zurückzuzahlen.

Diese Geschichte ist noch harmlos, weil es wenigstens einen Neuauftrag gab. Es gibt aber auch „Quicksavings“, damit der Zulieferer überhaupt bei einer Ausschreibung mitmachen darf. Der Zulieferer soll also eine Summe an den Autobauer überweisen, ohne irgendwelche Garantien, den Auftrag zu bekommen. Wie hoch die geforderte Summe ist, kommt darauf an, was das Zulieferunternehmen hergibt. Große und finanzstarke Firmen zahlen mehr.

Es ist auch von einer Variante zu hören, wo der Autobauer eine Zahlung vom Zulieferer für den Auftrag erhält. Das Geld soll dann später über den Preis wieder an den Zulieferer zurückgehen. Das muss man sich auf der Zunge zergehen lassen: Der Zulieferer nimmt das Geld bei seiner Bank auf. Er zahlt dafür mehr Zinsen als ein Autobauer, weil dieser natürlich bessere Konditionen bei den Banken bekommt. Der Autobauer nimmt das Geld des Zulieferers und legt es bei seiner Bank an oder er spart sich dadurch, selbst einen Kredit aufnehmen zu müssen. Dann zahlt er das Geld im Laufe der Jahre langsam über den Preis zurück, zinslos natürlich. Ein gutes Geschäft.

So einfach ist das. Es hat keinen Sinn, das hier allgemein zu diskutieren, zu spezifisch sind die jeweiligen Einzelfälle, die genau analysiert werden müssten. Ein „gewöhnlicher" Zulieferer kann sich nur fragen, was er von einer Autobauer-Zulieferer-Beziehung erwarten soll, wenn sie schon so anfängt? Wahrscheinlich ein Schlachtfest, bei dem der Zulieferer das Schaf ist.

Ein Quicksaving ist ein Auswuchs, der sich aus der totalen Abhängigkeit der Zulieferer von gewissen Autobauern ergibt. Es gehört zu den besonderen Regeln, die der Autobauer mit Hilfe seiner Macht- und Zwangsstrategie einführt. Wer dabei nicht mitmachen will, bekommt eben den Auftrag nicht – oder die Chance, um ihn zu kämpfen.

32. Rabatte auf laufendes Geschäft

Der Kampf um das Neuprojekt bei der Mobil AG ist hart. Mit dem Preis sind wir schon an unsere festgelegte Grenze gegangen. Die liegt bei rund fünf Prozent Verlust.[19] Aber wir haben ja noch die laufenden Serienprojekte beim gleichen Kunden. Unser Management achtet mehr auf die Kalkulation des Neuprojekts. Das nutzt der Vertrieb aus und gibt bei den Serienprojekten in Grenzfällen mehr Rabatte. Solche Fälle sind bei der Mobil AG die Regel.

Dieses Mal ist das „Opfer“ ein Projekt mit 300.000 Einheiten p. a. und zwei Jahren Restlaufzeit ab Produktionsbeginn des zu vergebenden Neuprojekts. Das bedeutet ab heute noch vier Jahre Laufzeit, da die Entwicklung des Neuprojekts zwei Jahre dauern wird. Wir bieten dem Einkauf 1,5 Prozent an. Damit kommen über die Laufzeit insgesamt fast eine Million Euro zusammen.

Es ist nicht genug: Der schärfste Konkurrent, die Rennsitz GmbH, hat ein Projekt bei der Mobil AG mit doppelt so hohen Volumen p.a. wie wir. Laut Einkauf bietet die Rennsitz GmbH angeblich zwei Prozent Preisreduktion darauf an. Ähnliche Verkaufspreise angenommen, müssten wir also auf unser Projekt rund vier Prozent geben, um mit der Rennsitz GmbH gleichzuziehen. Das ist nicht drin, also suchen wir ein weiteres Opferprojekt und geben darauf 2,5 %. Auch erhöhen wir den Rabatt des ersten Projekts von 1,5 auf 2 %. Damit haben wir rechnerisch die Rennsitz GmbH übertroffen.

Dann aber kommt das Feedback der Mobil AG: Der Einkauf will den Rabatt auf die laufenden Projekte ab Vergabe des Neuprojekts, also nicht erst beim SOP des Neuprojekts! Das hieße zwei Jahre mehr Savings für ihn. Die Konkurrenz würde ihm das bieten. Es folgen noch mehrere ähnliche

---

[19] Es ist ganz normal, dass man bei gewissen Herstellern nicht kostendeckend anbieten kann, wenn der Auftrag geholt werden soll. Das Ziel ist also ein möglichst hoher Deckungsbeitrag, also der Betrag, welcher einen Teil zur Deckung der Fixkosten beisteuert.

> Runden; wir geben am Ende mehr Savings auf das laufende Geschäft, als das Neuprojekt jemals einfahren wird. Wir müssen das Neuprojekt einfach bekommen, um die Belegschaft halten zu können, schließlich gibt es einen Standortvertrag. Finanziell wäre es sogar interessanter gewesen, die Leute für ein paar Jahre bei vollem Lohn nach Hause zu schicken, denn das neue Projekt entwickelt sich kommerziell durch einige Nachverhandlungen des Einkaufs der Mobil AG sehr schlecht. Da hätten die alten Projekte noch mehr Margen gebracht, wenn wir die Rabatte für das Neuprojekt nicht gegeben hätten.

Es handelt sich um Rabatte von meist zwei bis sechs Prozent auf Teile, die der Lieferant bereits an den Autobauer liefert. Normalerweise bekommt der Kunde diese, wenn er einen Neuauftrag an den Lieferanten vergibt. Also sofort eine Kürzung der aktuellen Preise für ein neues Projekt, das erst nach zwei- bis dreijähriger Entwicklungszeit Umsatz bringen wird. Die etwas bessere Variante ist, wenn die Rabatte erst beim Produktionsbeginn des Neuprojekts einsetzen. Lieferanten, die noch nichts an den Kunden liefern, müssen in ihrem Preis für das Neuprojekt somit entsprechend billiger sein, das ist sehr schwer.

Rabatte auf laufendes Geschäft sind eine der wirkungsvollsten Preisdrück-Methoden überhaupt. Der Kunde wählt vorzugsweise „Opferprojekte“ aus, bei denen noch eine lange Laufzeit zu erwarten ist. Und darüber weiß er mehr als der Zulieferer. Vielleicht steht ja eine Laufzeitverlängerung an oder die Komponente ist als COP in Planung, was der Zulieferer auch noch gar nicht weiß. Der Autobauer kann eine einmalige Reduktion oder sogar jedes Jahr noch zusätzliche Prozentsätze verlangen. Da er viele Neuprojekte vergibt, laufen viele dieser Rabatt-Runden teilweise immer wieder über die gleichen Projekte, bis diese dann ausgeblutet sind.

Auf Seiten der Zulieferer zeigt sich manchmal ein sehr merkwürdiges Verhalten, das nur im Rahmen der spezifischen Situation in der Automobilindustrie zu verstehen ist: Es kommt vor, dass mehr Savings auf aktuelle Projekte gegeben werden, als das Neuprojekt jemals theoretisch an Margen einfahren würde. Mit „theoretisch" ist gemeint, dass bei bestimmten Autobauern ein Projekt immer schlechter dasteht als geplant. So viel zur Verzweiflung eines Zulieferers, unbedingt ein Zukunftsprojekt holen zu müssen.

In den Jahren, in denen ich für die Zulieferer-Industrie gearbeitet habe, ist deutlich geworden, dass Projekte mit gewissen Kunden für die Lieferanten immer unrentabler werden. Heute ist bei Beginn eines Projekts nicht einmal sicher, wie lange, mit welchem Lieferanteil und zu welchem Preis der Zulieferer das Projekt nach Produktionsbeginn noch haben wird. Die Lieferanten wollen der Wahrheit nicht ins Auge sehen und zerstören ihre aktuelle Geschäftsgrundlage für eine unsichere Zukunftsaussicht. Vielleicht ist bei den Forderungen auch einmal Nein zu sagen oder zu kleckern, statt zu klotzen. Das Neuprojekt mag verlorengehen, aber es gibt weitere Chancen, es später wenigstens teilweise zu bekommen, dafür sorgt der opportunistische Kunde.

Wer auch immer der aktuelle Lieferant ist, er muss sich das Projekt jeden Tag aufs Neue verdienen und es gegen vom Kunden provozierte Angriffe seiner Konkurrenten verteidigen. Das geschieht mit Hilfe von Preisreduktionen.

33. Jährliche Ausschreibung und Nachverhandlung

Es ist wieder soweit. Die Wagen AG hat das Projekt „Stadtflitzer“ ausgeschrieben und erwartet die Angebote. Das ist wohlgemerkt unser Projekt – wir liefern unsere Komponente seit drei Jahren an den Autobauer. Wenigstens fragt der Einkauf der Wagen AG neben unserer Konkurrenz auch uns an. Wir sind es schon gewohnt, mindestens einmal im Jahr das Projekt aufs Neue gewinnen zu müssen. Es gibt nicht etwa Beschwerden der Wagen AG, unsere Lieferungen laufen normal und die Qualität ist innerhalb der Vorgaben des Kunden. Es geht also ausschließlich um eine Nachverhandlung.

Das Projekt werden wir wohl behalten, die Frage ist nur, zu welchem Preis. Es gab bisher keine jährliche Ausschreibung, bei der der Preis nicht gelitten hätte. Selbst wenn die Wagen AG keinen Billigeren findet, müssen wir etwas nachgeben, sonst provozieren wir sie und dafür würde sie sich rächen.

Die etablierte Konkurrenz wird sich nicht zu weit aus dem Fenster lehnen mit ihren Angeboten für unser Projekt. Beide Hauptkonkurrenten haben schon einen guten Anteil am Volumen des Kunden. Sie wissen, dass die Wagen AG ihnen nicht mehr geben wird, um ihre Abhängigkeit von einem einzelnen Lieferanten nicht zu vergrößern – außer bei einem viel besseren Preis. Aber das werden sie nicht wagen, denn wir würden sie im Gegenzug sofort bei ihren Projekten angreifen und sei es nur, um ihnen die Preise zu zerstören. Die Wagen AG würde begeistert mitmachen, wenn wir mit solch einer Initiative kämen.

Sorgen machen uns die neuen Lieferanten, die der Einkauf der Wagen AG ins Spiel gebracht hat. Sie lauern schon lange auf eine Gelegenheit, einen Fuß in die Tür des Autobauers zu bekommen. Es sind sogar welche dabei, denen man es technisch durchaus zutrauen kann. Keiner ist ein wirklicher Neuling, sie beliefern die Konkurrenz der Wagen AG.

Ein potenzieller Wettbewerber ist besonders aggressiv bei den Preisen und er kann es sich leisten, da er ansonsten hauptsächlich für japanische Autobauer arbeitet. Seine Preise sind bei denen mindestens zehn Prozent besser als unsere bei Kunden wie der Wagen AG. Nicht, weil die japanischen Autobauer schlechter einkaufen, sondern weil sie einen anderen Fokus haben: Sie zahlen mehr, aber sie haben durch die perfekte und partnerschaftliche Integration der Zulieferer in den Entwicklungsprozess weniger Gesamtkosten. Sie eliminieren Verschwendung; unser Kunde, die Wagen AG, dagegen verschiebt diese Kosten auf uns und zahlt auch noch viel weniger für die Komponenten.

Unser Konkurrent hat es sich zum Ziel gemacht, den westlichen Automarkt für seine Produkte zu erobern. Er tritt seit langem mit niedrigen Kampfpreisen auf, das macht uns Angst. Dieses Mal kommt es sehr schlecht für uns: Der Einkauf der Wagen AG will sieben Prozent Reduktion von uns, wenn wir das Projekt behalten wollen. Zu diesem Preis würde sie ein Wettbewerber beliefern, angeblich bei kompletter Übernahme der notwendigen Investitionen. Außerdem könnte die Wagen AG uns sogar die Werkzeuge wegnehmen, deshalb hat er sie ja auch bezahlt.

Wenn man uns auswechselt, wird es noch ein Jahr dauern, bis der neue Lieferant so weit ist, mindestens. Die wenigsten bei uns wollen diesen Weg gehen und dafür noch mindestens ein Jahr lang sieben Prozent mehr einnehmen. Der Rest will das Projekt auf keinen Fall verlieren. Das wäre auch ein Zeichen, dass wir nicht konkurrenzfähig sind und würde unserem Image im Markt schaden. Leider haben wir schon zu viele solcher „Image-Projekte“.

Alle sind sich aber darin einig, dass sieben Prozent Rabatt nicht drin sind; bei dem Preis wäre nichts mehr übrig, um die getätigten Investitionen wenigstens teilweise wieder hereinzuholen. Außerdem steht zum Jahresende ohnehin die jährliche Reduktion von fünf Prozent an. Bis der Konkurrent lieferbereit ist, wäre sein Preisvorteil auf zwei Prozent zusammengeschrumpft. Hat der Kunde das bei seinem Vergleich überhaupt berücksichtigt? Natürlich bejaht er das, aber kann es wirklich sein, dass der Konkurrent 12 Prozent billiger ist, fragen wir uns. Der kocht auch nur mit Wasser, es muss sich um einen Bluff handeln.

In den Verhandlungen bieten wir dem Einkäufer der Wagen AG 1,5 % Reduktion an. Der schäumt vor Wut und nennt unser Angebot eine Unverschämtheit. Wir hingegen empfinden es schon nicht einmal mehr als unverschämt, dass die Wagen AG regelmäßig mit uns nachverhandelt. Dafür kennen wir den Kunden schon zu gut. Das wiederum heißt noch lange nicht, dass wir solche Aktionen, die ganz sicher stattfinden, in unserer Kalkulation für Neuprojekte berücksichtigen würden. Wir brauchen ja Neuaufträge.

Trotz aller Wut des Einkaufs wirft man uns nicht sofort aus dem Projekt heraus oder kündigt es wenigstens an. Das ist ein gutes Zeichen; das mit den 12 Prozent war wohl tatsächlich eher übertrieben. Am Ende bedanken wir uns artig bei unserem Einkäufer und Wohltäter dafür, dass wir diesmal mit vier Prozent Preisreduktion davonkommen. In einem Jahr wird es weitergehen mit der Nachverhandlung, oder auch schon eher – wer weiß das schon bei der Wagen AG.

Nachdem ein Projekt ein Jahr läuft, ist es an der Zeit, die Wettbewerbsfähigkeit des Zulieferers zu überprüfen. Das heißt so viel wie sich umzusehen, ob irgendwo ein billigerer Lieferant zu finden ist. Dazu wird das Projekt neu ausgeschrieben, natürlich wieder weltweit. Dabei geht es nicht um die sowieso schon vereinbarten jährlichen Preisreduktionen, sondern um einen weiteren Schritt nach unten. Inzwischen stehen dem Autobauer auch 3D-Modelle, Zeichnungen und die Hardware der Teile zur Verfügung. Die gesamte Konkurrenz kann damit angefragt werden. Die Anfrage ist perfekt automatisiert; das System identifiziert die relevanten Komponenten, kreuzt sie mit den potenziellen Lieferanten auf der Bieterliste und schon gehen über die Online-Einkaufsplattform die Anfragen an alle relevanten Zulieferer-Unternehmen.

Die Situation des Zulieferers, der momentan das Projekt an den Autobauer liefert, hat sich inzwischen geändert, die Investitionen sind getätigt und das Geld ist ausgegeben. Die Frage „Wollen wir den Auftrag überhaupt?“ stellt sich nicht mehr. Oft sind während der Entwicklung höhere Kosten angefallen als geplant. Typisch sind unerwartete Entwicklungsschleifen, um hoch angesetzte Forderungen des Kunden zu befriedigen. Auch der Teilepreis wird gelitten haben. Änderungen konnten teilweise nicht kostendeckend verkauft werden.

Auch wurde aufgrund häufiger Produktänderungen mehr Geld für Prototypen und Kleinserien der Komponenten benötigt. Der Produktionsbeginn war sicher nicht ideal. Probleme, die jetzt auftauchen, müssen gelöst werden, sofort und koste es, was es wolle. Rohstoffe und Energiekosten können gestiegen sein, schließlich wurden Werte im Angebot zugrunde gelegt, die jetzt zwei bis drei Jahre alt sind. Der Kunde möchte trotz der Anpassungsklauseln im Angebot nichts ausgleichen.

Alles in allem steht dem Zulieferer im Projekt wahrscheinlich das Wasser bis zum Hals. Und jetzt kann es nur noch schlimmer werden. Die Konkurrenz steht bereit. Das Produkt kann man mit aktuelleren Informationen zu Anwendungsfall und Schwierigkeiten immer besser machen, und vor allem billiger.

Jedenfalls ist die erste Ausschreibung nach dem Produktionsbeginn ein Schlachtfest für den Einkauf. Auch sind jetzt die Stückzahlen über die Lebensdauer noch interessant, also die Zeit, die ein Fahrzeug am Markt hat, bevor es durch ein Nachfolgemodell ersetzt wird. Die Entwicklungszeit eines Nachbauers, der noch ein paar Verbesserungen einbaut, ist wesentlich geringer. Im Wesentlichen dominieren hier die Terminschienen für Werkzeuge und Betriebsmittel. Trotzdem bedeutet jedes Jahr weniger Laufzeit geringere Chancen, einen billigeren Konkurrenten zu finden.

Alle bieten bei der Ausschreibung wieder mit, denn Mitmachen ist Pflicht. Jedenfalls für die Zulieferer, die weiter mit dem Autobauer zusammenarbeiten wollen. Normalerweise werden die Gesamtvolumen (die kriegt man ohnehin nicht, wenn es ein großes Projekt ist) und Teile davon angefragt. Teile können gewisse Marken, Fahrzeuge oder geografische Zonen bzw. dort ansässige Werke des Autobauers sein. Ansonsten läuft so eine jährliche Ausschreibung auch nicht anders als die für ein wirkliches Neuprojekt. Am liebsten hat es der Autobauer, wenn der aktuelle Lieferant dabei bleibt und die Preise sofort senkt. Das spart Arbeit bei der Betreuung eines Neuen. Eine neue Freigabe mit den Erprobungen dazu ist schließlich teuer und dauert ihre Zeit.

Wie auch immer sich der Zulieferer verhält, es ist klar, dass reiner Opportunismus auf Seiten des Autobauers dominiert. Es kann also wirklich passieren, dass der Kunde den Lieferanten ersetzt. Extrem wütend wird der Autobauer, wenn sich der Lieferant auf stur stellt und gar nichts geben will. Das ist ein reines Spiel um Nervenstärke. Der Einkauf wird wüste Drohungen ausstoßen, was alles passieren wird, wenn der Zulieferer nicht sofort die Preise senkt. Am Ende vergisst er das alles vielleicht wieder, wenn der Preis in der Zukunft niedriger ist. Und das wird er automatisch sein, allein durch die vereinbarten jährlichen Preisreduktionen und sonstige Kostenreduktionen.

Meist läuft es aber wirklich so, dass die Rabatte vom Zulieferer gewährt werden. Die Angst, ersetzt zu werden, ist groß, auch die Investitionen sind ja noch abzuschreiben. Man hat noch Glück, wenn es wenigstens eine klare Vorgabe gibt, um wie viel man heruntergehen soll. Da ist dann durchzurechnen, ob sich die Reduktionen bis zum Produktionsende rechnen. Die Gegenleistung dafür ist relative Ruhe für ein Jahr, mehr nicht. Spätestens dann wird der Autobauer wieder alle anfragen. Aber was ist dieses Jahr wirklich wert?

34. Resourcing leicht gemacht

Als „Resourcing" bezeichnet man das Ersetzen eines Zulieferers durch einen Konkurrenten. So etwas kann einem Zulieferer bei gewissen Autobauern immer passieren, nicht nur Zulieferern einfacher Teile. Bei den komplizierteren dauert es nur länger und kostet mehr.

Ein Resourcing ist manchmal wegen mangelnder Qualität der Lieferungen tatsächlich notwendig. Meist geht es dem Hersteller aber nur um den kommerziellen Aspekt: Er hat schlicht eine billigere Quelle gefunden und der aktuelle Lieferant will sich nicht auf einen niedrigeren Preis drücken lassen, also ist eine Strafaktion fällig. Die muss auch nicht unbedingt das Projekt betreffen, in dem der Zulieferer nicht mit dem Preis nachgeben wollte. Aus Vergeltung nimmt der Autobauer dem Lieferanten ein Projekt weg, in dem er ihn billig und schnell ersetzen kann.

Langfristige Beziehungen werden nur zu ganz wenigen Lieferanten angestrebt, zu den anderen ist das Verhältnis rein opportunistisch. Ein Resourcing ist Tagesgeschäft bei gewissen Autobauern und gehört fest dazu. Es bedeutet normalerweise nicht einmal einen Abbruch der Geschäftsbeziehungen zu dem betreffenden Lieferanten.

Zur selben Zeit, zu der der Zulieferer aus einem Projekt geworfen wird, kann er unter Umständen erfolgreich an der Ausschreibung eines anderen Projekts des gleichen Herstellers teilnehmen. Der Einkauf sieht das ganz locker, genauso wie man einfach bei einem anderen Bäcker einkauft, wenn dort die Brötchen gerade billiger sind. Es ist also nicht zu erwarten, dass der Kunde ein schlechtes Gewissen deshalb hat.

Problematisch an der Sache ist, dass der Zulieferer mit mindestens fünf Jahren Projektlaufzeit gerechnet hat. Die gesamten Projektkosten sind im Teilepreis enthalten. Die muss er sich eigentlich zurückholen, wenn der Kunde ihn aus dem Projekt nimmt. Seine Chancen auf Erfolg hängen von der Situation ab, sind aber gering. Der Einkauf wird sich immer weigern, solche Kosten zu bezahlen. Das läuft durch alle Instanzen der Verzögerungstaktiken. Der Zulieferer, der nichts mehr zu verlieren hat, geht vor Gericht. Nichts mehr zu verlieren heißt, er hat sonst keine oder nur noch unrentable Projekte beim Autobauer und ist bereit, für immer auf diesen Kunden zu verzichten. Das kommt so gut wie nie vor. Die Mehrheit der geschassten Lieferanten muss daher versuchen, ohne Gericht an ihr Geld zu kommen. Und das ist bei gewissen Autobauern fast unmöglich. Da jeder Zulieferer das genau weiß, wird er alles Mögliche beim Preis machen, um ein Resourcing zu verhindern.

Unter Zulieferern ist Resourcing dagegen eine normale und gebräuchliche Strategie, denn dem Zulieferer in Tier-1-Position fehlt die Macht des Autobauers, um mit einem vergleichbaren Instrumentarium zum Preisdrücken gegenüber seinen eigenen Tier-2-Lieferanten aufzutreten. Deshalb bleibt ihm oft nur das Auswechseln des Vorlieferanten übrig.

35. Die Reset-Methode

Seit zwei Jahren liefern wir Module für das Modell „Schnell“ an die Auto AG. Die Entwicklung und die Erstellung der Werkzeuge und Betriebsmittel waren in Rekordzeit erfolgt. Alles zusammengerechnet, kommen wir auf einige Millionen Euro an Investitionen, die wir über die nächsten fünf Jahre über den Teilepreis amortisieren müssen.

Dann zitiert uns die Auto AG zu einem Meeting zu sich. Als wir ankommen, treffen wir dort auch unsere üblichen Konkurrenten. Das Erstaunen aller Beteiligten ist groß, als die Auto AG ein neues Fahrzeugprojekt mit dem Namen „Rasant“ ankündigt. Das neue Projekt ist für das gleiche Marktsegment wie der „Schnell“ geplant. Wo soll nun dieses weitere Fahrzeug neben unserem seine Käufer finden, fragen wir uns? Die Auto AG besteht allerdings darauf, dass beide Projekte nebeneinander existieren werden.

Unsere Konkurrenz und wir werden aufgefordert, das Projekt anzubieten. Von der Funktion her soll es genau den Anforderungen unseres Projekts genügen, aber 20 Prozent billiger muss es sein. Es ist klar, was hier passiert war: Der Auto AG sind die Kosten davongelaufen, man verdient nichts am „Schnell“ und möchte deshalb einen „Reset“ der alten Komponentenpreise durchziehen.

Das Angebot ist ein echtes Dilemma für uns. Es ist klar, dass das neue Projekt „Rasant“ die Zukunft der Auto AG im entsprechenden Marktsegment ist. Unser derzeitiges Projekt „Schnell“ wird volumenmäßig dann immer ein Schattendasein führen, wenn es nicht gleich ganz aufgegeben wird. Deshalb packen wir die Kosten für das „Schnell“-Projekt in die Kalkulation für das „Rasant“-Projekt. Wie sollen wir sonst auch unsere Investitionen wiederbekommen, ohne richtiges Volumen beim „Schnell“? Der „Rasant“ steht uns einfach zu! Wir bieten trotzdem die gleichen Module des „Schnell“ für den „Rasant“ fünf Prozent billiger an. Der Kunde will aber 20 Prozent weniger. Dann geschieht etwas, das alle in Schockstarre versetzt: Der Einkauf der Auto AG vergibt das Projekt an einen unserer Konkurrenten. Die Alarmglocken schrillen und Schadenersatzforderungen gehen an den Kunden. Der verweist darauf, dass beide Projekte nebeneinander weiterexistieren werden. Also besteht seiner Meinung nach kein Grund für Schadenersatz. Die Dreistigkeit der Auto AG ist schon zu bewundern. Es ist klar, dass beide Fahrzeuge mit den geplanten Volumen gar nicht in den Markt passen. Das würde für den Autobauer eine Verdopplung seines Marktanteils bei diesem Fahrzeugtyp bedeuten und ist ganz unmöglich, seine Konkurrenz hat ja auch eine Modelloffensive gestartet.

Was folgt, ist ein monatelanger Kampf mit der Auto AG. Der „Rasant“ ist noch lange nicht in Serie und keiner kann absehen, wie sich die Volumen auf die beiden Modelle verteilen werden. Eines aber ist klar: Der „Rasant“ soll auch vom Verkaufspreis her billiger als der „Schnell“ werden. Das bedeutet, dass der „Rasant“ das Volumenmodell der Auto AG in die sem Marktsegment sein wird.

Der Einkauf der Auto AG spielt auf Zeit. Bis der „Rasant“ im Markt ist, wird noch mehr als ein Jahr vergehen.

Als der „Rasant“ dann in Serie geht und so gut wie alle Volumen des „Schnell“ einsammelt, ist unsere Forderung nach Schadenersatz schon alt, keiner rechnet noch ernsthaft damit, dass die Auto AG sie bezahlt. Der Einkauf verhandelt das bei weltweiten Neuprojektvergaben einfach weg. Ohne dass die Auto AG dafür bei den Neuprojekten mehr für die Teile zahlen würde, versteht sich. Wir bleiben auf unnützen Investitionen in Millionenhöhe sitzen. Und das ist noch nicht alles, denn unsere Lieferanten wollen entschädigt werden. Da wir nicht die Macht eines Autobauers haben, müssen wir einigen nachgeben. Zwei unserer Zulieferer verklagen uns sogar. Auch hier müssen wir Schadenersatz bezahlen.

Den „Schnell“ dürfen wir weiterhin beliefern, bis er dann einige Monate später ganz aufgegeben wird. Auch die Zulieferer, welche ihre für den „Schnell“ entwickelten Teile an das „Rasant“-Projekt weiterliefern durften, hatten keinen wirklichen Spaß daran. Der alte, für den „Schnell“ vereinbarte Preis wurde einfach vergessen und im Rahmen des neuen Projekts ganz neu verhandelt. Dass die Auto AG mit dieser Unverschämtheit durchkam, ist wieder einmal mit der Abhängigkeit der Zulieferer von diesem Kunden zu begründen.

Ist ein Projekt finanziell nicht rentabel, kann es vom Autobauer ersetzt werden. In diesem Fall kommt es allerdings zu Auseinandersetzungen mit den Zulieferern, welche Schadenersatz aufgrund nicht amortisierter Investitionen fordern müssen. So ein Streit kann je nach Verlusthöhe über Jahre gehen.

Eine gerissene Variante ist es , das nicht rentable Projekt einfach weiterlaufen zu lassen und ein Projekt mit neuem Namen aufzumachen. Das schreibt der Kunde dann einfach neu aus, als wäre nichts vorher geschehen, ein „Reset" eben. Da das alte Projekt nicht rentabel war, gibt es beim neuen andere Targets für die Komponentenpreise. Jeder weiß, dass die versprochenen Volumen im ursprünglichen Projekt niemals zustande kommen werden. Das neue Projekt ist auf die Kannibalisierung des alten ausgelegt. Aber der Autobauer steht weiter zu den alten Volumenaussagen, denn wenn er einfach nicht zugibt, dass die Volumen fallen, kann der Zulieferer keinen Schadenersatz verlangen.

Der Zulieferer kann noch nicht scharf reagieren, schließlich hat er noch die Chance, beim neuen Projekt dabei zu sein; besonders wenn er seine Komponente nicht oder kaum geändert in das Neufahrzeug übernehmen könnte. Die neuen Erwartungen an den Preis machen sicher ein „De-Contenting"[20] notwendig. Es ist also teilweise neu zu konstruieren. Meint der Zulieferer, dass der Autobauer mit dem „Reset" durchkommt, so muss er beim neuen Angebot die bereits getätigten Investitionen besser außen vor lassen. Hinein in die An-

---

[20] Eine „Abspeckung" oder „Entfeinerung" des ursprünglichen Produkts, um es zu verbilligen. Was herauskommt, ist meist trotzdem noch teurer, als von Anfang an auf eine günstigere Konstruktion zu setzen.

gebotskalkulation darf nur genau das, was er für das Neuprojekt zusätzlich braucht. Denn mehr braucht auch die Konkurrenz nicht.

Bei der Kalkulation steht der Zulieferer vor einem Dilemma. Die Frage ist, ob es der Autobauer wirklich wagt, „seinen" Auftrag einfach an einen Konkurrenten zu vergeben. Wenn er das macht, ist schon klar, dass er dem ersten Lieferanten keine Entschädigung zahlen wird, sonst lohnt sich der Wechsel ja nicht. So etwas kann wieder nur in der Automobilindustrie funktionieren. Die Abhängigkeit des Zulieferers sorgt dafür, dass solche Fälle nahezu nie vor Gericht enden.

36. Neue Opfer ins Spiel bringen

Es ist klar, dass die Mobil AG einen zweiten Lieferanten im Projekt will. Bisher liefern wir die gesamten Stückzahlen und haben deshalb einen sehr niedrigen Preis machen müssen, um das Projekt zu bekommen. Die etablierten Konkurrenten zieren sich aber, unsere Verkaufspreise sind einfach zu schlecht, um sie noch unterbieten zu können. Hier gibt es nicht viel zu holen, außer Volumen.

Doch bei einem neuen Konkurrenten stößt der Einkauf der Mobil AG auf Interesse. Es ist ein großer Lieferant, der hauptsächlich einen ausländischen Autobauer beliefert und jetzt eine breitere Kundenbasis sucht. Das Know-how zur Entwicklung und Fertigung hat er eindeutig. Bei unseren internen Benchmarks kommen die Teile dieser Firma gut weg.

Der Zulieferer beginnt die Entwicklungsarbeit mit der Mobil AG. Das hält man gar nicht geheim. Es soll uns kommerziell weichkochen, denn wir müssen ja fürchten, dass der Konkurrent noch mehr von unserem Volumen bekommt, wenn wir die Mobil AG kommerziell verärgern.

Die Entwicklungsabteilung der Mobil AG lässt immer wieder durchblicken, wie gut das Konzept des Konkurrenten sei: besser und billiger als unser Produkt. Monate später gibt es schon Prototypen. Wir erwischen den Konkurrenten sogar mit einem solchen auf einem Flur bei der Mobil AG. Wieder kommen Rückmeldungen, dass die Testergebnisse hervorragend sind. Die Mobil AG legt einen Termin fest. Zu diesem soll der Konkurrent rund 40 Prozent unseres Volumens bekommen. Immer wieder kommen die Drohungen des Einkaufs: entweder jetzt mit dem Preis runter oder in Zukunft weniger oder nichts mehr liefern. Den Drohungen geben wir teilweise nach. Positiver Nebeneffekt dieser Reduktionen ist, dass wir uns wenigstens in Richtung des Preises des Konkurrenten bewegen. Der negative Effekt ist, dass wir damit die Kosten noch weniger abdecken.

Monate vor dem geplanten Produktionsbeginn des Konkurrenten kommt eine Nachricht vom Einkauf der Mobil AG: Wir sollen uns darauf einstellen, noch drei Monate länger zu liefern. Auch die Entwicklung der Mobil AG meint, es wären ein paar Schwierigkeiten aufgetreten. Aber die seien natürlich bald gelöst. Es sickert durch, dass die Mobil AG eine Reihe von Änderungen beim Produkt des Konkurrenten verlangt hat.

Auch drei Monate später sind die Probleme des Konkurrenten noch nicht gelöst. Der Einkauf fordert uns auf, erst einmal weiterzuliefern. Die Technikabteilung der Mobil AG zieht es inzwischen vor, nicht mehr vom Konzept des Wettbewerbers zu schwärmen. Und dann kommt es heraus: Der Konkurrent konnte bei den unzähligen Nachforderungen der Ingenieure der Mobil AG den Preis nicht mehr halten. Der Einkauf der Mobil AG verkauft uns das als Chance, unsere 100 Prozent Lieferanteil zu behalten. Das müssen wir uns natürlich mit außergewöhnlichen Preisreduktionen erkaufen. In einem Zustand der Verwirrung gibt unser Vertrieb noch 3 x 5 Prozent Preisreduktion. Damit bezahlen wir der Mobil AG die vergebliche Arbeit mit unserem Konkurrenten.

Die Liste der Zulieferer muss vom Autobauer immer mit neuen potenziellen Kandidaten aufgefüllt werden, auch als Ausgleich für den natürlichen Schwund durch aussortierte Firmen oder Unternehmen, die sich freiwillig verabschiedet haben. Der Einkauf des Autobauers sieht einen Zusammenhang zwischen der Anzahl der mitbietenden Konkurrenten und dem Preis, deshalb sollen bei Ausschreibungen immer mindestens fünf bis zehn Zulieferer dabei sein.

Neue Lieferanten dienen dem Autobauer dazu, die etablierte Konkurrenz noch mehr bei den Preisen zu fordern. Außerdem bringen sie die besondere Motivation mit, einen neuen Kunden besonders gut und auf eigene Kosten zufriedenzustellen. So schicken die potenziellen neuen Lieferanten ihre Verkäufer mit Umsatzzielen ins Rennen, der Gewinn ist erst einmal zweitrangig. Der Autobauer weiß das und holt solche „Frischlinge“ aktiv ins Boot. Sind sie technisch nicht auf der Höhe, so dienen sie ihm zumindest als Preisbrecher für die etablierte Konkurrenz. Er geht dann mit ihren Preisen bei den anderen Zulieferern hausieren.

In dem Zusammenhang kann man in der einschlägigen Literatur auch davon lesen, dass der Autobauer neue Lieferanten „entwickelt“. Das heißt, er hilft dem Zulieferer dabei, sich auf die technischen Anforderungen vorzubereiten. Eine wirkliche Hilfe, wie bei Toyota, ist aber von gewissen Autobauern nicht zu erwarten. Es handelt sich eher um Audits, wo der Lieferant zu hören bekommt, was er theoretisch alles falsch macht. „Lösungen“ sind mehr allgemeiner Natur. Der gewisse Autobauer tut hier nur das Notwendigste, das kostet schließlich alles Geld.

Gewisse Hersteller beauftragen lieber bereits auditierte Lieferanten. Die richtig „neuen“, ungeprüften vertrauen sie ihren Modulentwicklern und Systemintegratoren als Tier 1 an. Denen gibt man das Teil des Neulings in den Lieferumfang und sie dürfen sich damit abquälen, den Tier 2 nach den Anforderungen des Kunden auszubilden. Den niedrigen Preis will der Autobauer aber trotzdem. Qualitätsprobleme dagegen sind wieder die Sache von Tier 1, für die er zur Rechenschaft gezogen wird.

Neue Zulieferer sollen vor allem kommerzielle Verbesserungen bringen und die etablierte Konkurrenz aufrütteln. Allein die Tatsache, dass der neue Lieferant den Autobauer noch nicht kennt, bringt diesem Vorteile. Neue Zulieferer zeigen sich im Projektverlauf erstaunt, wie teuer doch die „Andienung" an solch einen Kunden ist, wollen diesen aber voll zufriedenstellen. Überschrittene Budgets und Kosten-Targets werden geschluckt. Es ist ja vielleicht die einzige Chance, einen Fuß in die Tür zu bekommen. Das Zulieferunternehmen wird einen enormen Lernprozess durchlaufen müssen, bis es die Kosten eines Projekts für diesen Kunden einigermaßen erfassen kann. Solche Projekte werden vom Zulieferer gern als „strategisch wichtig" bezeichnet; „strategisch" nennt sich gewöhnlich alles, was sich wirtschaftlich nicht rechnet.

37. Nutzung tot geglaubter COP

Wir liefern seit über vier Jahren eine Komponente an die Auto AG. Durch jahrelange immer wieder durchgesetzte Preisreduzierungen ist das Projekt tief in der Verlustzone. Aber bald muss ja Schluss sein, das Nachfolgefahrzeug steht an.

Die Akquisition zieht sich über Monate. Die Technische Entwicklung der Auto AG will eine verbesserte Komponente. Die Preise des Serienteils sind aber so zerstört, dass der Einkauf für das Neuprojekt nichts Billigeres findet. Es wird uns angst und bange. Die Verluste beim laufenden Projekt sind nicht mehr lange zu tragen. Wir machen höhere Preise für den Fall einer Übernahme des alten Teils in das Neufahrzeug geltend. Sofort werden Konsequenzen angedroht. Unser neues Angebot werde man ignorieren, meint der Einkauf der Auto AG.

> Wir wissen, dass es in unserer abhängigen Situation unmöglich ist, diese Preiserhöhung durchzusetzen. Bestenfalls könnte man mit dem Kunden über eine Überholung der alten Werkzeuge sprechen. Allein die Angst, das Teil weiterliefern zu müssen, führt dazu, dass wir das Neuteil noch billiger anbieten, als wir eigentlich sollten. Die Kostensituation ist hier laut der Vorkalkulation besser, aber immer noch in der Verlustzone. Also wählen wir die weniger schlechte Alternative und setzen uns für das Neuteil ein. Natürlich haben wir das verlustreiche Teil noch weitere zwei Jahre zu liefern, bis dann das neue Projekt in Serie geht. Das entwickelt sich später ebenfalls kommerziell recht unerfreulich.

Dass ein Kunde COP nutzt, ist an sich nichts Schlimmes, ganz im Gegenteil; jedenfalls bei den guten Kunden. Es ist gut für die Qualität des Fahrzeugs, da es sich um erprobte Teile handelt. Auch kann der Zulieferer vorhandene Werkzeuge und Betriebsmittel gewinnbringend ausnutzen. Diese sind oft schon abgeschrieben, die Rendite des Projekts verbessert sich also.

So gut es auch für die Qualität eines Fahrzeugs ist, wenn der Autobauer auf eine solide Basis von COP setzt, kommerziell kann es für den Lieferanten ein größeres Problem bedeuten. Über den Preis sind dann seit Jahren Nachverhandlungen gelaufen und mögliche technische Entfeinerungen sind maximal ausgenutzt worden.

Problematisch wird es für den Zulieferer, wenn der Preis nach Jahren des ständigen Preisdrückens inzwischen zu Verlusten führt. Gerade bei schon tot geglaubten Projekten ist ein Zulieferer eher in der Lage und willens, Rabatte zu geben. Kommt dann die Nachricht, dass die Komponente für eine weitere Fahrzeuggeneration genutzt werden soll, ist das eine finanzielle Katastrophe. Neben dem Preis besteht die Gefahr, dass Werkzeuge und Betriebsmittel schon am Ende ihrer Lebensdauer sind oder wenigstens eine Generalüberholung brauchen.

Gewisse Autobauer belastet das nicht. In der Kalkulation des Fahrzeugs steht der aktuelle Preis des Teils möglicherweise schon mit einem Abschlag, denn der Lieferant hat die Investitionen ja schon abschreiben können.

38. Das Spiel mit den Wechselkursen

Die Fahrzeug AG hat sich entschlossen, ein kleineres Volumen ihres Modells „Robust" auch in einem Auslandsmarkt zu produzieren. Wir liefern unsere Module zunächst weiterhin komplett an das inländische Werk der Fahrzeug AG, die sie dann an ihre Auslandsfiliale verschickt.

Diese Situation will die Fahrzeug AG ändern, da sie das Risiko einer Wechselkursveränderung der ausländischen Währung trägt. Wir verkaufen schließlich in Euro. Auch will man Importzölle und Transportkosten sparen. Es wird von uns verlangt, dass wir die Module im ausländischen Markt vor Ort produzieren und direkt an die Auslandsfiliale der Fahrzeug AG liefern. Die lokale Produktion lohnt sich nicht, das Volumen ist einfach zu klein, um die notwendigen Investitionen in Werkzeuge und Fertigungseinrichtungen tätigen zu können. Die Fahrzeug AG will auch keinesfalls mehr für die Module als in Europa bezahlen, ganz im Gegenteil.

Als wir ein neues Projekt bekommen sollen, ergreift der Einkauf die Chance und macht es zur Bedingung für den Auftragserhalt, dass wir unsere Module für den „Robust" endlich im Ausland fertigen. Wir müssen also einwilligen und verpflichten uns zu einer CKD („completely knocked down")-Produktion in unserer Filiale vor Ort. Dabei wollen wir alle Unterkomponenten aus Europa exportieren und vor Ort nur zusammenbauen.

Es gelingt uns zunächst, für die in CKD-Produktion hergestellten Module einen Verkaufspreis zu vereinbaren, der uns finanziell nur etwas schlechter stellt als zuvor. Denn natürlich haben wir jetzt, wo wir die Komponenten selbst exportieren müssen, höhere Kosten als zuvor. Außerdem sind ja die Montageeinrichtungen für das Projekt für unsere Auslandsfiliale neu zu beschaffen.

Allerdings verlangt die Fahrzeug AG, dass wir schnellstmöglich beginnen, einzelne Komponenten vor Ort zu beziehen. Das ist leichter gesagt als getan, denn die Anforderungen an Material und Prozesse sind von den lokalen Vorlieferanten kaum zu erfüllen und wenn, dann nur zu höheren Kosten als in Europa. Die Fahrzeug AG denkt bei der Entwicklung von Komponenten nämlich nur an den europäischen Markt und dessen Möglichkeiten.

Natürlich ist das Volumen auch für die Vorlieferanten zu gering, um in entsprechende Fertigungsmittel investieren zu können. Trotzdem arbeiten wir einen Plan zur Lokalisierung aus. Ein paar Kleinigkeiten lassen sich wirklich lokal beziehen, ohne das Resultat zu verschlechtern. Wir kommen auf einen lokalen Anteil von ca. 15 % des gesamten Materialwerts. Das Material, welches 60 Prozent des Verkaufspreises entspricht, ist also noch zu 85 Prozent direkt an den Euro gebunden. Im Auslandsmarkt müssen wir jetzt aber natürlich in der nationalen Währung verkaufen.

Es geschieht, was zu erwarten war: Die nationale Währung schwankt gegenüber dem Euro stark und tritt schließlich in eine Phase der stetigen Abwertung ein. Nach einigen Monaten ist die Währung bereits um zehn Prozent schwächer, was bedeutet, dass unsere Materialkosten um 8,5 Prozent steigen. Für diesen Fall hatten wir in unserem Angebot an die Fahrzeug AG natürlich einen Ausgleich geltend gemacht. Bei einem Materialanteil von 60 Prozent fordern wir also eine Preiserhöhung von fünf Prozent.

Der Einkauf der lokalen Filiale der Fahrzeug AG wiegelt ab. Der Wechselkurs werde sich schon wieder erholen, jedenfalls führe man zurzeit keine Preisanpassung durch. Was sollen wir schon machen? Das Volumen im Auslandsmarkt ist zu klein, um sich deshalb mit der Fahrzeug AG anzulegen. Somit verkaufen wir erst einmal unter unseren Kosten weiter. In den folgenden Wochen allerdings verschlechtert sich der Wechselkurs noch weiter, das importierte Material verteuert sich deshalb um 20 Prozent.

Der Einkauf lehnt jegliche Preisanpassung ab: Es sei schließlich unser Fehler, wenn wir nicht genug Anteile lokal beziehen. Allerdings beginnen auch die wenigen Teile, die wir schon lokal einkaufen, Probleme zu machen. Rohstoffe werden schließlich in harter Währung gehandelt, unsere Lieferanten vor Ort bekommen das zu spüren. Deren Forderungen nach Preisanpassungen können wir nicht lange aussitzen, nach ersten Lieferstopps müssen wir die Preise erhöhen.

Die Verluste im Projekt werden jetzt bedeutend, trotz des geringen Volumens. Wir machen der Fahrzeug AG klar, dass wir die lokale Produktion einstellen, wenn kein Preisausgleich erfolgt. Das hinterlässt natürlich keinen Eindruck, der Einkauf weiß genau, dass wir damit nicht durchkommen werden. Auch weiterhin gibt es nicht einmal einen kleinen Ausgleich für unsere Kostensteigerungen.

Der Wechselkurs verschlechtert sich weiter, ein Ende ist nicht in Sicht. Die importierten Komponenten verteuern sich proportional, die lokal bezogenen entsprechend ihren in Hartwährung bezogenen Rohstoffen weniger stark. Unsere Kalkulation, wie viel wirtschaftlich lokal bezogen werden kann, ging von der Annahme aus, dass die Fahrzeug AG die Wechselkursveränderungen fair ausgleicht (so wie wir auch Preisreduktionen geben würden, wenn die ausländische Währung stärker würde).

Dass die Fahrzeug AG aber überhaupt nicht daran denkt, irgendetwas auszugleichen, verändert die Situation. Manche Teile national zu beziehen, ist jetzt das kleinere Übel, auch wenn dabei in Werkzeuge und Betriebsmittel bei den Lieferanten zu investieren ist. Also beginnt unsere Auslandsfiliale, weitere Teile bei lokalen Vorlieferanten zu beauftragen. Es dauert allerdings einige Monate, bis diese Komponenten zur Verfügung stehen.

Die Verluste im Projekt sind inzwischen so hoch, dass sie trotz der geringen Stückzahlen bedeutende Ausmaße annehmen. Die Fahrzeug AG unterdrückt unsere ständigen Bemühungen um eine Preisanpassung mit Hilfe der Verzögerungstaktik. Als wir dann ein Projekt in Europa erhalten sollen, stellt der Einkauf die Bedingung, dass wir für das laufende Geschäftsjahr auf unsere Preisanpassungen beim „Robust“ verzichten. Wir sind gezwungen zu akzeptieren, da wir das neue Projekt dringend zur Kapazitätsauslastung brauchen.

Damit ist klar, dass die Wechselkurse nun unser alleiniges Problem sein werden. Unsere Auslandsfiliale verstärkt ihre Anstrengungen zur Lokalisierung, um den Wechselkurseinfluss zu vermindern. Auf das alte Projektresultat werden wir nicht mehr kommen, aber wenigstens können wir die hohen Verluste reduzieren.

Als sich ein Jahr später die nationale Währung erholt, fordert die Fahrzeug AG eine Preisreduzierung. Wir wehren uns mit Händen und Füßen dagegen, schließlich haben wir über ein Jahr lang schwere Verluste erlitten, ohne die geringste Hilfe von der Fahrzeug AG zu bekommen. Der Druck auf uns wird immer stärker, als sich der Wechselkurs weiter verbessert. Die Fahrzeug AG droht jetzt damit, die Module wieder direkt aus Europa zu bestellen, das ist inzwischen nämlich billiger. In Europa würde es uns bei den großen Volumen, die wir dort liefern, gar nicht auffallen, wenn die Fahrzeug AG Module für den Auslandsmarkt „abzweigt".

Der Wechselkurs geht nun aber nicht mehr proportional in die Materialkosten ein; vieles wird inzwischen lokal bezogen und die Vorlieferanten sind höchstens gewillt, eine Preisreduktion zu geben, wenn sie wirkliche Ersparnisse durch einen billigeren Euro sehen. Es laufen zähe Verhandlungen mit den Lieferanten, denn auch die geringeren Volumen im Auslandsmarkt dienen ihnen als Rechtfertigung für höhere Komponentenpreise als in Europa. Leider müssen wir die Lieferbeziehungen mit einigen lokalen Zulieferern wieder abbrechen, da es billiger ist, die Komponenten wieder direkt aus Europa zu importieren. Diese Lieferanten fordern Schadenersatz, denn sie hatten ihre Investition ja weitgehend auf den Teilepreis umgelegt.

Unser Vorgehen ist kurzsichtig, denn wenn sich der Wechselkurs verschlechtert, werden wir uns wieder in der gleichen Situation wie zu Beginn finden. Aber der von der Fahrzeug AG ausgeübte Druck wird so stark, dass wir nicht anders können. Man bedroht uns mit weltweitem Auftragsvorenthalt und -entzug. Wir müssen die Preise im Auslandsmarkt also senken und brauchen dazu billigeres Material.

Nicht nur der Kunde kauft weltweit ein, auch der Zulieferer hat mehr oder weniger Kontakt mit Fremdwährungen. Es können fremdwährungsabhängige Komponenten oder Rohmaterialien im eigenen Produkt enthalten sein. So etwas stellt der Zulieferer immer im Angebot heraus und weist darauf hin, dass Veränderungen des Wechselkurses Anpassungen im Preis erfordern; in beide Richtungen selbstverständlich.

Normal ist auch der Fall, dass der Kunde vom Zulieferer verlangt, sein Produkt auch an anderen Standorten des Autobauers zu fertigen, etwa in einem Land außerhalb des Euro-Raums. Dabei muss der Anteil der Materialien, die national eingekauft werden, möglichst hoch sein. Nur so ist der Einfluss von Wechselkursschwankungen auf die Kosten klein zu halten. Selbstredend erwartet der Autobauer auch einen geringeren Preis, wenn nichts mehr zu importieren ist. Es fallen Logistikkosten und eventuelle Importsteuern weg, außerdem ist der Lohnanteil außerhalb des Euro-Raums fast immer niedriger. Viele Staaten verlangen auch einen gewissen Anteil an der lokalen Wertschöpfung. Schließlich soll so ein Autoprojekt auch etwas für den nationalen Arbeitsmarkt bringen. Kommt der Anteil von beispielsweise 50 Prozent nicht lokal zustande, so fallen für den Hersteller höhere Steuerabgaben an.

Bei der Nationalisierung fangen die Schwierigkeiten an. Es geht los mit der Spezifikation des Produkts. Die ist bei gewissen Autobauern oft ganz auf Produkte, die in Europa gefertigt werden, ausgerichtet. Das heißt, der Zulieferer findet keine lokalen Vorlieferanten, die fähig sind, diese Teile billiger oder überhaupt zu produzieren. Zum Teil wird aufgrund der übertriebenen Anforderungen Rohmaterial teuer über die Weltmeere geschifft und geflogen, das dann kostenintensiv gelagert werden muss. Gewisse Autobauer erlauben es nicht, dass ihre Spezifikationen in anderen Märkten angepasst werden.

Dann ist im Auslandsmarkt auch wieder in Werkzeuge und Betriebsmittel zu investieren. Das gilt für die ganze Lieferantenkette. Ob sich das bei geringeren Stückzahlen vor Ort lohnt, ist allerdings fraglich. Ohne Zweifel will der Zulieferer selbst auch nationalisieren. So spart er Lagerbestand, der für importierte Teile wegen des nötigen Sicherheitsbestands und der langen Transportwege immer höher ist als bei national bezogenen Teilen. Auch er sucht nach einer Möglichkeit, sich von Wechselkurseffekten abzukoppeln. Das Problem ist, dass sich die Lokalisierung für den Zulieferer rechnen muss, denn der Autobauer zahlt auf keinen Fall mehr für ein Teil, nur weil es vor Ort hergestellt wird. Im Gegenteil: Aus den oben genannten Gründen will er einen besseren Preis dafür. Und seine Freigabetests[21] für den neuen Standort müssen sich ja auch lohnen.

Der Lieferant ist in einer Zwickmühle: Beim Lokalisieren tendiert der Preis aufgrund der zur Lokalisierung notwendigen Zusatzinvestitionen nach oben. Das akzeptiert der Autobauer nicht; er erwartet, dass der Zulieferer diese Preissteigerung irgendwie schluckt. Der Kunde hat seine Methoden, um die Lokalisierung des Zulieferers zu erzwingen. Für einen neuen Standort wird er das Projekt sowieso neu ausschreiben.

Bei einer globalen Plattform bekommt der Hauptzulieferer jetzt erst einmal Angst, dass ein weiterer Lieferant ins Projekt kommt. Auch wenn der dann einen anderen Markt beliefert, ist er immer bereit, auch das Volumen des Hauptlieferanten an den anderen Standorten zu übernehmen.

Gewisse Autobauer stellen ihren potenziellen Lieferanten so etwas gern in Aussicht, um die Motivation zu erhöhen. Also ist der Stammlieferant daran interessiert, diese Tür nicht für die Konkurrenz zu öffnen. Entscheidend ist auch, welcher der Konkurrenten schon eine Filiale beim Kundenwerk im Ausland hat oder wenigs-

[21] Erfolgreich abgeschlossene Tests sind eine der Voraussetzungen für die Freigabe, also die Erlaubnis, ein Teil für die Serienproduktion zu liefern.

tens bereit ist, eine zu eröffnen bzw. eine Kooperation mit einem lokalen Lieferanten einzugehen.

Der Kunde verlangt bei den Angeboten detaillierte Angaben zu Material, das abhängig von Schwankungen der Fremdwährung ist. Das lässt sich im Breakdown gut darstellen. Der Zulieferer mit dem höchsten lokalen Anteil im Produkt hat Vorteile, wenn der Preis stimmt. Die Mühlen des Einkaufs mahlen, bis einer der Lieferanten 100 Prozent nationalen Anteil verspricht, jedenfalls kommerziell. Das heißt, er importiert zwar immer noch, verzichtet aber auf Ausgleich, wenn sich die Währung für ihn verschlechtert.

Möglicherweise läuft die Komponente aber auch schon als CKD („completely knocked down“) am Auslandsstandort. Das bedeutet, dass alle Einzelteile am besagten Standort nur noch zusammengebaut werden. Die Betriebsmittel zum Zusammenbau existieren also zumindest teilweise schon beim Lieferanten vor Ort. In diesem Fall muss der Zulieferer „motiviert“ werden, mehr Aufgaben vor Ort zu übernehmen und dazu mehr Investitionen zu tätigen. Auch das geschieht durch Druck und mit Hilfe der Wechselkurse. Wertet die lokale Währung gegenüber dem Euro ab, so verteuert sich der Importanteil und die Kosten in der ausländischen Währung steigen.

Dummerweise ist der Preis auch in der ausländischen Währung fixiert, der Zulieferer muss den Kunden also um Ausgleich bitten. Man kann sich vorstellen, was bei gewissen Autobauern jetzt passiert – gar nichts. Das ist eine willkommene Gelegenheit, dem Lieferanten zu verdeutlichen, dass er lokalisieren muss. Wer nicht hören wollte, muss nun fühlen und macht große Verluste. Da kann der Lieferant stundenlang vorrechnen und präsentieren, dass sich die Lokalisierung für ihn nicht lohnt. Der Autobauer wird einfach nicht zahlen, solange er es irgendwie vermeiden kann. Und selbst wenn er zahlt, zahlt er nicht alles, was dem Lieferanten zusteht.

Damit ändert sich die Payback-Rechnung des Zulieferers. Ausgehend von der Tatsache, dass der Autobauer den steigenden Wechselkurs nicht kompensiert, lohnt es sich jetzt, einen Teilumfang zu lokalisieren, denn das ist dann das kleinere Übel. So kommt es zu einer Teillokalisierung; eine komplette Lokalisierung funktioniert aufgrund der Volumen, der hohen Investitionen und des fehlenden technischen Know-hows vor Ort fast nie. Jedenfalls nicht bei den überspezifizierten Teilen gewisser Autobauer.

Das Problem der Wechselkurse besteht also weiter, in geringerem Umfang natürlich. Das spürt der Zulieferer bei jeder Wechselkursveränderung. Wird die lokale Währung schwächer, weigert sich der Autobauer zu zahlen. Er zieht alle Register der Verzögerungstaktik. Vielleicht zahlt er eventuell etwas nach einigen Monaten; natürlich nicht, wenn sich die Währung dann bereits wieder erholt hat. Die Zeit, in der der Lieferant mit reduzierter oder ohne Margen produziert hat, interessiert den Kunden nicht. Fällt die lokale Währung noch weiter, verhandelt er höchstens über die alte und überholte Ausgleichsforderung des Zulieferers. Der Lieferant verliert also immer Margen. Wird die lokale Währung stärker, folgt umgehend eine Preiskürzung, egal, ob der Lieferant noch teurer eingekauftes Importmaterial auf Lager hat.

Eine starke lokale Währung bringt aber noch eine weitere Gefahr: Der Einkauf rechnet den Preis der Komponente vor Ort in Euro um. Ein Beispiel soll das verdeutlichen:

Eine Komponente kostet in Europa 100 Euro, der US-Dollar steht bei 1 Euro = 2 US$. Die Komponente in den USA ist nicht direkt über den Wechselkurs mit der europäischen Komponente verbunden, denn sie besteht aus in den USA gefertigten Einzelteilen. Sie kostet also in den USA zum Beispiel 150 US$. Jetzt wertet der US$ auf und es gilt: 1 Euro = 1 US$, damit kostet die Komponente in den USA auf einmal 150 Euro! Also 50 Prozent mehr als die gleiche Komponente in Europa. Jetzt würde der Autobauer sofort 50 US$ Reduktion in den USA fordern. Wenn der Zulieferer das ablehnt, wird er drohen, die Komponente direkt aus Europa zu importieren. Mit Hilfe von Drohungen zum Auftragsverlust würde er so etwas meist sogar schaffen, wenn der Zulieferer in Europa mit dem in den USA identisch ist.

Der Zulieferer fragt sich, wie er das machen soll. Die importierten Komponenten sind jetzt nicht das Problem, da sie durch den Wechselkurs ebenfalls billiger werden. Wie aber erklärt er seinen zuvor mühsam aufgebauten nationalen Lieferanten, dass sie ihre Preise senken müssen, nur weil am anderen Ende der Welt der Euro gerade schwach ist? Das interessiert die Lieferanten vor Ort dann genauso wie einen Europäer, wenn in China der sprichwörtliche Sack Reis umfällt.

Der Zulieferer hat jetzt meistens nur die Möglichkeit, die vorher nationalisierten Komponenten wieder zu importieren und die Lieferbeziehungen mit den nationalen Zulieferern abzubrechen. Was dann passiert, wenn der Euro wieder stärker wird, ist klar.

Die Situation ist eindeutig: Wie es der Zulieferer auch anfängt, es ist verkehrt. Das sollte man wissen, wenn man davon liest, dass der Einkäufer eines gewissen Autobauers seine Zulieferer in China zusammenruft und ihnen mit markigen Worten erklärt, dass sie keine Geschäfte mehr mit seinem Unternehmen machen würden, wenn sie nicht 85 Prozent lokalen Anteil bei ihren Komponenten erreichen. Solche Menschen ignorieren ganz stur, dass ihre Komponenten zu überspezifiziert und komplex sind. So etwas kann man außerhalb Europas gar nicht wirtschaftlich herstellen. Mit Zwang und Drohungen überzeugen sie die Zulieferer schließlich, es trotzdem zu machen. Dass sich das für diese nicht rechnet, interessiert den Autobauer überhaupt nicht.

39. Das Spiel mit den Volumen

Als Grundlage für unser Angebot nennt uns der Einkauf der Wagen AG das erwartete Marktvolumen für das neue Projekt. Es ist weit größer als das, was die Wagen AG aktuell von diesem Fahrzeug produziert – und bei dem Neuprojekt handelt es sich um den direkten Nachfolger des Modells. Wir erleben also wieder einmal die altbekannte Taktik, die Volumen zu hoch anzusetzen, um einen besseren Preis zu bekommen.

Je mehr Volumen, desto geringer ist die Investition pro gefertigter Komponente. Den Großteil der Investition bezahlt der Kunde ja nicht bar an den Lieferanten, sondern über den Teilepreis. Intern wird bei uns diskutiert, welche Stückzahl nun in die Kalkulation eingehen soll. Der Verkauf vertraut den Zahlen des Kunden, das ist nicht außergewöhnlich, die Kollegen wollen einen niedrigen Preis ansetzen, um den Auftrag gewinnen zu können. Ein immer gleiches Argument ist, dass die Konkurrenz auch mit dem Kundenvolumen kalkuliert.

Die Leute, die das Ergebnis später verantworten müssen, wollen das aktuelle Marktvolumen der betroffenen Fahrzeuge zugrunde legen. Schließlich lassen sie sich aber überreden, das Kundenvolumen zu nehmen. Auch sie brauchen den Auftrag ja dringend.

Der Verkauf argumentiert, er werde die zugrunde liegenden Volumen deutlich ins Angebot schreiben, wenn die geplante Stückzahl nicht komme, müsse die Wagen AG eben ausgleichen. Jeder weiß, dass so etwas unmöglich zu erreichen ist. Obwohl diese Klausel immer im Angebot steht, hat das noch nie jemand bei diesem Kunden geschafft. Wir lügen uns selbst etwas vor; das wirkliche Volumen werden wir erst in mehr als vier Jahren sehen, nach der Entwicklungs- und der Hochlaufphase.

Allein durch den Trick der übertriebenen Volumen werden wir 15 Prozent unserer Investition nicht amortisieren können – eine direkte Ersparnis für die Wagen AG. Ein weiterer Vorteil ist, dass der Kunde mit den übertriebenen Volumen eine Kapazitätsreserve aufbaut, also Überkapazitäten bei uns nutzt. Die Wagen AG fordert zwar ohnehin schon generell 20 Prozent mehr als notwendig, um Nachfragespitzen befriedigen zu können, aber durch die aufgebauschten Volumen bekommt sie noch mehr Reserven. Wird das Fahrzeug wirklich häufiger als erwartet verkauft, braucht die Wagen AG uns somit nichts mehr für eine Kapazitätserweiterung zu bezahlen. Für uns ist das sehr schlecht, denn eine Erweiterung der Kapazitäten ist so ziemlich das einzige, wofür die Wagen AG zähneknirschend noch bar bezahlt und sogar schnell. Dahinter steckt ihre panische Angst, Markanteile an Konkurrenten zu verlieren, wenn sie einer gesteigerten Nachfrage nicht umgehend nachkommen kann.

Warum finden gewisse Hersteller in dieser Branche überhaupt Zulieferer, wenn sie doch ihnen gegenüber so unsaubere Methoden anwenden? Die Antwort lautet „Volumen“, und es bleibt die einzige Antwort. Volumen stehen in der Autoindustrie für Umsatz, Überleben, Wachstum, Fortschritt, Erfolg, Zukunft und auch Macht.

So sieht das jeder Zulieferer. Die deutschen Lieferanten versuchen, der Commodity-Falle durch Innovationen zu entrinnen. Diese sind aber teuer und müssen schnellstmöglich amortisiert werden – also braucht man die Volumenhersteller.

Die hohen Volumen in der Automobilindustrie haben die Zulieferer angelockt und dazu geführt, dass sie sich ganz auf diese Industrie spezialisierten. Auch heute läuft die ganze Lieferantengemeinde wie eine Herde Schafe den Großprojekten hinterher, auch wenn es dort außer Umsatz mit niedrigen Margen nichts zu holen gibt. Der Einkauf gewisser Autobauer nutzt die menschlichen Urtriebe der Gier und des Überlebensdrangs schamlos aus. Jetzt muss er die Volumen nur noch zum Hauptbestandteil des Spiels machen.

Die Dynamik ist wichtig, denn Statik bedeutet auch Stillstand bei den Savings. Volumen sind dynamisch, weit mehr, als es der Fahrzeugmarkt vorgibt. Sie lassen sich teilen und bündeln, gruppieren und herauslösen, verschieben und vorziehen, erweitern und reduzieren, erfinden und verleumden, über- und untertreiben, erschaffen und eliminieren, geben und nehmen. Das alles tun gewisse Autobauer.

Volumen höher anzugeben, als sie wahrscheinlich sind, hilft gewissen Autobauern dabei, beim Preis zu sparen. Die Volumen spielen eine wichtige Rolle bei vielen Strategien zur aktiven Zulieferer-Ausbeutung. Sie sind auch ein Schutzschild gegen Forderungen der Lieferanten. Diese pflegen ihre Volumenhersteller und fordern das zum Überleben notwendige Geld bei diesen zuletzt ein.

Gewissen Herstellern graut es davor, dass ihre Volumen bzw. ihre Marktanteile einmal sinken könnten. Sie brauchen Volumen, um ihre üppige Struktur auszulasten. Bei Stückzahlverlust wäre auch das einzige Argument für die Zulieferer, mit ihnen zusammenzuarbeiten, in Gefahr. Wachstum ist deshalb für gewisse Autobauer ein absolutes Muss.

Man male sich aus, dass ein Autobauer seine Erpressungen der Zulieferer reduzieren muss. Die Idee scheint abwegig, aber man weiß ja nie, was passiert. Muss er diese Praktiken reduzieren, geht das sofort in die Kosten des Fahrzeugs ein, denn das ganze System rechnet fest mit den zusätzlichen Savings durch Erpressung. Nehmen wir an, dass er normalerweise vier Prozent Savings p. a. zusätzlich durch „Nachverhandlungen" mit den Lieferanten hereinholt. Bei zum Beispiel 60 Mrd. Euro Materialkosten sind das 2,4 Mrd. Euro p. a., die jetzt fehlen!

Der Autobauer schreibt nicht solch tolle Ergebnisse, als dass er das lange selbst kompensieren könnte. Er wäre also gezwungen, in seinem (preissensiblen) Fahrzeugsegment die Preise erhöhen. Mit höheren Autopreisen sinkt aber das Volumen. Die Fixkosten drücken damit noch stärker und die Autos verteuern sich weiter. Das Volumen fällt erneut, womit sich das Interesse der Zulieferer weiter reduziert, mit ihm unter den gegenwärtigen Konditionen zusammenzuarbeiten. Die Abwärtsspirale wäre nicht zu stoppen.

In allen Interviews, die das Management dieser Autobauer gibt, werden Volumen, Wachstum, produzierte Fahrzeuge und die diesbezüglichen Zukunftsaussichten erwähnt. Dazu muss man nicht einmal besonders genau hinhören; es ist immer dieselbe Leier. Zugleich suchen gewisse Autobauer stets den Vergleich zur Konkurrenz. Sie stehen natürlich immer besser da, wenn nicht beim Volumen, so doch beim Wachstum, und umgekehrt. Auch die Erwähnung der eigenen Marktanteile hat eine enorme Signalwirkung. Den Zulieferern soll signalisiert werden, dass es ohne gewisse Hersteller als Kunden gar nicht geht. Heute nicht und in Zukunft schon gar nicht! Das wirkt.

Das Volumen muss also immer weiter steigen, darauf baut das Schmarotzer-System zwingend auf. Gesteigert wird das Volumen durch Aufkäufe von Konkurrenten oder zumindest von Anteilen derselben. Auch Kooperationen sind ein Weg zur Volumenbündelung: Der Autobauer besetzt alle Nischen mit einem Feuerwerk neuer Modelle („Modelloffensive"), kein potenzieller Kunde darf verlorengehen.

Bei den Strategien zur Volumensteigerung sollte man irgendwelche ehrlichen Skalen- oder Größeneffekte erst einmal vernachlässigen. Es geht hauptsächlich um den Ausbau der Nachfragemacht, die als Hebel zur Margenreduktion der Lieferanten dient. Zur Erinnerung: Das zugekaufte Material repräsentiert bis zu 75 Prozent der Kosten eines Autos – dort ist das meiste Geld zu holen.

40. „Kaizen" reloaded – kontinuierliche Quetschmethoden-Entwicklung

Ein kontinuierlicher Verbesserungsprozess ist ganz normal in der Automobilindustrie. Jedes Jahr werden die zu erreichenden Ziele höher gesteckt. Alles muss noch billiger werden und noch schneller gehen: die Fertigung, die Logistik, die Entwicklung und die Administration. Das ist notwendig, schon allein um den Herstellern die vereinbarten jährlichen Preisreduzierungen geben zu können.

Gewisse Autobauer arbeiten auch kontinuierlich an der Verbesserung ihrer Quetschmethoden. Ein stetiger Verbesserungsprozess basiert auf einem kontinuierlichen Strom an Ideen, aus denen sich die Verbesserungen ableiten lassen. Um den Ideenstrom der eigenen Mitarbeiter anzuregen, müssen Rahmenbedingungen geschaffen werden. Bei der kontinuierlichen Verbesserung der Quetschmethoden muss das Unternehmen zum Beispiel deutlich machen, dass auch unethische Vorschläge willkommen sind. Das ist bei den in diesem Buch beschriebenen Herstellern gegeben. Der Zulieferer ist in diesen Unternehmen als Feindbild etabliert; er lügt, betrügt und macht große

Gewinne. Er ist eben einer, der die eigene Existenz gefährdet. Es gilt, ihm sein Geld mit allen Mitteln zu entreißen.

Ein Mitarbeiter des Autobauers mit einer neuen Idee, wie man die Lieferanten übervorteilen kann, wird diese schnell verbreiten. Die Leute brüsten sich damit, wie gut sie Zulieferer über den Tisch ziehen können. Höhere Ebenen greifen die Idee auf und sie wird zur Regel bzw. zum Standard erklärt. Die Anwendung der neuen Methode wird dann zielgerichtet bis in den letzten Winkel des Unternehmens verbreitet.

Alle bisher beschriebenen Methoden haben einmal klein angefangen. Für die meisten Komponenten kann der Kunde auf zehn potenzielle Zulieferer zurückgreifen. Der Hälfte davon kann man ein Projekt wirklich zutrauen, die anderen benutzt man zum Preisdrücken. Unter der Auswahl an Zulieferern findet sich immer einer, der gerade dringend ein Neuprojekt braucht oder der es sich nicht leisten kann, eines zu verlieren. Verzweifelte Zulieferer machen immer neue Zugeständnisse.

Hier findet die neue Methode ihre erste Anwendung. Ein Präzedenzfall ist der erste Schritt. Nun geht es darum, das neue Niveau der akzeptierten Übervorteilung zum Standard zu machen. Je mehr Zulieferer zähneknirschend einwilligen, umso schlechter ist der Stand der verbleibenden. Diese bekommen ständigen Druck, Drohungen, Erpressung und Auftragsvorenthalte zu spüren. Irgendwann heißt es: „Sie sind die einzige Firma, die unsere Konditionen nicht akzeptiert. Ihre Konkurrenten haben alle eingewilligt. Überlegen Sie sich, ob Sie in Zukunft mit uns Geschäfte machen wollen!"

Verbreitet ist es, solche neuen Regeln gleich ins Lastenheft oder dessen Anhänge zu schreiben. Ohne das Lastenheft zu akzeptieren, hat der Zulieferer keine Chance auf einen Auftrag. Handelt es sich um ein laufendes Projekt, geht auch schon mal ein Rundschreiben an alle Lieferanten. Das enthält die Regel, den Zeitpunkt, ab dem sie gilt und keinesfalls ein Angebot, dies zu verhandeln.

Beliebt ist es auch, die wichtigsten Zulieferer zum Kunden einzuladen, wo ihnen die frohe Botschaft verkündet wird; begleitet natürlich von den üblichen Drohungen zu Auftragsverlust und –vorenthalt.

Die Methode kann auch branchenüblich werden, wenn andere Autobauer sie kopieren. Diese Entwicklung sieht man gerade in der Automobilbranche, hier ist unter den Autobauern ein regelrechter Wettbewerb um die besten Ideen entbrannt, wie sich Zulieferer „bearbeiten“ lassen.

In die andere Richtung funktioniert dieser kontinuierliche Verbesserungsprozess nicht. Wenige große Lieferanten haben noch die Möglichkeit, sich gegen willkürlich erfundene Maßnahmen zur Schröpfung zu wehren. Sie tun das aber nur für ihre eigene Firma. Eine härtere Position der Lieferanten gegenüber den Herstellern kann nicht zentral gesteuert werden, da die Zulieferer keine homogene Gruppe sind. Preisabsprachen sind nicht zu halten und ja auch nicht erlaubt. Ein Lieferant, der sich zur Wehr setzt, bleibt isoliert und wird von gewissen Herstellern vor den Augen der anderen abgestraft. Diese Einbahnstraße beim Etablieren von geduldeten Standards in der Automobilindustrie sorgt dafür, dass sich die Situation für die Zulieferer stetig verschlechtert.

Teil IV

Das Projekt – Die 40 Räuber in Aktion

Nachfolgend wird der Ablauf eines typischen Projekts in der Automobilindustrie beschrieben. Es handelt sich dabei um eine grobe Zusammenfassung der bisherigen Ausführungen; hier wird an einem praktischen Beispiel dargestellt, welche Methoden und Strategien gewisse Autobauer in den verschiedenen Phasen der Zusammenarbeit mit einem Zulieferer anwenden.

1. Akquisition

Ein Autobauer plant ein neues Modell oder einen weiteren Ableger einer Plattform. Es werden mit Sicherheit viele bereits bestehende Teile in das Fahrzeug eingehen, andere müssen so modifiziert werden, dass sie für die neue Anwendung zu verwenden sind. Schließlich gibt es auch noch die wirklichen Neuteile zu entwickeln. Das können bei einer bestehenden Plattform weniger, bei einer neuen entsprechend mehr Teile sein. Der Fokus des Autobauers liegt auf Modulen und Systemen, die den Großteil der Materialkosten repräsentieren und in denen auch die für den Autokäufer relevanten Eigenschaften stecken.

Ein Projekt für die Entwicklung eines Neuteils beginnt mit der Akquisition. Für den Autobauer geht es um einen technischen, aber auch um einen kommerziellen Sprung. Beide zielen natürlich in entgegengesetzte Richtungen: Beim technischen Anspruch geht es nach oben und bei den Preisen nach unten.

Zunächst sieht sich die Entwicklungsabteilung des Herstellers um, welche neuen Konzepte für Systeme und Module sich verwenden lassen, möglichst auch zum Nutzen des Autokäufers. Benchmarking, also der Vergleich mit anderen, schon bestehenden Konzepten, spielt dabei eine bedeutende Rolle. Schließlich braucht man das Rad nicht immer wieder neu zu erfinden.

Informationsquellen beim Benchmarking sind zerlegte und unzerlegte Fahrzeuge der Konkurrenten des Autobauers in der betroffenen Fahrzeugklasse. Ein Volumenhersteller schaut sich auch gern an, was die heutigen Premiumhersteller an Neuheiten in ihren Autos auf den Markt bringen.

Der Vergleich mit den Konkurrenzprodukten auf Komponentenebene ist Aufgabe des Zulieferers. Jeder bessere Lieferant verfügt über Personal, das sich mit Wettbewerbsvergleichen beschäftigt. Komponenten von konkurrierenden Unternehmen werden getestet: auf Prüfständen, in Fahrzeugen, sie werden zerlegt, dokumentiert, analysiert, gewogen usw. Dies alles kommt in eine Datenbank, aus der stellt der Zulieferer auf Aufforderung des Kunden Tabellen und Grafiken mit Leistungen und Eigenschaften der Konkurrenz für die entsprechende Komponente zusammen. Der Autobauer gibt auch an, welche Vergleichsfahrzeuge von welchen Konkurrenten er verglichen haben will.

Auch Befragungen von Autofahrern wie zum Beispiel im „J. D. Power Report“ sind interessant, um zu erfahren, wie die Autonutzer die Funktion einer bestimmten Komponente bewerten. Diese muss natürlich kundenrelevante Eigenschaften und Funktionen enthalten.

Für komplexe Module und Systeme kann der Autobauer einen Zulieferer auswählen, mit dem er das Konzept entwickelt. Das ist dann auch meist der bevorzugte Lieferant für die Serie. Es muss aber nicht zwangsläufig so kommen; der Zulieferer muss sich trotzdem bei der nach der Konzepterstellung folgenden Ausschreibung durchsetzen.

Der ganze Prozess sollte schon drei bis vier Jahre vor dem Produktionsbeginn starten. Ein Großteil der Produktkosten wird schon in einer sehr frühen Phase der Produktentstehung festgelegt. Deshalb ist der Zulieferer frühzeitig einzubinden, schließlich entwickelt er das Produkt und weiß am besten, wo die Kostentreiber liegen.

Gewisse Hersteller setzen von Anfang an auf Konkurrenz, anstatt das Konzept mit nur einem Zulieferer zusammen zu erstellen. Es findet dann ein Wettbewerb zwischen mehreren Zulieferern um das beste Konzept statt. Dafür muss der Autobauer zwei oder drei Lieferanten gleichzeitig betreuen; und für regen Informationsaustausch zwischen ihnen sorgen.

Die „Ehre“, bei einem solchen Wettbewerb mitmachen zu dürfen, müssen sich die Zulieferer verdienen, unter Umständen ist sogar dafür zu bezahlen. Zahlungen des Autobauers für die Arbeit des Zulieferers erfolgen dagegen nicht. Bedingung für die Teilnahme am Wettbewerb kann sein, dass alle Innovationen, die während dieser Phase vom Zulieferer gemacht werden, zur exklusiven Nutzung an den Autobauer abzutreten sind. In abgemilderter Form braucht man ihm nur das Nutzungsrecht zu überlassen.

Beiderseitige Geheimhaltung wird vertraglich festgelegt, ob dies vom Kunden respektiert wird, weiß allerdings nur er selbst. Auch eine Offenlegung der Kosten („open book“) ist Zulieferer-Pflicht, wobei Autobauer und Zulieferer unterschiedliche Vorstellungen zum Detaillierungsgrad haben. Wer sich aber zu verschlossen gibt, der kommt nicht weiter.

Die Frage, ob er an einem solchen Wettbewerb teilnehmen sollte, stellt sich ein Zulieferer meist gar nicht; wer hier nicht mitmacht, bleibt auch bei der Serienbelieferung außen vor. Der Lieferant kann höchstens den Aufwand, mit dem er sich beteiligt, beeinflussen. So ein Wettbewerb zur Konzeptentwicklung kann sich nämlich zu einem Fass ohne Boden entwickeln. Ingenieure können sehr kreativ sein und entdecken oft weitere Konzepte, die ja noch viel besser die Anforderungen des Kunden erfüllen. Auch ist zu beachten, welche Prototypen der Komponente zu liefern sind: Müssen sie in einem Versuchsfahrzeug voll funktionsfähig sein, kann es teuer werden.

Die Nachteile, unter den genannten Konditionen an einem solchen Wettbewerb teilzunehmen, sind offensichtlich: Know-how des Zulieferers fließt ab; wohin genau, kann nur der Autobauer sagen. Es fallen hohe Akquisitionskosten an; die Konkurrenten überbieten sich mit ihren Leistungen gegenseitig, um den Kunden zu beeindrucken. Es besteht keinerlei Garantie, den Auftrag für das Serienprojekt zu bekommen. Das eigene Konzept ist für den Kunden transparent, er kennt dessen Eigenschaften, Funktionen und die Kosten. Das heißt auch, dass die früher beliebte Zulieferer-Taktik „Billig rein und später versuchen, den Preis zu erhöhen“ immer schwieriger wird, denn der Autobauer ist darauf vorbereitet.

Der Zulieferer versucht, Eigenschaften und Funktionen, die später in das Lastenheft eingehen, aktiv zu seinem Vorteil mitzugestalten. Der Hersteller dagegen achtet darauf, dass alle Wettbewerber technisch auf der gleichen Höhe bleiben. Dazu gibt er möglicherweise den Zurückbleibenden Tipps, wie es die Konkurrenz macht.

Wenn die Kosten des ausgeschriebenen Projekts detailliert genug offengelegt wurden, greift der Autobauer damit unter Umständen die Serienprojekte des Zulieferers an. Der Zulieferer macht trotzdem willig mit und versucht auch schon mal, einen guten Kontakt zu den beteiligten Mitarbeitern des Autobauers aufzubauen. Die Technikabteilung des Kunden gibt nach dem Konzeptwettbewerb eines oder mehrere Konzepte verschiedener Bewerber für den Einkauf zur Ausschreibung frei.

Eines der Konzepte wird nun ausgewählt und ein Zulieferer wird mit der Umsetzung betraut, er ist jetzt der „Entwicklungslieferant“. Gibt es mehrere Zulieferer in einem Projekt, so sind die anderen damit beauftragt, das Konzept mehr oder weniger nachzubauen. Sie haben den Vorteil, dass sie aus den Fehlern des Entwicklungslieferanten lernen können. Das wirkt sich positiv auf die Entwicklungskosten und auch auf den Teilepreis aus, da man Doppelarbeit reduzieren kann und mehr Zeit hat, um Detaillösungen besser zu konstruieren.

Die Frage, mit welchem Aufwand ein Zulieferer einen Konzeptwettbewerb bzw. die Akquisition betreiben sollte, kann man nicht pauschal beantworten. Man sollte sich aber schon einige kritische Fragen stellen: Ist es sinnvoll, eine Akquisition mit Vollgas zu fahren, wenn man schon einen bedeutenden Anteil beim selben Hersteller hat? Ist es realistisch, nachdem man schon eine Plattform des Kunden beliefert, eine weitere zu bekommen? Sollte man Großprojekte mit winziger Marge überhaupt annehmen? Wäre es nicht besser, bei einem bestimmten Hersteller das Minimalprogramm zu fahren, um anschließend als zweiter Lieferant mit dem Nachbau des Konzepts dabei zu sein?

2. Angebotskalkulation

Parallel zur Konzepterstellung baut der Zulieferer seine Kalkulation zum Angebot auf.

Es gibt „Target cost"-Ansätze, in denen ausgehend vom (geschätzten) Verkaufspreis an den Autobauer heruntergerechnet wird, wie viel die einzelnen Positionen, zum Beispiel das gesamte Material, kosten dürfen. Das geht bis auf die Ebene der Komponenten hinunter, jede bekommt den maximalen Preis zugeordnet, den sie kosten darf. Das ist ein iterativer Prozess, also eine schrittweise Annäherung an das Ziel, denn es macht ja keinen Sinn, Targets für einzelne Komponenten zu setzen, die auf dem Markt nicht zu erreichen sind. Also wird immer wieder umverteilt: Eine Komponente bekommt mehr Kosten zugestanden, dafür müssen andere billiger werden, Hauptsache, die gesamten Materialkosten bleiben im Ziel.

Das Ziel beim „Target Costing“ ist die Sicherstellung eines gewissen Minimums an Deckungsbeitrag, also der Differenz zwischen variablen Kosten und Verkaufspreis. Das Ganze ist am sinnvollsten, je näher man in der Reihenfolge der Wertschöpfung beim Autobauer liegt und je weniger das Produkt schon definiert ist.

Beispiel: Gibt der Hersteller ein kaum zu erreichendes Target für ein Modul an den Tier 1, so kann dieser noch überlegen, wie er das Ziel mit einem ganz neuen und revolutionären Konzept vielleicht doch erreichen kann. Gibt allerdings ein nachgeordneter Tier ein unrealistisches Target zum Beispiel für ein Stück Blech an einen Rohstofflieferanten, so wird er hier nichts erreichen.

Oft läuft dieser Ansatz etwas ins Leere, da das Produkt, das der Kunde haben will, schon weitgehend definiert ist. Das „Target Costing“ könnte zwar helfen, schon während der Konzepterstellung die Kosten im Fokus zu behalten und entsprechend schon mit dem Kunden zusammen nach Lösungen zu suchen, die innerhalb der Ziele liegen. Meiner Erfahrung nach läuft dieser prinzipiell gute Ansatz in der Praxis und in dieser Phase aber nicht optimal, denn der Zulieferer möchte während der Konzepterstellung den Kunden nicht mit kommerziellen Diskussionen belasten. Es geht ja in der Konzeptphase noch darum, den Auftrag überhaupt erst zu gewinnen. Da sind beim Autobauer die Zulieferer beliebter, die ihm alles versprechen und die Kosten dabei erst einmal vergessen. Das Konzept des „Target Costing“ hilft aber, um einen massiven Druck auf Bereiche wie Konstruktion, Fertigungsplanung und Einkauf intern beim Zulieferer aufzubauen und um jeden Cent zu kämpfen.

Das „Target Costing“ ersetzt nicht die übliche mehrstufige Zuschlagskalkulation. Dabei unterteilt man die gesamten Kosten in Einzel- und Gemeinkosten. Beispiele für Einzelkosten sind Materialeinzelkosten oder der Fertigungslohn, also Kosten, die dem

Produkt direkt zugewiesen werden können. Gemeinkosten sind alle im Betrieb anfallenden Kosten, die dem Produkt/Projekt nicht direkt zuzuordnen sind. Damit spiegeln sie allgemeine Ressourcen wider, die für den Herstellungsprozess benötigt werden. Dazu gehören beispielsweise in einem Mehrprodukte-Unternehmen Kosten für Gebäude und für allgemein benötigte Maschinen. Löhne und Gehälter fallen darunter, sofern diese nicht dem Produkt direkt zugewiesen werden können. Typisch hierfür sind Gehälter und Löhne, die in der Verwaltung oder im Lager anfallen. Ebenso gehören zu den Gemeinkosten die Kosten der Energieversorgung, wenn diese nicht dem Produkt direkt zugeordnet werden können (zum Beispiel für Raumheizung und Beleuchtung), und Versicherungen, Beiträge zu Verbänden oder gewinnunabhängige Steuern (etwa die Grundsteuer).

Die Basis für die Materialeinzelkosten ist die Stückliste, die mit Preisen für Material und Komponenten ergänzt wird. Oft reicht die Zeit bei einer Akquisition nicht aus, um alle Komponenten bei den Vorlieferanten anzufragen. Dann schätzt man auf Basis ähnlicher, schon verwendeter Komponenten. Es gibt Unternehmen, die diese Annahmen mit der Aufnahme eines technischen Risikobetrags von zum Beispiel zwei Prozent besser absichern; das geht natürlich zu Lasten des Angebotspreises. Manchmal ist der zukünftige Preis von Unterkomponenten schon bekannt. Mitunter bestehen langjährige Lieferverträge mit den Vorlieferanten, die schon Preisreduzierungen in der Zukunft vorsehen, oder es gibt durch die neuen Volumen des gerade kalkulierten Projekts schon vorher festgelegte weitere Rabatte. Kommt beispielsweise ein Neuprojekt von 300.000 Stück/p. a. dazu, gibt es vom Vorlieferanten ein Prozent Rabatt auf alle Teile, also nicht nur auf die neuen 300.000 Stück, sondern auch auf die übrigen, die der Vorlieferant schon für aktuelle Projekte an den Zulieferer des Autobauers liefert.

Schwankende Rohstoffpreise sind ein Risiko für die Kalkulation bzw. die Margen des Zulieferers. Das gilt für den direkten Kauf von Rohstoffen, aber auch indirekt für die zugekauften Komponenten der Vorlieferanten. Auch hier legt der Zulieferer Werte zugrunde, die der Kunde für den Zeitpunkt des Produktionsbeginns vorgibt. Hat der Kunde keine Vorgaben gemacht, so trifft der Zulieferer eigene Annahmen zum Preisniveau von Stahl, Kunststoffen etc. Sind die eigenen Annahmen höher als die der Konkurrenz, so ist seine Firma benachteiligt, da sie nun höhere Preise anbieten muss. Sind sie zu niedrig, besteht das Risiko, bei Produktionsbeginn die wirklichen Kosten nicht abzudecken. Gewisse Autobauer werden hier nicht ausgleichen, auch wenn das im Angebot vom Zulieferer gefordert wurde. Waren die Annahmen allerdings zu hoch, werden sie weniger bezahlen. Sie wissen ja aus dem detaillierten Angebot bzw. der Kostenoffenlegung, was der Lieferant für die Rohstoffpreise angenommen hat.

Zu den Materialkosten werden dann die Materialgemeinkosten (zum Beispiel für Einkauf und Logistik) mit einem festen Prozentsatz hinzugefügt. Die Fertigungskosten berechnen sich aus der angenommenen Fertigungszeit und den Lohnkosten am produzierenden Standort. Dazu kommen die Kosten für allgemeine Maschinen und Anlagen. Die legt der Lieferant über einen Maschinenstundensatz auf das Produkt um.

Bei der Maschinenstundensatzrechnung werden die maschinenabhängigen Kosten von den Fertigungsgemeinkosten getrennt. Mit den Kostenträgern, also den jeweiligen Komponenten, können somit die anfallenden Kosten entsprechend der wirklichen Inanspruchnahme der Maschine verrechnet werden. Dazu kommen noch Aufschläge für die Ausschuss- und Garantiekosten des Produkts. Auch das geschieht durch einen festen Prozentsatz, der aus den Erfahrungen in vorherigen Perioden bestimmt wird. Fertigungsanlagen und Entwicklungskosten, die nur für das spezifische Kundenprojekt gebraucht werden, sind ebenfalls über den Preis zu tilgen. Diese Kosten werden dann über die Stückzahlen auf das einzelne Stück verteilt. Normalerweise liegen bei einem Pkw-Projekt fünf bis sieben Jahre Abschreibungszeitraum zugrunde.

Welche Volumen in die Kalkulation eingehen sollen, ist wieder eine schwere Entscheidung. Rechnet der Zulieferer mit hohen Volumen, kann er billiger anbieten, geht aber das Risiko ein, seine Investitionen bis zum Ende des Projekts nicht komplett zu tilgen. Kalkuliert er mit niedrigeren Volumen, so ist er vielleicht seinen Mitbewerbern gegenüber benachteiligt, denn sein Preis pro Stück ist dann höher. Meist geht das Volumen, das der Kunde vorgibt, in die Kalkulation ein. Gewisse Hersteller geben regelmäßig zu hohe Volumen an, dadurch erhalten sie bessere Preise und der Zulieferer ist gezwungen, mehr Kapazitäten als notwendig aufzubauen.

Letzterer Schachzug hat zwei Vorteile für gewisse Kunden: Erstens erhöhen sich die Austrittsbarrieren für den Zulieferer und zweitens müssen sie, wenn die Volumen wirklich steigen sollten, keine Kapazitäten beim Zulieferer nachkaufen. Mit einem Ausgleich, wenn das Volumen nicht zustande kommt, ist nicht zu rechnen, auch wenn das klar im Angebot gefordert wurde. Das Ganze beaufschlagt der Zulieferer mit weiteren Gemeinkostenzuschlägen für die Verwaltung und die Vertriebsorganisation und dem Gewinn.

Bei gewissen Autobauern macht man als Zulieferer normalerweise keinen Gewinn. Hier begnügt sich der Lieferant wegen der hohen Volumen mit weniger – bestenfalls mit einer geringen Marge. Dazu stellt er eine Deckungsbeitragsrechnung nach dem „Direct Costing“ Ansatz auf. Der Deckungsbeitrag ist in der Kosten- und Leistungsrechnung die Differenz zwischen den erzielten Erlösen und den variablen Kosten. Die variablen Kosten sind die, welche nicht anfallen würden, wenn das Produkt nicht gefertigt würde. Typische variable Kosten sind also das Material und die Fertigungslöhne, die Energie für die Maschinen, Ausschuss, der bei der Produktion anfällt und Transportkosten.

Diese Positionen müssen mindestens durch den Preis abgegolten werden, um einen Deckungsbeitrag von null zu erhalten. Darunter macht eine Lieferung keinen Sinn; in der Praxis gibt es solche Fälle natürlich trotzdem. Bei einer Deckung von null kann man ja wenigstens noch die Arbeiter bezahlen. Das ist schon etwas wert, denn so variabel sind diese Kosten ja oft nicht, das heißt, die Arbeiter können nicht so einfach entlassen oder anderswo eingesetzt werden.

Mit einer Deckung von null nimmt ein Zulieferer ein neues Projekt aber nicht an, denn er muss ja noch Entwicklung, Betriebsmittel und zum Teil Werkzeuge, die speziell für das Kundenprojekt anfallen, bezahlen. Ist dieses Geld aber erst einmal ausgegeben, kann es durch Aktionen des gewissen Autobauers schnell in die Richtung von „null Deckungsbeitrag“ gehen, ohne dass der Zulieferer das Handtuch wirft.

Es kann mehrere Kalkulationsvarianten geben. Eine davon ist, die Kosten zusammenzutragen, die anfallen, wenn das besagte Teil heute produziert würde. Was dabei herauskommt, ist in der Regel zu teuer und dient eher als Referenz. Aufgrund des Preisdrucks kalkuliert man die Kosten daher zum Produktionsbeginn (SOP), also in einigen Jahren. Das ist die wichtigste Kalkulation, die einen günstigeren Angebotspreis ermöglicht. In der Zukunft wird schließlich alles billiger (außer, wie gesagt, das komplette Auto).

Wichtig ist nicht nur, das Produktionsjahr nach Erreichen der „Kammlinie“, also dem maximalen Produktionsvolumen pro Tag, zu betrachten, sondern eine Kalkulation auf Basis der kompletten Laufzeit zu erstellen. Da gibt es ja die vereinbarten jährlichen Preisreduzierungen zu beachten. Die haben mit zwei bis sechs Prozent p. a. ganz entscheidenden Einfluss auf die Rentabilität eines Projekts über die Laufzeit.

Um konkurrenzfähig zu sein, werden manchmal Kosten einfach unter den Teppich gekehrt. Zum Beispiel Kapitalkosten für amortisierte Investitionen, die wahren Personalkosten eines Teams, das sich Jahre nach dem Produktionsbeginn noch um Kundenänderungen kümmert (gerade bei großen Plattformen), verschärfte Garantiebedingungen, die nicht an Vorlieferanten weitergegeben werden können, Lohnsteigerungen und Inflation, Quicksavings und Savings auf andere Projekte, die man geben muss, um das anzubietende Projekt zu gewinnen und zu behalten.

Die Preisdrückaktionen gewisser Hersteller fehlen in der Angebotskalkulation des Zulieferers vollständig, sie hinterlassen jedoch tiefe Spuren im Ergebnis. Jährliche Ausschreibungen, „Sonderrabatt"-Aktionen des Kunden, Ausspielen von zwei alternativen Lieferanten, Preisverfall durch die Einbahnstraßen-Strategie, direkte Verhandlungen mit Tier-2-Lieferanten und sonstige Überfälle auf die Preise gehören fest zu jedem Projekt, werden aber nie in der „offiziellen" Kalkulation des Zulieferers erfasst, da das Angebot ansonsten sofort vom Kunden mit üblen Beschimpfungen abgelehnt werden würde.

Bei den in diesem Buch beschriebenen Autobauern trägt der Zulieferer weitgehend einseitig die Risiken für die Volumen, Rohstoffpreise, Energiekosten, Wechselkurse, Vorlieferanten, die ihre Preise nicht halten können usw.

Der Vertrieb des Zulieferers stellt diese Positionen gern als neutral dar. Einen Ausgleich erringt man aber bei laufenden Projekten mit gewissen Kunden selten, wenn diese Positionen aus dem Ruder laufen, obwohl entsprechende Klauseln zur erforderlichen Anpassung der Preise immer im Angebot stehen.

Selbst wenn man alle diese Risiken einigermaßen quantifizieren könnte, mit so etwas in der Kalkulation ließe sich nichts mehr gewinnen. Also ignoriert man das Offensichtliche und der Preis wird trotzdem perfekt auf zwei Nachkommastellen kalkuliert.

Manchmal setzt der Zulieferer bei seinem Preis schon fest darauf, dass er dem Kunden technische Änderungen gut verkaufen kann. Das ist keine verantwortungsvolle Vorgehensweise, denn der Hersteller als Autor des Lastenhefts mit all seinen Zusatzdokumenten und der Macht der Brechstange sitzt hier am längeren Hebel, um diese Zusatzkosten abzuwehren. Preiserhöhungen durchzudrücken, können sich nur kommerziell knallharte Lieferanten leisten und das auch nur, wenn sie zumindest eine Zeit lang und weltweit auf den Kunden verzichten können. Wahrscheinlicher ist es inzwischen, dass der Zulieferer für die Änderungen draufzahlt. Das Lastenheft, verbunden mit der Macht gewisser Autobauer, sorgt dafür.

Kalkulationsrichtlinien gibt es wahrscheinlich genug beim Zulieferer. Was fehlt, ist damit aufzuhören, sich selbst zu belügen und schon bekannte Risiken einfach zu ignorieren. Es sind streng genommen ja nicht einmal Risiken, denn die geschilderten Strategien der Nachverhandlungen werden bei gewissen Autobauern ganz sicher erfolgen. Deren Projekte werden für den Zulieferer durch die Sonderaktionen zur Preisreduzierung immer schlechter sein, als er in der Kalkulation errechnet hat.

3. Das Angebot

Ein Angebot beginnt mit einer detaillierten Beschreibung des Leistungsumfangs, also mit dem Pflichtenheft, basierend auf dem Lastenheft des Autobauers. Das Produkt wird detailliert beschrieben. Das hat seine Vor- und Nachteile: Gibt es eine genaue Beschreibung der Eigenschaften und Fähigkeiten der Teile, so meint der Zulieferer, er habe seine Pflicht getan, wenn es nachher dem Kunden doch nicht reicht.

Sicher hat er das schriftlich, aber am Ende befindet sich der Kunde mit seiner Lastenheftbibliothek und seiner Verhandlungsmacht in der besseren Position, um das Geforderte zu bekommen. Wie genau er die Komponenten seiner Vorlieferanten im Angebot beschreibt, muss sich der Zulieferer überlegen: Er limitiert sich selbst, wenn er schon seine Vorlieferanten auflistet. Nachher wird er dann gezwungen, diese auch zu nehmen, obwohl wegen des Zeitdrucks bei der Angebotserstellung die Technik und Preise mit ihnen vielleicht noch gar nicht abschließend geklärt sind.

Das kommerzielle Angebot umfasst die Preise für alle Varianten der Komponente, die jährlichen Preisreduktionen mit deren Konditionen, die Investitionen für Betriebsmittel, Werkzeugpreise und Entwicklungskosten, Preise für Prototypen und Vorserienteile. Das alles kommt ins Angebot, auch wenn einige Positionen davon vom Kunden nicht bar, sondern nur umgelegt auf den Teilepreis bezahlt werden.

Läuft das Projekt mit weniger Volumen als geplant, was meist aufgrund der absichtlich übertriebenen Volumenplanung des Autobauers der Fall ist, hat der Zulieferer etwas in der Hand, um Schadenersatz zu verlangen. Wenigstens theoretisch hat er diese Möglichkeit; es wurde schon dargelegt, dass solche Zahlungen in der Praxis von gewissen Autobauern nicht zu erhalten sind.

Der Preis bzw. die Kostenstruktur dazu wird so offen dargelegt wie nötig. Der Kunde fordert totalen Einblick, der Zulieferer möchte am liebsten alles geheim halten. Man einigt sich irgendwo dazwischen. Zum Angebot gehören Anpassungsklauseln zu Rohmaterial, Löhnen, Wechselkursen, Energiepreisen, technische Änderungen und Volumenänderungen. Was genau der Zulieferer in sein Angebot schreibt, interessiert gewisse Kunden nicht; wahrscheinlich wird es nicht einmal gelesen. Beide Seiten wissen, dass es später sowieso nach den Regeln des Herstellers gehen wird, und die sind immer gleich: Er will nicht zahlen, wenn die Kosten steigen, und kürzt die Preise sofort, wenn sich etwas verbilligt.

Im Angebot steht auch, welche Gewährleistung und sonstige Haftungen der Zulieferer akzeptiert. Auch das hat nur akademischen Wert. Es ist klar, dass die Regeln und Anforderungen des Kunden gelten und dass sich der Einkauf nicht einmal die Mühe macht, solche Kommentare im Angebot des Zulieferers vor der Vergabe des Auftrags wegzuverhandeln.

Worauf der Einkauf also sieht, sind der Preis, die jährlichen Preisreduktionen und der Teil der Investitionen, den er bezahlen soll. Darüber hinausgehende Klauseln und Kommentare verarbeitet er nicht. Dazu hat er gar nicht die Zeit, denn gewisse Autobauer fragen so gut wie alle Firmen weltweit an, die irgendetwas mit dem jeweiligen Produkt zu tun haben. Mindestens zehn Lieferanten sollten bei der Ausschreibung schon dabei sein.

4. Die Vergabe

Die Auswahl erfolgt hauptsächlich nach dem Kriterium des Preises. Sicher verfolgen manche Hersteller auch strategische Überlegungen, andere verhalten sich weitgehend opportunistisch. Falls aber die Nominierung des billigsten Lieferanten eine erhöhte Abhängigkeit für den Autobauer bedeuten würde, wird er dies vermeiden. Stattdessen bearbeitet er die Konkurrenten des Lieferanten so lange, bis sie einen vergleichbaren Preis bieten.

Der Zulieferer, der die laufende Serie beliefert, steht besonders unter Druck. Sein Unternehmen erwartet, dass der Folgeauftrag auch wieder im eigenen Haus landet, sonst verliert man ja Marktanteile an die Wettbewerber. Ein Verlust des Folgeauftrags ist oft mit schmerzhaften Anpassungen der Struktur des Lieferanten verbunden; oder genau das bleibt aus und es entstehen noch mehr Überkapazitäten.

Diese Tatsache macht sich der Einkauf des Autobauers zunutze. Wenn der Zuschlag nicht erfolgt, so ist der Zug für den betroffenen Zulieferer nicht abgefahren, oft erfolgt später die Nominierung eines zweiten und sogar eines dritten Lieferanten. Der Hauptlieferant wird mit einem gewissen Anteil nominiert und sichert den Produktionsbeginn des Fahrzeugs oder der Plattform ab. Damit gewinnt der Einkauf des Autobauers mehr Zeit, um weitere Lieferanten nochmals kommerziell richtig in die Mangel zu nehmen.

Wenn ein in der ersten Runde unterlegener Lieferant ständig verzweifelt vor der Tür des Einkaufs steht, hat der Beschaffer sein Opfer gefunden. Möglicherweise wurde der Zulieferer im Geheimen auch vom Kunden schon als Erstlieferant gewollt. Er musste aber zunächst einen Schreckschuss verpasst bekommen, um ihn kommerziell gefügiger zu machen.

Die Verzögerung der Lieferantenauswahl läuft in Stop-and-go-Geschwindigkeit, der Autobauer gibt immer wieder neue Termine an, wann endlich entschieden werden soll. Das zieht sich über Wochen und Monate hin und ist kein Zufall, denn die Vergabetermine werden gestaffelt nach der geschätzten Entwicklungsdauer des jeweiligen Teils. Vergeben wird immer so spät wie irgendwie möglich. Das gibt dem Einkauf Zeit, weiter zu fordern.

Außerdem löst es Panik beim Zulieferer aus, was diesen wiederum zu weiteren Zugeständnissen und auch zu Fehlern verleitet. Der Zulieferer kann auf die Gefahr des Zeitverlusts bei den Terminen hinweisen, so oft er will. Der Kunde weiß, dass sein Lieferant es am Ende doch irgendwie hinbekommen wird; stimmt der Lieferant dem Terminplan des Kunden nicht zu, bekommt er den Auftrag nämlich nicht. Mehrkosten, die dadurch entstehen, interessieren den Autobauer wenig, er bezahlt sie ja nicht.

Irgendwann wird die Verzögerung auch der technischen Entwicklungsabteilung des Herstellers zu viel. Auf keinen Fall will diese Abteilung die Verschiebung eines Meilensteins verursachen. Der Einkauf geht also in die letzte Phase des Preisdrückens über. Er hat nichts zu verlieren; kein Zulieferer wird sich beleidigt zurückziehen, wenn ein Hersteller zu viel fordert. Also fordert man mit der Salami-Taktik weiter und eliminiert Forderungen des Zulieferers, die nichts mit dem Projekt zu tun haben, so lange, bis der Lieferant signalisiert, dass er nicht mehr weiter kann. Das ist dann auch der Fall, denn freiwillig wird er in dieser Phase nicht mehr auf den Auftrag verzichten wollen. Auch drücken schon die Kosten der Akquisition, die bisher angefallen sind, die will man nicht umsonst verursacht haben.

Forderungen werden von guten Kunden im Gegensatz zu gewissen Autobauern übrigens nicht grenzenlos gestellt. Es gibt Kunden die keine weiteren Nachlässe fordern wenn der Target-Preis vom Zulieferer erreicht wurde!

5. Entwicklung

Die Entscheidung für einen Zulieferer als „Entwicklungspartner" fällt immer viel zu spät. Die Entwicklungsarbeit unterliegt dadurch sofort einem enormen Zeitdruck. Zulieferer wissen das und gehen bei der Entwicklung schon in Vorleistung – ohne jegliche Sicherheit, den Auftrag später zu erhalten. Dieses Vorgehen ist kaum zu vermeiden, um die Termine im Projekt einigermaßen einhalten zu können. Es ist jedem Lieferanten klar, dass es am Ende er sein wird, der für Verspätungen zur Rechenschaft gezogen wird.

Dem Risiko, Ausgaben umsonst zu tätigen, steht die Gefahr gegenüber, extrem höhere Kosten schlucken zu müssen, um den Rückstand aufzuholen, wenn das überhaupt möglich ist. Von Anfang an verfolgen das Entwicklungsteam des Zulieferers und das des Autobauers ganz gegensätzliche Interessen. Es ist nicht so, dass hier zwei Partner zusammen ein gutes Produkt entwickeln wollen.

Es gibt Hersteller, die wirklich hervorragend mit den Zulieferern zusammenarbeiten, wo man seine gegenseitigen Limits und zu erreichende Minima versteht, wo gegeben und genommen wird. Mit den hier beschriebenen Autobauern herrscht allerdings Krieg, verstärkt durch enormen Zeitdruck, den der Einkauf an die Entwicklungsabteilung des Autobauers vererbt.

Das gehört zum Kalkül: Es soll ein Klima geschaffen werden, in dem der Zulieferer ständig ein schlechtes Gewissen mit sich herumträgt, weil er den Erwartungen des Kunden immer hinterherläuft. Später gibt man ihm die Chance, es zu erleichtern, indem er meist kostentreibende Änderungen auf eigene Kosten durchführen muss.

Der Kunde ist ständig unzufrieden. In den regelmäßigen gemeinsamen Entwicklungsgesprächen entstehen wegen der konträren Interessen Konflikte, die der Autobauer mit Hilfe von Drohungen, Zwang und Erpressung meist zu seinen Gunsten löst. Der Zulieferer muss mindestens innerhalb des intern freigegebenen Entwicklungs-Budgets bleiben und eine internes Target für die Marge erreichen. Er versucht also, das Lastenheft mit weniger Aufwand zu erreichen und durch gut verkaufte Produktänderungen den Verkaufspreis und damit die Rentabilität des Projekts zu verbessern.

Das Team gewisser Autobauer bemüht sich, das Maximum an besseren Eigenschaften und Funktionen herauszuholen, koste es, was es wolle. Der Zulieferer wird prinzipiell als Milchkuh betrachtet, die man endlos melken kann und sollte. Änderungen, die den Wert des Produkts erhöhen, sind auch noch weit nach Produktionsbeginn möglich, solange sie den Autobauer nichts kosten.

Gearbeitet wird im „Simultaneous Engineering" (SE), wobei Produkt und Fertigungseinrichtungen parallel entwickelt werden. Das spart, verglichen mit dem sequenziellen Abarbeiten der beiden Pakete, Zeit. Damit das Ganze sauber und ohne viele Wiederholungen abläuft, sind Meilensteine wie das termingerechte Einfrieren des Konstruktionsstandes unbedingt einzuhalten, auch wenn das Entwicklungsergebnis zu diesen Terminen manchmal noch nicht optimal ist.

Dazu ist viel Disziplin erforderlich. Diese fehlt bei gewissen Autobauern leider, da sie technische Perfektion anstreben und kaotisch arbeiten. Der Zulieferer kann einen noch so perfekten Plan aufstellen, wann welche Arbeiten begonnen werden müssen, der Kunde wird diesen Plan mit seiner Änderungswut und den spät erfolgenden Entscheidungen umwerfen. Diese Autobauer sind gar nicht befähigt, „Simultaneous Engineering" anzuwenden; leider tun sie es trotzdem.

Müssten sie alles bezahlen, was dadurch doppelt und dreifach gemacht werden muss, dann würden sie es bleiben lassen. Das brauchen sie aber nicht, denn ein Großteil der Schleifen und Änderungskosten lässt sich auf den Lieferanten verlagern. So macht das simultane Entwickeln natürlich Spaß.

Irgendwann ist es so weit: Das, was man entwickelt hat, ist nun auch zu bauen. Mit serientauglichen Werkzeugen und Fertigungseinrichtungen, die jetzt zu beschaffen sind. Das Einfrieren des erreichten Konstruktionsstandes („design freeze") bedeutet theoretisch das Ende der Entwicklungsarbeiten. Dazu muss der Autobauer seine Erlaubnis in Form einer Freigabe zur Beschaffung geben. Bei den asiatischen Autobauern ist ein „design freeze" etwa so wie eine Schockfrostung; danach wird wirklich nichts mehr am Produkt geändert. Bei den hier betrachteten Autobauern handelt es sich eher um einen gemütlichen Abkühlvorgang, verbunden mit sporadischen Heizphasen. Der Meilenstein „design freeze" ist eher als grobes Richtdatum denn als verbindlicher Termin zu verstehen. In dieser Unternehmenskultur sind Änderungen nach dem „design freeze" ganz normal. Das lebt das Top-Management seiner Mannschaft sogar vor; diese Manager entscheiden die größten Änderungen zu den ungeeignetsten Zeitpunkten.

Das verursacht eine Reihe von Problemen, zum Beispiel, dass nicht richtig erprobte Bauteile ihren Weg ins Auto finden. Teure Sonderaktionen sind erforderlich, um gesetzte Termine irgendwie noch zu erreichen. Zu-sätzliche Prototypen oder Kleinserien sind zu beschaffen, Betriebsmittel sind zu modifizieren oder ganz zu ersetzen, Zulieferer müssen rund um die Uhr durcharbeiten.

Kurz gesagt: Beträchtliche Zusatzkosten entstehen durch diese Aktionen, wovon der Zulieferer natürlich nicht verschont bleibt.

6. Vorserien-Fahrzeuge

Die Fertigung der ersten Kleinserie des neuen Fahrzeugs beim Autobauer ist ein sehr wichtiger Meilenstein. Erstmalig kommen Teile aus fortgeschrittenen Baustände zusammen ins Fahrzeug. Dabei gibt es immer Überraschungen, etwa wenn etwas im Fahrzeug nicht richtig zusammenpasst. In der ersten Fahrzeugkleinserie müssen die Teile bereits aus Serienwerkzeugen stammen. Später, in einer weiteren Kleinserie, müssen die Teile außerdem bereits aus den Serienfertigungseinrichtungen kommen. Wegen des späten Beginns der Entwicklungsarbeiten und den häufigen Änderungen ist das oft nicht zu schaffen.

Ein in einer solchen Unternehmenskultur zusammengebautes Versuchsfahrzeug gleicht einem Frankenstein: Es besteht aus Serienteilen, original oder per Hand nachgearbeitet, aus Neuteilen aus Serien- oder Hilfswerkzeugen und aus Prototypen verschiedener Baustände. Damit werden die ersten Absicherungstests gefahren. Nicht nur Neuteile sind zu überprüfen, auch Übernahmeteile (COP) in der neuen Anwendung sind ein potenzielles Risiko.

Die Tests sind Fahrzeugdauerläufe, bei denen die Fahrzeuge rund um die Uhr laufen, um schnell so viele Kilometer zusammen-zubekommen, wie es für ein Fahrzeugleben normal ist; normal sind 60.000–100.000 km, je nach Autobauer. Auch Erprobungen unter erschwerten Bedingungen wie Hitze, Kälte, Höhenluft und schlechten Wegen gehören dazu. Werden solche Tests nicht bestanden, läuten die Alarmglocken, das Projekt kann unter Umständen nicht für die Serienproduktion freigegeben werden.

In der Phase der Vorserienfahrzeug-Montage herrscht eine gespannte Atmosphäre und alle Beteiligten sind extrem nervös, weil eine Vielzahl an Problemen auftauchen kann, die unter Umständen den Produktionsbeginn in Gefahr bringen. Jede Verschiebung bedeutet aber Umsatzausfall, denn der Autokäufer wartet mit seinem Kauf, bis das neue Modell herauskommt, und einige gehen sogar verärgert zur Konkurrenz. Außerdem sind die alten Modelle nur noch mit Rabatten abzusetzen.

Wo es viele Probleme gibt, ist bei gewissen Autobauern auch viel Arbeitsaufwand zum Verschleiern und Verzögern aufzubringen. Die Mitarbeiter haben gelernt, wie das geht. Passt zum Beispiel irgendetwas im Fahrzeug nicht zusammen, wird der politisch erfahrene Verantwortliche erst einmal einen Messbericht anfordern, damit man sieht, welches der angrenzenden Teile schuldig ist. Bis der Bericht fertig ist und ihn auch jemand interpretieren kann, vergeht einige Zeit. Inzwischen gibt es meist ein neues Problem mit einer höheren Priorität. Damit ist die alte Geschichte erst einmal vergessen und der Verursacher hat Zeit, um eine glaubhafte Ausrede und einen anderen Schuldigen zu finden. Die beliebtesten Verursacher sind der Zulieferer oder Kollegen, die man loswerden möchte.

Unter solchen Umständen ist es sogar verständlich, dass das Management dieser Unternehmen seinen Untergebenen misstraut. Diese Mannschaft hat man allerdings selbst durch die herrschende Angstkultur so herangezüchtet. In diesem Klima der Unwahrheiten und politischen Intrigen kommt es natürlich zu technischen Problemen, die bis zuletzt vertuscht werden. Kein Wunder, dass diese Autobauer die meisten Änderungen in einer Projektphase durchführen, in der schon alles erledigt sein sollte.

7. Die Serienfreigabe

Mit der Freigabe zur Serienfertigung berechtigt die Qualitätsabteilung des Autobauers den Zulieferer, seine Komponente an den Autobauer zu liefern, damit der sie in das Neufahrzeug montieren kann. Um solch eine Freigabe, den „Erstmusterprüfbericht", zu erhalten, hat der Zulieferer Messberichte, Materialberichte und das Baumuster der technischen Entwicklung für seine Komponente vorzulegen.

Mit dem Baumuster erklärt der Autobauer die Übereinstimmung seines Erzeugnisses mit den Normforderungen. Er „zertifiziert" das Produkt des Lieferanten. Der Zulieferer muss nun gewährleisten, dass jedes einzelne Erzeugnis dieses Produkts aus seiner Fertigung diesem Baumuster entspricht.

Natürlich sollte die Freigabe vor dem Produktionsbeginn erfolgen, streng genommen sogar vor der letzten Vorserienfertigung der Fahrzeuge. Der Normalfall ist das aber keineswegs, es kann Jahre dauern, bis es soweit ist. Das stört den Hersteller gar nicht, das Auto funktioniert ja trotzdem. Bis die Freigabe kommt, erfolgt eine Autorisierung der Lieferung über eine „Abweicherlaubnis", befristet auf Zeit oder eine gewisse Stückzahl. Nur dem Zulieferer macht dieses Verhalten zu schaffen, denn der bekommt die vorfinanzierten Werkzeuge erst bezahlt, wenn er eine Freigabe ohne Auflagen bekommt.

Der Grund für die Verzögerung liegt fast immer beim fehlenden Baumuster der Entwicklungsabteilung. Die Technik gibt das Produkt nicht frei, weil sie unzufrieden mit seinen Leistung oder Eigenschaften ist. Also wird geändert, getestet, im Werkzeug umgesetzt und erneut getestet. Das erfordert viel Zeit.

Wichtig für die Freigaben sind die Fahrzeugdauerläufe. Mehrere Fahrzeuge verschiedener Baustufen zu verschiedenen Zeiten des Projekts sind zu fahren. In der Praxis kann der Entwickler des Autobauers auf die vollen Kilometer bestehen oder aber er beschränkt sich auf eine geringe Kilometerleistung. Das hängt vom erwarteten Risiko, den bisherigen Testergebnissen und der Risikobereitschaft des Ingenieurs des Kunden ab.

Die Freigabe eines Projekts ist für den Zulieferer wie Weihnachten und Geburtstag zusammen. Es ist ein lange herbeigesehntes Ereignis, an das niemand mehr so richtig geglaubt hat. Bei kleineren Zulieferern haben sich bis dahin offenstehende Werkzeugzahlungen angesammelt, die ihn an den Rand der Zahlungsunfähigkeit bringen können.

8. Der „Start of Production“ (SOP)

Der große Tag ist gekommen: Das Fahrzeug geht in die Serienfertigung. Ein Moment der höchsten Anspannung für das auf dieser Höhe sowieso schon gestresste Team des Zulieferers. Wer das totale Chaos noch nicht kennt, wird es jetzt kennenlernen.

Die theoretische Hochlaufkurve (die Anzahl der zu fertigenden Fahrzeuge auf Wochen- oder Tagesbasis) hat nicht viel mit der Wirklichkeit zu tun. Zu diesem Zeitpunkt ist der Zulieferer nahezu blind in Bezug darauf, wie viel er zu fertigen hat. Immer wieder wird die ursprüngliche Planung umgeworfen. Er muss plötzlich Varianten liefern, die er nicht eingeplant hatte, weil irgendeine andere Komponente nicht rechtzeitig fertig geworden ist. Die Produktionsplanung des Kunden muss also improvisieren und alternative Fahrzeuge fertigen, die dieses Teil oder diese Variante nicht benötigen. Da ein Fahrzeug viele Teile hat, kann auch viel schiefgehen, immer wieder kommt es zu Sprüngen in den Bestellungen. Der Kunde fährt „stop and go“: Mal steht die Fertigung des Zulieferers, weil der Kunde nichts bestellt, mal muss die Fertigung am Wochenende oder in drei Schichten fahren.

Das Chaos zieht sich durch die gesamte Zulieferkette. Da ja alle Zulieferer inzwischen weltweit einkaufen, ist in dieser Zeit der internationale Luftverkehr gut mit Autoteilen ausgelastet. Keine Frage, dass die dabei entstehenden Extrakosten für den Autobauer kein Gesprächsthema sind.

Das Leben des Zulieferers ist also mindestens im ersten Jahr nach Produktionsbeginn nicht einfach. Zu den ganzen Überraschungen, die der Kunde verursacht, kommt noch die Koordination der Vorlieferanten; es dauert seine Zeit, bis die ganze Lieferkette stabil steht und mit der erforderlichen Qualität liefert. Durch die vielen Änderungen entsteht Ausschuss – Teile aus überholten Bauständen, die nicht mehr verbaut werden dürfen. Durch die ganzen „Stop and go"-Aktionen musste viel Sicherheitsbestand auf Lager gelegt werden, was sich jetzt rächt, da es teuer verschrottet werden muss. Als Zulieferer muss man hier sehr flexibel sein.

Unklarheit besteht nicht nur auf der Seite der Produktionsplanung. Kommerziell ist auch viel los, denn es muss ein Preis gefunden werden. Den gab es zwar schon einmal, aber das ist zwei bis drei Jahre her und inzwischen hat sich viel verändert. Die technische Definition, Preise für Rohmaterial, Komponenten und Energie, die Lohnkosten, der Wechselkurs, das Anlieferungskonzept oder gar der Anlieferungsort und das Volumen gehören dazu. Der Kunde wird Forderungen haben, der größte Bedarf für einen neuen Preis aber wird beim Zulieferer liegen.

Somit ist es wahrscheinlich, dass bei Produktionsbeginn und noch einige Zeit länger zu veralteten Preisen verkauft wird. Hilfreich für gewisse Kunden ist es, dass der Lieferant in dieser Phase noch gut mit anderen Problemen ausgelastet ist. Denn die sichere Serienversorgung kommt vor der Bezahlung: „Löst erst eure Probleme, bevor ihr von Preisen redet!"

Die erste Preisfestlegung ist eine sehr wichtige Sache in Bezug auf die Rentabilität über die Laufzeit. Wer jetzt schlecht startet, hat die letzten Jahre umsonst entwickelt und gearbeitet. Zähe Verhandlungen beginnen zwischen Hersteller und Lieferant. Zuerst wird der Kunde alles versuchen, diesen aus dem Weg zu gehen. Es versteht sich von selbst, dass die Kosten jetzt noch detaillierter offenzulegen sind, um überhaupt mit ihm diskutieren zu können.

Da ein Zulieferer üblicherweise mit den fiktiven „Best in class"-Vorgaben bezüglich der erlaubten Margen in der realen Welt nicht überleben kann, muss er die Kosten im Breakdown woanders verstecken. Dazu gibt es mehrere Möglichkeiten. Die erste ist das Material, es wird in Form von Rohstoffen und Komponenten also vom Wert her übertrieben. Das führt allerdings ins Verderben, wenn diese Kosten wirklich gestiegen sind. Bis zu dem Wert, den der Autobauer ohnehin schon aus der Kostenoffenlegung kennt, ist dann nichts mehr zu machen. Der Kunde kann das auch durch Rechnungen oder direkte Quellen bei den Vorlieferanten überprüfen, was er gelegentlich auch tut.

Sicher kann man in Einzelsituationen solch ein Lügenkonstrukt plausibel rechtfertigen. Auf lange Sicht besteht aber die Gefahr, sich zu verzetteln und Unwahrheiten, die einmal helfen, behindern ein anderes Mal. Der sicherste Weg ist es daher, nahe bei den wahren Materialkosten zu bleiben. Kosten sind nur in den Positionen zu verstecken, die wirklich schwer zu überprüfen sind. Kosten lassen sich auch in den Fertigungskosten verstecken, das fällt Lieferanten mit hoher Fertigungstiefe leichter. Der Kunde kennt sich norma lerweise mit den Prozessen nicht gut aus. Bei manchen der hier beschriebenen Autobauer ist die Prozessoptimierung beim Lieferanten fast ausgestorben, denn sie spezialisieren sich auf rein kommerzielle Verhandlungen.

Die versteckten Kosten stecken also in höheren Fertigungszeiten, in fiktiven Teilprozessen, die nur bei Kundenbesuch laufen, in höheren Maschinenstundensätzen oder in prozessbedingtem Ausschuss. Alles muss gleichmäßig gedehnt werden, ohne aber zu übertreiben. Diese „Verstecktaktik“ des Zulieferers ist eine wahre Kunst, die der Vergleichstaktik des Autobauers gegenübersteht.

Manche Kostensteigerungen sind bei diesen Kunden unmöglich auszugleichen. Dazu gehört auch die Inflation. Entweder berücksichtigt der Zulieferer sie schon in seiner Angebotskalkulation oder sie fällt ganz unter den Tisch. Da auch seine Vorlieferanten für Komponenten nur vereinzelt etwas bekommen, wirkt sich das hauptsächlich auf die Kosten für Löhne und Gehälter des Zulieferers aus.

Materialkostensteigerungen gleicht der Autobauer höchstens zum Teil aus, er erwartet „Painsharing”. Fallen die Preise, gibt es allerdings kein „Joysharing“, dann will der Kunde alles. Einen Ausgleich für gestiegene Energiepreise gibt es gewöhnlich auch nicht; der Lieferant muss eben effizienter werden, um so etwas auszugleichen.

Wechselkurse sind eine schwierige Position. Natürlich fordert oder erwartet der Kunde, dass Zulieferer möglichst viel in Low-cost-Ländern einkaufen. Wird deren Währung allerdings teurer, fragt er, warum man nicht im Euro-Raum kauft. Produziert man als Zulieferer außerhalb des Euro-Raums für ein dort ansässiges Werk gewisser Autobauer und importiert Komponenten, so sind Schwierigkeiten vorprogrammiert.

Ein Ausgleich bei Abwertung der lokalen Währung ist so gut wie nie oder nur teilweise und verspätet zu bekommen. Wertet die lokale Währung gegenüber dem Euro dagegen auf, so wird das fertige Produkt für den Autobauer, in Euro umgerechnet, teurer. Er droht dann damit, das Teil direkt aus Europa zu importieren.

Diese Kostendiskussion zum Serienstart kann sehr lange dauern. Die Abteilung für Kostenanalyse des Autobauers nimmt in aller Ruhe alles auseinander. Der Zulieferer praktiziert in dieser Phase der „Indefinition“ einen Verkaufspreis, der Hersteller einen Einkaufspreis, und beide sind unterschiedlich. Der Druck liegt auf dem Zulieferer, er bekommt mit jeder Lieferung nur den Preis des Kunden gezahlt. Unter diesem Zeitdruck wird der Lieferant in Bezug auf den Preis immer kompromissbereiter, denn für billige Lieferungen in der Vergangenheit zahlen gewisse Kunden nichts nachträglich zurück.

Die dazu gegenläufige Tendenz, also die Möglichkeit der Verbesserung des Preises, erhofft sich der Zulieferer von den Änderungen. Wie schon erwähnt, ist häufiges Ändern bei gewissen Autobauern ganz normal. Zulieferer rechnen erstaunlicherweise damit, dass sich ihr Preis durch gut verkaufte Änderungen kommerziell verbessern wird. Das ist sehr gefährlich, denn gewissen Herstellern gelingt es immer besser, den Lieferanten allein für Änderungen aufkommen zu lassen. Die Lastenhefte mit ihren Zusatzdokumenten sorgen dafür. Der Zulieferer wird einiges schlucken müssen; so viel, dass die erhoffte Verbesserung des Projekts wahrscheinlicher in die andere Richtung gehen wird.

Gibt es eine Modifizierung, die wirklich der Autobauer verursacht hat und die durch das Lastenheft nicht abgesichert ist, so wird das Angebot dazu detailliert überprüft. Verhandelt werden Material-, Fertigungs- und Änderungskosten für Werkzeuge und Betriebsmittel; die meisten Fixkosten und Entwicklungskosten sieht der Kunde dagegen schon durch das Basisprojekt abgegolten.

Was nach der Analyse übrigbleibt, ist immer weniger, als der Zulieferer gefordert hat. Der direkte Rückschluss ist, dass niemals die wahren Kosten angegeben werden dürfen, wenn man an der Änderung nicht verlieren will. Das ist extrem schwierig, da die Kostenanalysten des Kunden einen Informationsvorteil besitzen: Sie haben schließlich Einblick in alle ähnlichen Projekte, auch in die der Konkurrenten. Rechtfertigen muss der Zulieferer also alles, was über die Vergleichs- und „Best in class“-Rechnung des Autobauers hinausgeht, und was „best in class“ ist, legt der Kunde selbst fest.

Falls dem Kunden der Preis trotz allem nicht gefällt, fordert er den Zulieferer auf, Ideen zur Reduzierung zusammenzutragen und zu präsentieren. Ideen für technische Änderungen zum Entfeinern des Produkts werden vorgestellt. Davon gibt es meist viele, weil die Technikverliebtheit der Ingenieure des Herstellers das Bauteil oft unnötig verteuert. Änderungen rückgängig zu machen, wird die Technikabteilung jetzt noch nicht erlauben. Sie kann schließlich ihr Gesicht nicht verlieren, indem sie zugibt, dass die Modifizierung doch nicht so wichtig war. Das kommt später, wenn die Verantwortlichen wechseln.

Versuche, das Produkt zu vereinfachen, stoßen nicht auf Gegenliebe; jedenfalls nicht bei gewissen Autobauern, die das Geld am liebsten rein kommerziell beim Lieferanten holen. Auch haben diese Kunden ein spezielles Verständnis davon, wie solche Kostenreduzierungen zwischen ihnen und dem Zulieferer aufzuteilen sind.

9. DIE SERIENLIEFERUNG

Auch in der Serie sind Änderungen häufig. Wenn es sich um eine Plattform handelt, müssen alle Nutzer der Komponente die Änderung bewerten. Sie alle möchten von Zeit zu Zeit Produktmodifikationen, es geht um bessere Montierbarkeit, neue Anforderungen, Qualitätsverbesserungen und Kostenreduktionen. Der Zulieferer merkt bald, dass mit diesem Änderungsmanagement einige seiner Ingenieure über Jahre hinweg ausgelastet sein werden.

Auf der kommerziellen Seite gibt es mit dem Kunden genug zu tun, denn sein Hauptinteresse während der Laufzeit liegt in der Preisreduktion der Fahrzeugteile. Gegen Ende des Jahres steht meist die erste Preisreduzierung an. Da kann der Zulieferer so oft ins Angebot schreiben, wie er will, dass diese Reduktion auch an die bisher produzierte Stückzahl gebunden sein soll. Eine bessere Produktivität lässt sich ja nur durch eine Optimierung der Prozesse erreichen, dazu braucht man eben Volumen.

Der Autobauer will seine Reduzierung, egal wie viel Stück der Zulieferer schon produziert hat. Immer wieder kommt es zu Ärger, weil der Kunde einfach die Preise reduziert und Argumente des Lieferanten nicht anhören will. Inzwischen sollte auch ein Zweitlieferant im Projekt lieferbereit sein. Drohen mit der „viel billigeren" zweiten Quelle kann der Einkauf auf jeden Fall auch schon vorher, das macht er auch, indem er dem Erstlieferanten einen kleineren Lieferanteil androht, wenn er nicht gefügig ist.

Ist der zweite Lieferant lieferbereit, beginnt der Hersteller mit dem Ausspielen der Zulieferer untereinander. Beide oder sogar noch mehr Lieferanten werden sich über viele Jahre im Gefangenendilemma und in schwierigen Entscheidungssituationen befinden. Der Autobauer streut immer wieder Zwietracht zwischen ihnen. Das kann geschehen, indem er beiden einen höheren Lieferanteil in Aussicht stellt, einem Lieferanten erzählt, dass der jeweils andere die Preise senken würde usw. Hier sind der Fantasie des Autobauers keine Grenzen gesetzt.

Das Ausspielen ist nicht auf Erst-, Zweit- oder Drittlieferanten beschränkt. Der Kunde schreibt das Projekt auch regelmäßig neu aus und fragt bisher nicht bedachte potenzielle Lieferanten an. Die schnellsten Resultate sind aus den bestehenden Zulieferern zu holen.

Selten ist es notwendig, wirklich einen weiteren Konkurrenten mit ins Boot zu nehmen. Aber auch das ist immer möglich.

Zwischen diesen sehr wirkungsvollen Methoden zur Preisreduktion kommen weitere Maßnahmen zur Anwendung: Der Einkauf des Autobauers stellt nun auch den Kontakt zu den Vorlieferanten des Modul- oder Systemzulieferers her und versucht hier direkt, weitere Reduktionen durchzusetzen. Die Ergebnisse daraus werden dem Modullieferanten vom Preis abgezogen.

Der Kunde beobachtet auch die Rohstoffpreise auf dem Weltmarkt. Sinken diese, so greift er damit die Preise der Lieferanten an, die den entsprechenden Rohstoff in ihrem Produkt verarbeiten. Das kann in einer spontanen Aktion erfolgen, wo einfach die Preise des Lieferanten im Abrechnungssystem des Autobauers abgesenkt werden. Steigen die Rohstoffpreise dagegen, bereitet man sich darauf vor, die Forderungen des Zulieferers nach Ausgleich abzuwehren. Die gleichen Ausführungen gelten auch für schwankende Wechselkurse bzw. Lieferanten, deren Teile davon betroffen sind.

All diese Schwankungen helfen dem Autobauer, die Preise des Lieferanten konstant weiter abzusenken, das geschieht unter strikter Einhaltung des Einbahnstraßenprinzips. Steigen dabei die Kosten des Lieferanten, gleicht der Einkauf in der Regel wenig oder gar nichts aus; sinken die Kosten, beansprucht der Autobauer die ganze Ersparnis.

Einen richtigen Sprung in Richtung Preisreduzierung macht der Autobauer, wenn er ein Neuprojekt zu vergeben hat. Die eigentliche Vergabe des Neuprojekts kann auch erst in weiter Zukunft liegen. Der Kunde konzentriert sich auf Lieferanten, die ihn schon beliefern, um die „savings on current account“ einzufordern. Lange, bevor das Neuprojekt wenigstens theoretisch Margen generiert, fordert und bekommt der Hersteller jetzt schon Preisreduzierungen.

Neu akquirierte Projekte werden auf der Top-Ebene des Zulieferers gefeiert, während eine weitere Reduzierung bei den aktuellen Projekten die zweite Priorität ist. Neue Lieferanten des Autobauers (oder solche, die nicht viel Umsatz mit ihm machen) haben es schwer; sie haben keine Projekte, auf die sie die geforderten Savings geben können. Deshalb muss ihr Preis für das Neuprojekt extrem niedrig ausfallen. Neulinge haben vor allem gute Chancen, wenn der Autobauer den Eindruck gewinnt, dass seine aktuellen Lieferanten sich zu gut miteinander verstehen, denn dann muss frischer Wind ins Geschäft gebracht werden.

Mit der Aussicht auf Neuprojekte werden auch angesammelte Forderungen des Zulieferers jeglicher Art unterdrückt. Soll ein Zulieferer nominiert werden, ermöglicht das dem Einkauf des Autobauers, eine anhängige Forderung ganz wegzuverhandeln. Bis es zur Vergabe eines Neuprojekts kommt, werden die Forderungen des Lieferanten mit der Verzögerungstaktik behandelt.

Die beschriebenen Maßnahmen wiederholt der Kunde immer wieder. Ein Limit, unter das der Preis nicht gedrückt werden kann, gibt es dabei nicht. Das kann manche Lieferanten in ernsthafte Schwierigkeiten bis hin zur Zahlungsunfähigkeit bringen; der Kunde leitet dann die Maßnahmen zur Übertragung des Projekts auf einen Konkurrenten des Zulieferers ein.

Zum Ende der Laufzeit stehen dem Hersteller weniger Methoden zum aktiven Preisdrücken zu Verfügung. Hat er mehrere Lieferanten, kann der Kunde nochmals den ganzen Umfang auf einen der Zulieferer übertragen, gegen eine Preisreduzierung natürlich. Alles ist ja abgeschrieben und eine kleine Deckung der variablen Kosten ist dem Zulieferer lieber als gar nichts. Trotzdem wird die Zweitlieferanten-Strategie aufgrund der Margensituation an Fahrt verlieren und auch die jährliche Ausschreibung ist nun keine Option mehr.

Also könnte sich der Zulieferer jetzt wiederholen, was ihm jahrelang weggenommen wurde. Das macht er aber nicht. Mit Hilfe seiner Macht und der Erpressung mit eventuellen Neuprojekten hält der Kunde den Lieferanten in Schach.

Wer nun sieht, welche Savings über ein in dieser Industrie ohnehin schon scharf kalkuliertes Projekt laufen, der wundert sich nicht, dass der Zulieferer, mit dem der gewisse Kunde ständig die Preise nachverhandelt, es irgendwann loswerden möchte. Ein unrentables Projekt aufzugeben, schafft ein Zulieferer gewöhnlich nicht, der Kunde zwingt ihn, weiterzuliefern. Die Möglichkeit dazu folgt direkt aus der Abhängigkeit des Zulieferers vom Autobauer.

Der Handlungsspielraum des Zulieferers wird hauptsächlich durch den Druck, neue Projekte bei diesem Kunden zu akquirieren, eliminiert. Hierbei hilft dem Autobauer auch, dass die Lieferanten extrem stark auf die Zukunft orientiert sind. Neuprojekte sind für sie oft wichtiger als die Rentabilität der aktuellen Lieferungen. Nur der Zulieferer, der die zukünftigen Geschäfte sichert, wird überleben, während die Konkurrenz eingeht. Mit diesem Gedanken verfährt der Lieferant nach dem Motto: „Augen zu und durch“.

10. DAS „END OF PRODUCTION“ (EOP)

Es sei nochmals betont, dass für den Zulieferer spätestens zum Ende der Laufzeit ein Projekt bei gewissen Autobauern gewöhnlich tief in den roten Zahlen steckt. Also ist der Lieferant froh, wenn es endlich vorbei ist. Allerdings ist ein Ende der Produktion nicht so strikt zu sehen; es gibt Projekte, die scheinen nicht wirklich zu enden. Vereinzelte Nischenmodelle des Fahrzeugs laufen noch jahrelang weiter, mit homöopathischen Stückzahlen. Die muss der Zulieferer dann trotzdem weiterproduzieren, auf Fertigungsanlagen, die für ganz andere Volumen ausgelegt sind. Das führt zu ineffizienter Produktion; nicht nur bei ihm, sondern auch bei seinen Vorlieferanten.

Unangenehm ist es auch, wenn der Zulieferer seine Preise ein bis zwei Jahre vor Produktionsende nochmals stark reduzieren musste, um ein Neuprojekt oder mehr Restvolumen zu bekommen. Dann gibt es plötzlich eine Laufzeiterhöhung für das Fahrzeug oder die Plattform. Nun geht das Verkaufen unter Kostendeckung weiter. In diesem Fall zum Kunden zu gehen und um einen Ausgleich zu bitten, ist – zwecklos.

Kommt es wirklich zum kompletten Produktionsende, muss die Komponentenversorgung gut gesteuert sein, sonst bleibt der Zulieferer auf den Komponenten seiner Vorlieferanten sitzen. Es ist schwer, die überschüssigen Bestände an Material bzw. deren Kosten an den Kunden weiterzugeben. Gewisse Autobauer ignorieren so etwas einfach, schließlich ist es ja nach ihrer Meinung das Problem des Zulieferers, seine Logistik im Griff zu haben.

Leider kommt es bei genau diesen Kunden immer vor, dass nach dem offiziellen Produktionsende doch noch ein paar hundert oder tausend zu fertigende Autos auftauchen. Das verursacht Panik und Extraanstrengungen bei den Zulieferern, um doch wieder an notwendiges Material und Komponenten zu kommen. Diesen Extrakosten läuft man vergeblich hinterher, bis sie im Rahmen eines Neuprojekts wegverhandelt oder einfach ausgesessen werden. Auch verlangen die Vorlieferanten bei diesen „Stop and go“-Aktionen manchmal Mindestabnahmemengen, was später die Menge an überflüssigem Material erhöht.

Es kommt auch vor, dass das Produktionsende vor dem Ablauf des kalkulierten Amortisationszeitraums kommt, geleistete Investitionen können also nicht vollständig abgeschrieben werden, wenn der Zulieferer das bei den niedrigen Verkaufspreisen überhaupt noch konnte. Auch das Eintreiben dieser Forderungen wird wieder ein Erlebnis der besonderen Art. Diese zusätzlichen Kosten, die natürlich nicht in der Kalkulation stehen, bekommt der Zulieferer nicht erstattet. Dafür sorgt das erfolgreiche Trio aus Macht, Vergeltung und Neuprojekten.

WAS NOCH ZU SAGEN BLEIBT

In der Welt des Automobilbaus wird schon lange mit harten Bandagen gekämpft. Das kann man aushalten, solange der Kampf fair bleibt. Was es so schwierig macht, als Zulieferer zu arbeiten, ist aber, dass gewisse Autobauer permanent und systematisch unter die Gürtellinie schlagen. Wenn sie ihre Zulieferer schon nach allen Regeln der Kunst über den Tisch ziehen, könnten sie auch wenigstens höflich dabei bleiben.

Zu vergessen ist nicht, dass ich mich hier ausschließlich auf die unfairsten Kunden in der Automobil-Industrie beziehe: auf die „gewissen Autobauer“. Die angeführten Beispiele sind mit Rücksicht auf alle Beteiligten verfremdet. Trotzdem handelt es sich hier nicht um eine Sammlung von Kuriositäten. So, wie ich es beschrieben habe, läuft das Geschäft in der Autoindustrie mit gewissen Kunden systematisch ab.

Es geht gewissen Autobauern nur um ihren eigenen Vorteil. Einem Zulieferer gestehen sie einen Gewinn von unter fünf Prozent zu. Gleichzeitig pressen sie den Preis jedes Jahr um fünf bis zehn Prozent, das macht nach drei Jahren 14–27 Prozent Reduzierung vom Ursprungspreis. Genau diese Autobauer sperren sich aber gegen technische Änderungen oder wollen das erzielte Saving zum Großteil für sich behalten. Wie soll das funktionieren? Es sprengt jede logische Überlegung.

Für einen Zulieferer gibt es bei diesen Autobauern nichts zu gewinnen, außer einem aufgeblähten Umsatz ohne Rendite. Sicher mag mancher Leser nicht recht glauben, dass der Zulieferer in der Zusammenarbeit mit gewissen Herstellern immer verliert. Er fragt sich mit Recht, warum der Zulieferer überhaupt mit solchen Kunden zusammenarbeitet?

Der Zwang zur Kapazitätsauslastung und zum Wachstum nötigt den vollkommen auf die Automobilindustrie ausgerichteten Zulieferer, auch ein wirtschaftlich schlechtes Projekt anzunehmen. Es gibt kaum ein neues Projekt, das nicht einen weiteren Ausbau der Kapazitäten erfordert, denn diese besteht ja nicht nur allgemein, sondern oft sehr spezifisch für bestimmte Produkte. Danach wird der Zwang, ein ähnliches Nachfolgeprojekt zu bekommen, noch größer. Aber auch die allgemeinen Kapazitäten werden beim Zulieferer zum Beispiel durch neue Standorte in Kundennähe erhöht.

Aus diesem Teufelskreis gibt es kein Entkommen; es hieße, auf gewisse Kunden zu verzichten und damit einschneidende Restrukturierungen vornehmen zu müssen. Das kostet Geld, das nur wenige Zulieferer noch haben. Eine Gesundschrumpfung wäre angebracht; allerdings ist ungewiss, bei welcher Größe diese enden würde, denn es gibt immer Konkurrenten, die weiterhin aggressiv alles Mögliche an Projekten einsammeln, um zu wachsen.

Damit wollen sie die angeblichen Skaleneffekte („Economies of Scale“) realisieren. Von den Größenvorteilen profitieren aber ausschließlich gewisse Autobauer und nicht die Renditen der Zulieferer.

Seitdem auch große Zulieferer in finanzielle Schwierigkeiten geraten sind, scheint es zweifelhaft, dass die Lösung in der reinen Größe liegt. Standardlösungen und Strategien, die Auswege versprechen, gibt es nicht. Wäre es so, dann hätten gewisse Autobauer schon Gegenstrategien entwickelt. Auch die immer wieder propagierten Produktinnovationen der

Zulieferer sind kein Allheilmittel. Viele dieser Innovationen werden nicht zum Erfolg, das Geld zu ihrer Entwicklung wird immer knapper und gewisse Kunden finden Mittel und Wege, die Erfindungen schnell zum Commodity-Preis zu bekommen.

Wie wird es also weitergehen? Der Druck auf die hiesigen Autobauer wird immer größer werden, allein wenn man an die aufstrebende chinesische Konkurrenz denkt. Dadurch werden nicht nur die Einkommensquellen im dortigen Markt schrumpfen, sondern auch der Wettbewerb in allen anderen Regionen wird angeheizt. Außerdem müssen enorme Mittel aufgewendet werden, um im Bereich der Elektromobilität konkurrenzfähig zu werden; das hat man bisher nämlich hierzulande weitgehend verschlafen. Auch dieser Kostendruck wird verstärkt an die Zulieferer weitergegeben und sorgt dafür, dass diese noch weitere Möglichkeiten zur Kostenreduktion suchen müssen.

Das bedeutet, dass auch der Rest der Produktion aus Europa in Billiglohnländer ausweichen muss. Zurück im Westen bleiben Nischenanbieter und Hersteller von Komponenten, die in Großstückzahlen vollautomatisiert hergestellt werden können und keine hohen Transportkosten verursachen.

Dann geht es an die Entwicklung und Konstruktion: Auch diese wird in Billiglohnländer abwandern. In Europa bleiben dann Koordinationsstellen, die den Kontakt zum Kunden halten. Da diese Schritte der Verlagerung nicht von kleineren Unternehmen bewältigt werden können, wird es zu weiteren Konzentrationen kommen. Diese Maßnahmen verschaffen kurzfristig Luft, die den beteiligten Unternehmen aber auch bald ausgehen wird.

Danach wird der Kostendruck vom Zulieferer auf die Autobauer zurückschlagen; und zwar zuerst auf diejenigen, die nicht viel Volumen zu bieten haben. Sie werden zur Kasse gebeten, sowohl bei den Teilepreisen als auch bei Zahlungen von Investitionen, zum Beispiel für Entwicklungsleistungen. Die betroffenen Autobauer wissen das natürlich und bereiten sich bereits darauf vor. Sie suchen nach Kooperationen mit anderen Autobauern, um ihr Gleichteilvolumen zu steigern. Schaffen es diese kleineren Hersteller auf diese Weise, den Druck auf ihre Zulieferer hoch zu halten, müssen diese reagieren.

Schließlich wird es so weit kommen, dass auch gewisse Autobauer stärker zur Kasse gebeten werden. Dies wird ein Krieg werden; darin sind solche Kunden sehr erfahren und sie sind gut darauf vorbereitet. Möglicherweise rechnet so mancher Zulieferer dann auch einmal ehrlich zusammen, was ihm in den letzten Jahren das Geschäft mit solchen Kunden wirklich eingebracht hat. Das Resultat wird die Einschätzung sein, dass es sich nicht gelohnt hat.

Meine Erfahrungen aus jahrelanger Tätigkeit in der Zulieferer-Industrie sollen Denkanstöße geben: Gedanken, was die Abhängigkeit eines Zulieferers von der Autoindustrie betrifft; Gedanken über die Auswahl der Kunden und über den Mut zum Schrumpfen. Gedanken darüber, wo eigentlich die Größenvorteile im Fall des eigenen Unternehmens liegen, wenn man einen Großauftrag mit geringster Marge annimmt. Und Gedanken darüber, ob man sich bei den Wirtschaftlichkeitsrechnungen der Projekte nicht selbst etwas vormacht. Für elementar halte ich es, sich als Zulieferer stärker darauf zu konzentrieren, Gegenstrategien zum Schmarotzer-Prinzip zu entwickeln. Es gibt hier sogar innerhalb der einzelnen Zulieferer-Unternehmen oft keine einheitliche und effektive Vorgehensweise für verschiedene Kunden.

Ich hoffe sehr, dass dieses Buch für den Leser mehr Erkenntnisse bringt als die Lektüre der altbekannten und meist völlig nutzlosen Werke zur „Zulieferer-Strategie". Mir selbst hat das Verfassen dieses Buches jedenfalls eine wichtige Erkenntnis vermittelt. Je länger ich daran arbeitete, desto stärker wurde mir bewusst, dass man sich als Zulieferer bei der Arbeit mit gewissen Autobauern mitunter derart zum Clown machen lässt, dass es einem selbst peinlich sein sollte – gewissen Kunden scheint ja nichts peinlich zu sein.

Mein Anliegen war darzustellen, wie schamlos manche Autobauer ihre Macht systematisch zur Erpressung und Nötigung ihrer Zulieferer ausnutzen. Die von mir beschriebenen Hersteller werden ihre Schmarotzer-Strategie nicht ändern. Die unsauberen Methoden zur Preisreduzierung bei gleichzeitigem Hochtreiben der Leistungen sind zu tief in der Unternehmenskultur verankert und das Geld aus den Erpressungen ist dringend erforderlich, um überhaupt noch positive Resultate zu erreichen. Die gewissen Autobauer treiben den Zulieferer in den illegalen Raum der Bestechung, der Korruption und der Preisabsprachen – oder gleich in den Bankrott. Und sie leben auf Kosten der (noch) fairen Autobauer.

Sie haben ähnliche oder andere Erfahrungen

mit gewissen Autobauern gemacht?

Dann schreiben Sie mir Ihre Meinung

und diskutieren Sie mit mir!

Das-Schmarotzer-Prinzip@live.de